80、90后青年婚姻稳定性研究

李巾 聂翔 著

中国社会科学出版社

图书在版编目(CIP)数据

80、90后青年婚姻稳定性研究/李巾，聂翔著.—北京：中国社会科学出版社，2022.6
ISBN 978-7-5203-9852-7

Ⅰ.①8… Ⅱ.①李…②聂… Ⅲ.①青年—婚姻问题—研究—中国 Ⅳ.①D669.1

中国版本图书馆 CIP 数据核字（2022）第 039963 号

出 版 人	赵剑英
策划编辑	李凯凯
责任编辑	张冰洁
特约编辑	赵 威
责任校对	周 昊
责任印制	王 超

出　　版	中国社会科学出版社
社　　址	北京鼓楼西大街甲 158 号
邮　　编	100720
网　　址	http://www.csspw.cn
发 行 部	010-84083685
门 市 部	010-84029450
经　　销	新华书店及其他书店

印　　刷	北京君升印刷有限公司
装　　订	廊坊市广阳区广增装订厂
版　　次	2022 年 6 月第 1 版
印　　次	2022 年 6 月第 1 次印刷

开　　本	710×1000　1/16
印　　张	17.5
插　　页	2
字　　数	261 千字
定　　价	89.00 元

凡购买中国社会科学出版社图书，如有质量问题请与本社营销中心联系调换
电话：010-84083683
版权所有　侵权必究

前　　言

　　本书以80、90后青年婚恋观为切入点，围绕近年来离婚率增高的社会热点议题，分析青年婚姻稳定性问题。书中将80、90后青年离婚现象置于中国社会转型和全球化风险社会背景下进行解读，将课题问卷调查数据，个案访谈质性资料以及网络、博客、微信等日常生活的文字记录与相关统计数据相结合，在宏观的统计数据、调查数据基础上，结合家庭微观叙事来阐释青年的日常家庭生活，分析风险社会下婚姻主角解散婚姻关系的依据、特定利害关系和社会情境，理解婚姻稳定背后个体行为、家庭发展与整体性社会结构之间的关系，建立婚姻家庭变化与稳定框架，探寻危机与压力下婚姻家庭在脆弱性和韧性、稳定与变化之间的内衡。在此视角下，本书重点关注以下几个方面的内容。

　　第一，坐标：时代特征。80、90后是改革开放以来与中国社会巨大变革一起成长的新一代青年群体，总体上将包括独生子女、新生代农民工在内的80、90后青年人口，放置到特定的社会历史背景中去分析，他们的婚姻问题与时代的发展紧密相关，应全面客观地认识他们婚姻家庭发展的特点以及其婚姻稳定性面临的冲击与挑战。深入把握青年群体生存发展面临的社会背景，从中探析他们多元婚恋价值形态形成的根源。

　　第二，理解：社会发展与全球化。在开放、自由的全球化社会，成长起来的80、90后一代，价值取向多元、复杂、不确定，与下一代、上两代人有很大的差异性。他们拥护变革，追求创新、成功，也崇尚后物质主义价值观，但是由于社会政治、经济、文化、环境本身不是稳定的结构，世界格局也不断调整变化，这种变化产生了不确定性、不明确性、文化的破裂和多样性。故青年价值观发展走向也是不确定的，择偶、婚恋、家庭中的个人价值实现受到不同程度的考验。要全面认识80、90后青年一代婚姻中的"现代亲密关系"问题，必须深入分析全球化、现代化与社会变迁在婚姻家庭领域的综合影响。

第三，张力：婚姻稳定与不稳定风险。80、90后群体多年来始终备受主流社会和媒体关注，因为他们不是被动成熟的群体，在面对风险社会的过程中，他们以自己的方式建构了新的规则和新的话语模式，并在行动中创造了自己的主体性，在公共话语与群体自我表达之间表现出极大的张力。

对80、90后青年婚姻稳定性问题的理论探讨，基于传统经典理论：社会交换论、功能主义理论、符号互动理论、社会冲突论、社会风险理论、后现代理论等理论指导。在此基础上，又借鉴了家庭社会学、家庭生命周期、场域理论、个体化、日常生活世界的全球化等理论，阐释分析80、90后独具特色的婚恋观、多元的婚姻家庭形态以及各种婚姻问题的形成过程。本书认为离婚不是单一的建构，而是内在制度系统，由内部各个要素通过复杂的机理构成的一个有机整体。主流婚姻模式下，各种其他形态的生活模式，如同居、独居、同性恋、丁克、不婚等多元共存。社会急剧转型变革下青年婚姻稳定与不稳定矛盾统一，混合交织并存。

本书研究资料主要源于四个方面：一是官方统计数据，二是课题组问卷调查的定量资料，三是课题访谈收集的质性资料，四是相关文献资料的研究梳理。透过定性与定量相结合的研究方法，揭示出80、90后青年婚姻失衡的风险和深层挑战，主要包括：自律婚姻伦理与守护婚姻能力之间的矛盾，多元婚姻形式与婚姻文化制度之间的矛盾，流动人口婚姻与社区治理滞后之间的矛盾，不婚主义与倡导主流婚姻观念之间的矛盾。在此基础上提出婚姻稳定运作的五大机制：婚姻家庭法律保障机制，公共政策的服务机制，青年婚恋体系的社会支持机制，青年流动人口的婚姻常态化指导机制，大众传媒正面导向机制。

通过研究提出婚姻稳定的五种理念：把握保障离婚自由的政策取向，尊重接纳婚姻家庭的多元性，倡导情感与婚姻价值互构，建构内衡的婚姻家庭秩序，维护社会和谐稳定的价值共识。在坚持自律、平等、协作与发展价值规范的原则上，提出和谐家庭建设背景下促进青年婚姻稳定的对策建议：第一，提升青年婚姻家庭建设国家战略定位；第二，坚守中华文化的主流婚姻家庭传统；第三，建构青年群体婚恋交友服务支持体系；第四，强化以家庭稳定为导向的登记制度和调解机制；第五，加强流动青年社会支持体系建设促进婚姻稳定；第六，创造有利于婚姻高质量的两性新型伙伴关系。

目 录

导论 走出婚姻稳定与不稳定二元思维的误区 …………（1）
  一 社会转型变迁与80、90后青年婚姻家庭问题 ………（1）
  二 四十多年来国内青年婚姻问题的研究回顾 …………（8）
  三 相关理论与研究方法 …………………………………（13）
  四 研究内容与特点 ………………………………………（16）

第一章 理论阐释：婚姻家庭的多元探究与理论建构 …………（19）
  第一节 传统的解读：主流经典理论 ……………………（19）
  第二节 现实的误区：流行观点反思 ……………………（28）
  第三节 尖锐的挑战：融合的视角 ………………………（38）

第二章 当代图像：80、90后青年的婚姻 ………………………（44）
  第一节 流行文本的折射：文艺作品 ……………………（44）
  第二节 研究报告的呈现：学术论著 ……………………（56）
  第三节 民间话语的表达：百姓议题 ……………………（68）

第三章 定量分析：离婚调查数据分析 …………………………（73）
  第一节 普遍：全国离婚调查数据 ………………………（73）
  第二节 差异：陕西80、90后青年离婚问题调查分析 …（86）
  第三节 结论：青年高离婚率背后的影响因素 …………（122）

第四章　质性解读：访谈资料研判 …………………………（131）
　　第一节　青年婚姻的社会认知 ……………………………（131）
　　第二节　稳定与不稳定 ……………………………………（145）
　　第三节　何为婚姻质量 ……………………………………（159）

第五章　典型个案：价值与选择 …………………………（169）
　　第一节　情感：角色规范的变迁 …………………………（169）
　　第二节　利益：对话与博弈 ………………………………（183）
　　第三节　关系：不确定与稳定 ……………………………（193）

第六章　稳定性障碍：婚姻的脆弱性 ……………………（203）
　　第一节　问题：婚姻失衡的表现 …………………………（203）
　　第二节　原因：婚姻失衡的机理 …………………………（209）
　　第三节　挑战：婚姻失衡的风险 …………………………（223）

第七章　探究结构：表象与机制 …………………………（229）
　　第一节　现象：稳定与不稳定 ……………………………（229）
　　第二节　认同：社会结构变迁与婚姻评价 ………………（234）
　　第三节　机制：婚姻稳定运作 ……………………………（238）

第八章　寻求稳定：社会适应与个体选择的互构整合 …（244）
　　第一节　当代婚姻稳定的价值理念 ………………………（244）
　　第二节　保持婚姻稳定的目标策略 ………………………（249）
　　第三节　促进婚姻稳定的对策建议 ………………………（255）

参考文献 ……………………………………………………（260）

附件一　陕西青年群体婚恋观及影响调查 ………………（264）

附件二　陕西80、90后青年群体离婚及影响的深访大纲 ……（270）

导论　走出婚姻稳定与不稳定二元思维的误区

一　社会转型变迁与80、90后青年婚姻家庭问题

本书研究的主要群体是80、90后青年，80后、90后是独特的中国概念。80后指出生于1980—1989年的青年一代，90后指1990—1999年出生的青年一代。[①]据统计，20世纪80年代10年间出生的人口约2.2亿人，90年代10年间出生的约有1.9亿人。[②]改革开放与独生子女政策，构成了80后生命历程中最关键且影响最为深远的社会事件。80后们是不折不扣的"转型的一代"，他们的成长与中国迈向现代化的转型过程密不可分。因此，有关80后的研究实质上既是对中国社会转型的反思，又是对全球范围到来的现代性的反思。[③]目前学术界关于80、90后的研究很多，有关于大学生、农民工、独生子女、就业、消费、价值观、婚恋观等多方面的主题。本书从80、90后青年婚恋观为切入点，围绕近年来离婚率增高的社会热点议题，

[①]　以10年来计算世代只是习惯使然，临界点之间的差异，实则模糊不清。从某种程度上来说，以重大社会事件来界定世代更能体现生命历程研究的社会结构视角。因此，如果从改革开放和独生子女政策实施的意义上来说，80后的界定应始于1978、1979年。此外，鉴于80后内部不同阶层和群体之间的差异性，作为总体的80后只在代际意义上成立。本书研究调查中虽然包含了80后、90后大学生、农民工以及不同职业的群体，但在说到80后、90后一代时，依然更多地指向以城市青年为主体的80后、90后群体。

[②]　数据来源：2010年《中国统计年鉴》。

[③]　李春玲：《境遇、态度与社会转型》，社会科学文献出版社2013年版，第1页。

分析青年婚姻稳定性问题。

本书通过分析问卷调查数据，个案访谈资料以及网络、博客、微信等文字记录和相关统计数据，在宏观统计数据、调查数据基础上，通过微观家庭叙事来阐释青年的日常家庭生活，分析风险社会下婚姻主角解散婚姻关系的依据、特定利害关系和社会情境，反思80、90后青年离婚现象，并置于中国社会转型和全球化风险社会背景下进行解读，理解婚姻稳定背后个体行为、家庭发展与整体性社会结构之间的关系，探寻危机与压力下婚姻家庭在脆弱性和韧性、稳定与变化之间的内衡。在此视角下，我们需要重点关注以下几个方面的内容。

（一）坐标：时代特征

改革开放40年以来中国社会处于急剧的变迁过程中，形成了80、90后青年一代特定的人生经历，也展现出青年特有的现象和问题。他们被称为"跨世纪一代""改革开放一代""独生子女一代"，还常被人冠以"新生代""新世代""新新人类"等称谓。[1] 在改革开放中成长起来的这一代青年，伴随着中国社会发展特殊的时代历程。改革开放以来是中国社会高速发展的40年，一方面经济社会取得显著成就，科学技术发展突飞猛进；另一方面，社会急剧转型变迁，人们的思想、价值日益多元，人们置身于大的社会环境，"无论是在社会制度层面的教育、就业和家庭，还是作为文化一部分的价值观、生活方式和社会心理在这些方面的各种变迁，都会在当前青年的行为、态度及其由此形成的青年现象与青年问题中留下痕迹"[2]。

故80、90后青年婚姻稳定性与特定的社会、时代特征密切相关。80、90后是在改革开放以来，社会巨大变革中成长起来的新一代青年群体，总体上将包括独生子女、新生代农民工在内的80、90后青年人口，放置到特定的社会历史背景中去分析，他们的婚姻问题与时代的发展紧密相关，应全面客观地认识他们的婚姻家庭发展的特点及

---

[1] 杨雄：《巨变中的中国青年》，上海人民出版社2018年版，第182页。
[2] 风笑天：《社会变迁中的青年问题》，北京大学出版社2014年版，第1页。

其婚姻稳定性面临的冲击与挑战。中国的离婚率呈现不断增长的趋势，尤其是进入21世纪，全国的离婚率趋势上升很快。据《民政部社会服务发展统计公报》显示，1980年中国离婚对数为34.1万对，1990年为80万对，2000年为121万对，2010年267.8万对，2018年上升为446.1万对。① 从离婚数据可以看出，中国离婚人数迅速增加。剧烈的社会变迁，极大地改变了人们的生活状态以及思想观念，也对婚姻家庭及其稳定性产生巨大的影响。尤其是不同的婚姻家庭文化价值观、以自我为中心的生活方式等对处于转型时期中国婚姻家庭的稳定性产生了不小的冲击，这一点在80后青年家庭表现得更为突出。

　　四十多年的社会大变革，80、90后青年受经济社会变动的影响，形成了独特的群体特征，呈现出高度分化与复杂化的态势。80、90后青年中涌现出了"新生代农民工""职业农民""自由职业者""斜杠青年""网红主播"等多种类型的新青年，每一代人都有自己的价值系统和人生定位，他们的文化和价值观复杂、多元，婚姻"私事化"的个人观念在这些新青年中表现得淋漓尽致。80后、90后青年个人主义、权利意识凸显，追求自由、平等、权利等观念，他们见证了中国经济高速发展、物质富裕、科技进步，享受着现代物质文明的丰硕成果，也遭遇到社会变迁加剧、价值观念多元等困境，是社会转型中个体化与多元化交织孕育的颇具争议的群体。90后青年相对于80后而言，性格更加独立，自我张扬，更有自己的见解，注重个体感受，对于婚姻家庭怀有"不能满足幸福感绝不勉强维系"的人生信念。90后青年的婚姻价值观念属于综合权衡模式，即在自主婚姻的基础上，婚恋双方除了考虑社会、经济方面的原因，更注重考虑婚姻生活质量、家庭生活稳定等方面的因素。② 要深入把握青年群体生存发展面临的社会背景，从中探析他们多元婚恋价值形态形成的根源。

---

① 数据来源：民政部2010—2018年《社会服务发展统计公报》，参见 http://www.mca.gov.cn/article/sj/tjgb/。

② 杨雄：《巨变中的中国青年》，上海人民出版社2018年版，第140页。

（二）理解：社会发展与全球化

80、90 后作为一个新族群，伴随着市场经济的迅猛发展、全球一体化、计划生育政策、互联网的全面普及而成长，这一代青年的人生面临着十分独特的矛盾。改革开放后，计划经济体制逐渐向市场经济体制转变，在婚姻领域，国家对婚姻的干预方式由行政干预转变为法律约束，婚姻包办逐渐衰弱，个人的婚姻自由度日趋提高。尤其是 20 世纪 80 年代计划生育政策全面实施以后，政策提倡一对夫妇只生育一个孩子，使得 80 后一代最早经历了中国的独生子女家庭时代，城市里的 80 后青年基本都是独生子女，他们处于家庭中心地位，"兄弟姐妹"词语只有语义上的了解，完全没有资源共享的生活经验。这样的经济、社会环境中成长起来的一代，价值取向多元、复杂、不确定，与下一代、上两代人有很大的差异性。

青年价值观具有极大的不确定性而且会较长时间持续存在。首先，从青年生理心理特征来看，青年特有的年龄阶段的生理特征具有很大的不确定性。80 后青年最小的已经 30 岁了，90 后青年最大也已经步入而立之年，青年性格易冲动，情绪化明显，思想多变，这种多变也来自青年群体自身的多样性。各地区青年发展不平衡，不同青年群体的价值观存在很大差异。大学生群体、青年农民工群体发展不平衡的现象明显存在。其次，从青年成长的社会发展轨迹来看，他们生长在开放、自由的经济社会，拥护变革，追求创新、成功，也崇尚"后物质主义价值观"[1]（追求自我实现、生活质量、自由幸福）。由于社会政治、经济、文化、环境本身也不是稳定的结构，世界格局不断调整变化，中国经济发展突飞猛进，中华文化与世界文化交流日益广泛，宏观背景激励青年价值观多元化发展，但由此带来的风险也不容忽视。在这些风险面前，青年价值观发展走向是不确定的，择偶、婚恋、家庭价值实现受到不同程度的考验。婚姻的不稳定、不确定性

---

[1] Paul, R., *Abramson and Ronald Inglehart*, *Value Change in Global Perspective: A Comprehensive Examination of Global Attitude Changes*, University of Michigan Press, 1995.

就是在社会发展进程中青年婚姻家庭经营过程中的各种可能性、可变性和偶发因素。要全面认识80、90后青年一代婚姻中的"现代亲密关系"问题，必须深入分析全球化、现代化与社会变迁在婚姻家庭领域的综合影响。

加拿大历史学教授罗德里克·菲利普斯（Roderick Phillips）指出，应该把离婚放在广阔的背景中进行研究。他认为离婚问题是一个关乎社会、经济、文化、政治、道德、法律乃至宗教的问题。离婚的法律和离婚相关政策常常伴随着政治上的变化而变化，因此婚姻与离婚的理论也与政治意识形态有着密切的关联；一个国家某一时期的离婚率也深受当时离婚法律和政策的影响，不同的离婚法和离婚政策对离婚率和离婚模式都产生了影响。[1] 自1949年以来，中国的离婚率出现几次大的变动，第一次离婚高潮是在20世纪50年代初，《中华人民共和国婚姻法》规定男女婚姻自由，出现短期离婚率的增长。第二次离婚高潮出现20世纪八九十年代。1980年中国第二部《婚姻法》颁布，第一次明确规定"感情确已破裂、调解无效，即准予离婚"。"夫妻感情确已破裂"成为判决离婚的法律准则，使得80年代初创下较高离婚率的历史纪录。第三次离婚高潮出现在2003年，自此，离婚率一直处在高居不下的趋势。2003年颁布的《婚姻登记条例》，大大简化了协议离婚的手续，自愿离婚者不再需要持本人所在单位出具的介绍信。取消单位证明，极大地保护了个人隐私，消除了个人顾虑，一度使离婚绝对数量迅速增加。2020年《中华人民共和国民法典·婚姻家庭编》第一千零七十七条设立"离婚冷静期"规定，是近期婚姻家庭中一个热门话题，这是国家首次在法律层面缓解冲动型离婚的措施。

80、90后作为改革开放后与中国同步成长的新生代，其婚恋问题尤其是高离婚率问题一直被社会和学术界广泛关注。从社会变迁视角下分析社会背景因素对社会家庭结构变迁的影响，在这些常常被人们看作是完全由青年个人的主观意愿来决定的婚姻家庭事务背后，实

---

[1] Roderick Phillips, *Untying the Knot: a Short History of Divorce*, Cambridge University Press, 1991.

际上却始终存在着一只由社会结构和文化力量所构成的"看不见的手"。无论是青年的择偶标准、生育意愿、家庭生活模式，还是青年夫妻权力地位问题、未婚同居、离婚问题等，都在一定程度上与这只"看不见的手"的影响有关。[①] 目前社会中出现的"剩女""光棍"、同居、不婚、临时夫妻、高离婚率等多种青年婚姻家庭问题，应该从改革开放以来全球一体化、社会转型、价值重构等视角去思考影响婚姻变化的宏观的社会历史因素。

（三）张力：婚姻稳定与不稳定风险

受改革开放和独生子女政策的影响，80、90后一代形成了与前辈完全不同的行为、态度、现象和问题。在很多方面80后、90后群体多元而分裂，热情与冷漠并存，主流与非主流同在，备受舆论争议。作为社会急剧转型的产物，转型时期出现的所有问题都在他们身上有所体现，在早期的公共话语中充满自我叛逆、缺乏担当等负面的表述。国内以往对80后的研究或者表述总是更多地从上一代人的观念出发。但80后在汶川地震中积极的抗震救灾行动，使得公共表述中凸显了对这代人爱国、奉献、责任心和民族精神的高度赞扬。有学者曾经对2003—2008年包括《人民日报》在内的14种主流媒体对80后的报道内容进行了分析，发现80后的媒体形象由初期的另类、个性、自我到后来的自信、社会责任感、爱国，从原先垮掉的一代到后来的鸟巢一代的变化历程。[②] 新冠肺炎疫情暴发后，公共话语中出现了对90后负责、担当、不畏牺牲的高度赞扬。80、90后的负面形象，在危机和挑战中得到修正。这也是80后、90后的话题多年来始终能够赢得主流社会和媒体关注的原因，他们不是被动成熟的群体，在面对这个风险社会的过程中，他们以自己的方式建构了新的规则和新的话语模式，并在行动中创造了自己的主体性。[③] 这样充满矛盾、

[①] 风笑天：《社会变迁中的青年问题》，北京大学出版社2015年版，第5页。
[②] 王芳：《主流媒体上的"80后"形象研究》，《青年研究》2009年第3期。
[③] 李春玲等：《境遇、态度与社会转型——80后青年的社会学研究》，社会科学文献出版社2013年版，第4页。

多元和分裂的群体一直被主流社会和媒体关注，而发生在他们身上的高离婚率作为转型期的突出问题不可避免地被放大。

2010年人口普查数据显示90后约1.9亿，80后群体约为2.2亿。如表1所示，20—40岁的青年离婚人口比重1995年占0.73%，2015年上升为1.66%，整体增长了1.27倍；女性离婚人口由0.53%上升到1.44%，增长了1.72倍。其中，30—40岁年龄段的青年人的离婚比重由2.02%上升到5.17%，比10年前增长了约1.6倍。80、90后青年离婚率不断升高，公共话语给这个群体建构了诸多标签："人人都是离婚狂""80后不是离婚了就是正走在离婚的路上""好多的80后还没有结婚，但是90后离婚的却很多"……有学者在解释青年高离婚率时，曾将80、90后的个体、自由、叛逆、缺乏责任感作为婚姻解体的主要原因。80、90后群体自身对此不以为然，他们认为"貌合神离的婚姻是不道德的"，"合则聚，不和则散"，这说明了在公共话语与群体自我表达之间具有极大的张力。

表1　　　　　　20—40岁不同年龄段的离婚人口比重变化

年龄（岁）	1995年（%） 总体	男性	女性	2015年（%） 总体	男性	女性	增长幅度（倍） 总体	男性	女性
20—24	0.26	0.26	0.25	0.24	0.23	0.26	−0.08	−0.12	0.04
25—29	0.66	0.84	0.48	1.14	1.25	1.03	0.73	0.49	1.15
30—34	0.97	1.25	0.69	2.26	2.62	1.90	1.33	1.10	1.75
35—40	1.05	1.36	0.72	2.91	3.34	2.46	1.77	1.46	2.42
平均	0.73	0.93	0.53	1.66	1.88	1.44	1.27	1.02	1.72

数据来源：1995年、2015年全国1%人口抽样调查资料。

婚姻的稳定与不稳定性混合交织存在于婚姻家庭生活之中。离婚是测量婚姻稳定的主要指标。婚姻稳定是家庭稳定的决定性因素，面对不断变化的外部环境，青年婚姻家庭也处在不断发生变化当中。婚姻解散不是单一的静态事件，而是一个动态的过程，婚姻是一个复杂的，不断变化的系统，婚姻稳定与不确定是交织存在的。婚姻子系统是家庭关系建构的中轴，以婚姻为基础的核心家庭的传统是惯例。随着中国社会经济的不断发展，青年的婚姻生活无论从结构、观念上，还是形式、内容上，都发生了巨大的变化，同居、不婚、丁克、同性恋、离婚、分居等多元家庭形态并存。婚姻的稳定与不稳定不是简单二元对立、非此即彼的状态，它混合存在于婚姻家庭形态之中。

超越根深蒂固的二元对立的结构思维，理解80、90后年轻一代的婚姻问题。不论是城市青年还是农村青年，市场经济和改革开放增强了他们的自由性和独立性，外来文化的涌入开阔了他们的视野。他们在婚恋生活中，更在意的是作为婚恋当事人的自我感受，追求如何才能使生活更加幸福，而外在的社会舆论和政治影响对他们婚恋行为的干扰越来越弱。男性和女性青年在生活中追求婚姻质量、享受幸福能力的期望不断提高。孔茨认为，婚姻作为一种两个个体之间的关系，越来越受到人们的重视，人们在其中投入的情感期望也越来越高。但同时，她也主张，婚姻作为一个结构，现在对人们生活所拥有的权利比过去任何时候都要大。[1] 婚姻不再是唯一主要的约束人们性行为、获得经济政治权利和义务的机制了，特别在人口再生产和子女照顾方面。这一代青年更愿意将婚姻看成一种生活方式的选择，他们可以根据个人意愿、情感需求、物质满足等选择自己适合的另一半，而感情本身就不是一维的，复杂而多元，婚姻的稳定与不稳定在多变的情感选择中，在多样化的婚姻内容与形式中交织存在，并且很多可能演变为混合状态。

二 四十多年来国内青年婚姻问题的研究回顾

（一）关于婚姻稳定的国内外研究

婚姻稳定性是测量婚姻稳定状况的一个指标，主要强调婚姻解体的原因或婚姻的最终结局。通常将婚姻稳定性介于0和1之间，"0"指已经破裂的婚姻，"1"指夫妻双方均感满意的幸福婚姻。婚姻破

---

[1] Coonts, S., "The Origins of Modern Divorce", *Family Process*, 2006.

裂是指婚姻完结，表现为两种情况：一是自然终结，即配偶中有一人或者双方死亡导致婚姻关系灭失；二是人为终结，即夫妻双方通过离婚来终止婚姻。① 通过这个测量体系，可以很清楚地看到数值越小，婚姻稳定性相对越差；数值越大，婚姻稳定性相对越强。关于影响婚姻稳定性的因素研究比较多，其中影响较大的有奈（Nye）和刘易斯（Lewes）等人的研究。奈等学者从多个关于婚姻稳定影响因素的命题中最终确定了三个代表婚姻稳定的重要决定变量：一是婚姻对当事人的积极影响越大，婚姻稳定越高；二是离婚法律、政策、舆论等对个体的社会约束力越大，婚姻稳定性越强；三是彼此吸引力越大，其他选择空间越小，如离异、再婚等，婚姻稳定性越强。反之稳定性越差。刘易斯等的研究较早的把婚姻稳定与婚姻质量直接联系起来，认为婚姻质量越高，其稳定性越强。贝克尔（Becker）等研究出了一种以效用最大化为目标的婚姻稳定性理论，该理论认为从家庭婚姻中得到的期望收益越大，婚姻解体的可能性就越小，婚姻不稳定的概率就越低。②

国内徐安琪、叶文振关于婚姻稳定性的研究也同步开展，叶文振、徐安琪《中国婚姻的稳定性及其影响因素》一文认为，婚姻质量与婚姻稳定性之间存在着显著的正相关关系。③ 徐安琪、叶文振的《婚姻质量：婚姻稳定的主要预测指标》解释了中国人婚姻稳定性的影响机制，认为婚姻质量是婚姻稳定性最主要的预测指标，并用多元回归理论模型来解释中国离婚率地区差异，分析表明，家庭结构尤其是子女对父母婚姻关系的稳定作用最大。④ 有学者将婚姻匹配结构与婚姻稳定性进行了统筹考虑，分析了婚配结构与潜在离婚风险之间的

---

① 徐安琪等：《婚姻质量：度量指标及其影响因素》，《中国社会科学》1998年第1期。
② 参见吴德清《当代中国离婚现状及发展趋势》，中国文物出版社1999年版。
③ 叶文振、徐安琪：《中国婚姻的稳定性及其影响因素》，《中国人口科学》1999年第6期。
④ 徐安琪、叶文振：《婚姻质量：婚姻稳定的主要预测指标》，《上海社会科学院学术季刊》2002年第4期。

关系。一种观点认为,"门当户对"的阶层内婚姻具有稳定性。① 另一种则相反,认为"门当户对"式婚姻离婚率不一定更低。② 还有学者分析了择偶观与婚姻稳定性的关系,认为二者之间是正相关关系,怀有适宜的择偶观有利于维持婚姻关系的稳定。风笑天在《青年婚配类型与夫妻关系》一文中通过对众多已婚青年的调查研究,说明主要是社会特征上的差别对青年夫妻关系产生影响。③ 这些研究对婚姻稳定性研究具有重要的启示。

(二)关于离婚问题的研究概况

离婚是婚姻人为解体的主要形式,离婚率是学术研究中衡量婚姻稳定的主要指标。一般而言,常用的计算离婚率的方法有三种。第一种是指总人数中每千人中离婚对数占的比例。例如每1000人的离婚率是1.5,这就意味着每1000人中有3个人离婚。第二种计算离婚率的指标是指符合法定婚龄以上的已婚男性或女性人口中某一时期内发生离婚行为的人口数。例如我们说某个城市某个年度已婚男性的离婚率为2%,意思就是说该城市每1000个已婚男性中有20人离婚。第三种计算离婚率的指标是离婚结婚比,它是指某个年度离婚总数除以当年结婚总数的比例。④ 除了上述三种离婚率指标之外,还有一种称为追踪离婚率的指标,它是指以某个年度的全体结婚者为基数,考察若干年后已离婚者所占比例。举个例子,假设某个城市2000年有10000对人结婚,到了2010年,这10000对已婚夫妇中,已经有100对离婚了,那么追踪离婚率就是1%。追踪离婚率便于对婚姻变迁状况进行历时性的研究。国外对离婚研究较早,从20世纪60年代中期

---

① 苏玫瑰、张必春:《转型加速期门当户对婚姻的错位与危机——阶层封闭视角下离婚率上升的新解释》,《西北人口》2008年第5期。

② 陆益龙:《"门当户对"的婚姻会更稳吗?——匹配结构与离婚风险的实证分析》,《人口研究》2009年第2期。

③ 风笑天:《青年婚配类型与夫妻关系——全国五大城市1216名已婚青年的调查分析》,《社会科学》2012年第1期。

④ [美]罗斯·埃什尔曼:《家庭导论》,潘允康等译,中国社会科学出版社1991年版,第603—604页。

到80年代初，世界上发达国家的离婚率迅速上升，并一直持续至今，这种"离婚高潮"使得国外的专家学者花费较多精力进行离婚的理论研究，如离婚率水平上升的原因分析、离婚的决定因素研究、离婚水平的地区差异分析等。近二三十年来，大多数工业化国家都面临着离婚水平增高和离婚率不断上升的问题。早在20世纪80年代，美国的年离婚率平均为22.0‰，即1000对的夫妇中每年大约有22对夫妇离婚，2/3的婚姻最终以离婚结束。欧洲国家也大致类似。①

国内三次离婚高潮分别起源于1950年、1980年、2001年《婚姻法》的颁布、修改。1950年《中华人民共和国婚姻法》的颁布，引发了中华人民共和国成立后的第一次离婚高潮。50年代初期，中国由法院受理的离婚案件总数从1950年的18.6万件猛升到1953年的117万件，粗离婚率首次突破1‰，高达1.99‰。② 对离婚问题的探讨和研究成为学术界的研究热点。如李心远的《新中国的婚姻问题》《婚姻问题参考资料汇编》、丁一的《谈谈恋爱婚姻问题》、马起的《谈离婚的政策界限》等。1958年法律出版社收集了各种不同观点的文章，编辑出版了《离婚问题论文选集》，这是50年代一本影响较大的论文集。1981年国家对《婚姻法》修订之后，中国的离婚率呈现出了第二次快速上升的趋势。据统计，中国的离婚案件从1979年的31.9万件稳步上升到1995年的105.5万件。③ 离婚问题研究成为学术研究的一个重点。早期的研究有高健生、刘宁的《离婚问题面面观》，张敏杰的《中国的离婚态势》，曾毅、吴德清的《八十年代以来我国离婚水平与年龄分布的变动趋势》，叶文振、林擎国的《当代中国离婚态势和原因分析》，解志山的《社会转型时期中国离婚问题研究》等，曾毅主编的《中国八十年代离婚问题研究》是这一时期对离婚问题比较系统的研究。改革开放后，随着国外婚姻文化和价值观念的不断传入，离婚率不断攀升，国内婚姻稳定性逐渐变弱，各领

---

① 吴德清：《当代中国离婚现状及发展趋势》，文物出版社1999年版，引言。
② 吴德清：《当代中国离婚现状及发展趋势》，文物出版社1999年版，第3页。
③ 刘新平：《婚姻中国》，中国工人出版社2001年版，第102页。

域的专家学者开始关注离婚、婚姻稳定、婚姻质量及其相互关系的研究。在80年代中期至90年代中期的十年间，对城市社区离婚现象及性观念的研究成为婚姻家庭实地研究的重点。李银河与冯小双的《对北京市部分离婚者的调查》与李银河的《中国女性的性观念》，通过访谈深入分析探讨离婚的原因以及中国女性的现状。① 徐安琪、叶文振主持"中国离婚研究"系列课题，关于婚姻稳定性的研究也同步开展。叶文振、徐安琪在《中国婚姻的稳定性及其影响因素》一文中提出，婚姻质量与婚姻稳定性之间存在正相关关系；② 在《婚姻质量：婚姻稳定性的主要预测指标》中解释了国人婚姻稳定性的影响机制，认为婚姻质量为"夫妻的情感生活、物质生活、余暇生活、性生活、夫妻双方的凝聚力在某一时期的综合状况"，是婚姻稳定性最主要的预测指标。③ 卢淑华的《中国城市婚姻与家庭生活质量分析——根据北京、西安等地的调查》，④ 风笑天、易松国的《城市居民家庭生活质量：指标及其结构》⑤ 从婚姻满意度研究生活质量，指出夫妻双方的婚姻满意度越高，婚姻质量越高，对婚姻质量的高要求与低付出的失衡是当代80、90后青年婚姻解体的重要原因。

（三）关于新的婚姻模式的研究

从社会、政治、经济和文化诸多方面反映出的社会变迁过程中可以看出，人们的婚姻观念和家庭关系发生了大的调整与改变。值得一提的是改革开放后，新式婚姻模式凸显，例如试婚、独身、丁克婚姻

---

① 李银河、冯小双：《对北京市部分离婚者的调查》，《社会学研究》1991年第5期；李银河：《中国女性的性观念》，《社会学研究》1996年第2期。

② 叶文振、徐安琪：《中国婚姻的稳定性及其影响因素》，《中国人口科学》1999年第6期。

③ 徐安琪、叶文振：《婚姻质量：婚姻稳定性的主要预测指标》，《上海社会科学院学术季刊》2002年第4期。

④ 卢淑华：《中国城市婚姻与家庭生活质量分析——根据北京、西安等地的调查》，《社会学研究》1992年第4期。

⑤ 风笑天、易松国：《城市居民家庭生活质量：指标及其结构》，《社会学研究》2000年第4期。

等，针对它们的研究也随之多起来。关于同性恋的研究有李银河的《同性恋亚文化》、方刚的《同性恋在中国》；关于试婚的研究，例如郭传火的《中国当代试婚潮》，李泽川的《中国试婚现象调查》；关于独身的著作有尚方、李一五的《独身男女》；对丁克式婚姻的研究，有莫利清华的《丁克式婚姻》、刘倩的《叛逆与追求·丁克家庭》。相关研究从社会、政治、经济和文化诸多方面反映出社会变迁过程中，人们的婚姻观念和家庭关系发生了大的调整与改变。复杂、多样的婚姻问题中，主流家庭模式之外，个性化与浪漫的爱情在合力打破传统生活规则。

三 相关理论与研究方法

对80、90后青年婚姻稳定性问题的探讨，第一章内容对传统经典理论包括社会交换论、功能主义理论、社会冲突论、符号互动论、社会风险理论、后现代理论等有较为详细的阐释，在此基础上，日常家庭生活研究具体从家庭社会学、家庭生命周期、场域、日常生活世界的全球化等理论角度，分析80、90后独具特色的婚恋观、多元的婚姻家庭形态以及各种婚姻问题的形成过程。

（一）借鉴的主要理论

功能主义理论方法，注重家庭的实际利益。家庭常被描述为适应性的系统，将要面临一些自相矛盾的情况，在家庭中这既包含了爱和幸福的婚姻，也包含了冲突甚至暴力。它富有创造性地回应那些因未满足要求而造成的压力。家庭社会学理论认为，与相对于功能主义理论所强调维系社会制度功能而言，应该深入思考家庭如何继续成为一种必不可少的条件。家庭结构过去被认为是可发展、可进化的，因为它们帮助人类获得了生存。根据这样的观点，在今天，家庭仍然被认为是正在发展中的，其目的就是帮助我们去应付那些正在变化中的经济环境和社会环境。例如家庭可以通过对子女价值观、婚恋观的教育而使其成长为一个富有爱心、包容的家庭成员。另外，有许多社会学家认为家庭是"反社会的"。他们的意思是,家庭生活正如我们大多数人所知道的那样,被认为是和整个人类潜在的现实相冲突的。

家庭生命周期理论认为,从家庭动态的观点来看,个体和他们家庭之间的联系是由一系列的进入和退出所组成的。根据社会学角色理论,文化预期存在于角色行为的本质中和对角色转变的时间安排上。这个理论认为,当人们选择进入某个特定的婚姻家庭角色时,或者当他们离开某个特定的婚姻家庭角色时,对他们的预期会根据他们的行为方式和态度进行相应的调整。对婚姻家庭转变的研究开始于对人们进入角色和脱离角色的描述。通过婚姻进入一个家庭和解散婚姻从一个家庭中退出来,这些都是家庭生活最基本的体验。在思考进入和退出的动态的时候,一种方法就是设想一套典型的发生在个人生命历程中的变化。这一套典型的变化就是指家庭生命周期。家庭生命周期的概念是植根于这样一套理念中的,即将家庭生活看成是由出生、成长和衰退所组成的一个周期。这个周期开始于两个异性通过婚姻的结合而组成家庭,终止于其中一人的死亡或离异使得他们所组成的这个单位解体。在这两者之间,当孩子出生时家庭扩大,而当成员离开家庭时家庭收缩。

对于婚姻家庭日常生活的分析,布迪厄的场域理论提出,关于任人结婚的社会议题会带来什么样的社会后果,这依赖于社会中一系列的个人条件及其身处的语境状况。而思考这一问题的方法并非探寻一种制约个人选择的法则,而是要探寻一种策略,他认为这是一种由社会性塑造而来的策略,但却又是由个体建构,由个人实践的,而后被规范为一般性的趋向。贝克的风险社会理论探讨了性别空间与家庭内外的冲突,从个体化视角分析了男性和女性之间的主题和冲突,指出制度的"常态化"应对应着人生的"常态化"。[①] 吉登斯现代化理论强调,现代性的全球化转向与"日常情境中的亲密关系的转变"存在复杂而辩证的关联,行动者日常行动意识对理解个人与社会、行动

---

① [德] 乌尔里希·贝克:《风险社会:新的现代性之路》,张文杰、何博闻译,译林出版社2018年版。

与结构之间的关联有富有启示的新见解。① 哈贝马斯日常生活世界的全球化理论,认为全球化的标准是各种现实的世界化。全球化的过程则必须是从下至上,由内及外的发生在日常生活中,常常会有抵触,常常被忽略。世界化意味着此前各个市场、国家、文明、文化、生活环境其危害以及人与人之间的界限逐渐褪去,也意味着生活中将由此产生重要的全球性联系、冲突和与其他人的相遇。异地恋、世界家庭劳动市场、宗教和重大危机都无不如此。只有考虑到这些发展的共性,才可能去发现今天在爱情和家庭中发生的坐标变换。

(二)研究方法

课题主要运用研究方法包括文献研究、比较研究、问卷调查、个案访谈以及实地座谈。综合运用以上方法后,将收集的相关资料进行综合分析研究。

1. 文献研究

在广泛收集国内外相关学术文献并加以综述的基础上,运用人口社会学、婚姻家庭社会学、家庭社会工作等多学科视角,利用全国2010年人口普查数据和2005年1%抽样调查资料,民政部历年社会服务发展统计公报以及共青团中央2019年青年婚恋状况调查数据,就中国80、90后青年的婚姻状况及稳定性进行了初步分析和探讨。

2. 比较研究

比较法对于婚姻稳定性的问题研究具有重要的作用,对不同地域、不同年份或时段、整体和部分地区婚姻稳定性的比较,能够更清楚地看出婚姻稳定性水平变动的状态。另外,把官方公布的量化统计数据,与调研中获取的质性材料进行对比分析,全面了解80、90后青年离婚的真实状况。

3. 问卷调查

以陕西为主针对80、90后的青年已婚、未婚、离婚人口抽样,进行问卷调查,共收集有效问卷1016份。整体呈现陕西80、90后青

---

① [英]安东尼·吉登斯:《现代性的后果》,田禾译,译林出版社2011年版。

年对婚姻的整体认知，在婚人口离异意向以及青年离婚的新情况、新问题等。

4. 深度访谈

一是个案访谈：在调查地区陕西关中、陕北榆林、延安、陕南安康、四川成都、乐山、山东济宁、广东深圳等地选取典型的、有代表性的80、90后青年进行个案深度访谈，面对面地将研究问题不断深化，通过当事人口述话语，了解不同青年群体多样化的离婚原因，解读影响婚姻稳定性的主要因素。二是关键人物座谈：选取各地区民政部门负责结婚、离婚登记的工作人员，政法系统负责离婚工作的人员，工青妇主管青年婚姻的相关工作人员作为访问对象，从政策实施者经验的角度，了解他们对婚姻、离婚现象的看法及未来发展趋势的评判。

四　研究内容与特点

（一）研究内容

本书通过对传统婚姻家庭主流经典理论的解读和反思，从融合的视角分析婚姻家庭面临的挑战，探寻婚姻家庭的多元探究与理论建构。通过文艺作品的折射、学术论著的呈现和百姓议题的表达，呈现出80、90后青年的婚姻的当代图像。在调查数据定量研究的基础上分析80、90后青年人婚姻状况及其影响因素，通过对80、90后青年婚姻口述资料和典型个案研判，探寻婚姻质量的内在要求以及婚姻关系的不确定与稳定。通过定性与定量相结合的研究方法，揭示出80、90后青年婚姻失衡的风险和深层挑战。主要包括：流动人口婚姻与社区治理滞后之间的矛盾，自律婚姻伦理与守护婚姻能力之间的矛盾，多元婚姻形式与婚姻文化制度之间的矛盾，不婚主义与倡导主流婚姻观念之间的矛盾。在此基础上提出婚姻稳定运作的五大机制：婚姻家庭法律保障机制，公共服务政策的社会服务机制，青年婚恋体系的支持机制，青年流动人口的婚姻常态化指导机制，大众传媒正面导向机制。

最后，报告提出新时代婚姻稳定的五大价值理念，在坚持自律、平等、协作与发展的价值规范的原则上，提出和谐家庭建设背景下促进婚姻稳定的对策建议：第一，提升青年婚姻家庭建设国家战略定位；第二，坚守中华文化的主流婚姻家庭传统；第三，建构青年群体婚恋交友服务支持体系；第四，强化以家庭稳定为导向的登记制度和调解机制；第五，加强流动青年社会支持体系建设促进婚姻稳定；第六，创造有利于婚姻高质量的两性新型伙伴关系。

（二）研究特点

20世纪80、90年代以及21世纪初期，对离婚问题的研究成果较为丰硕。以往国内的研究者们主要从个人情感、生理、家庭经济、夫妻的性格、亲属关系、婚姻道德等显性的、外在的因素进行解释，但是两性关系表象之外的其他方面的研究则较少涉及，尤其是在2003年之后，全国离婚率持续增高背景下，宏观离婚问题的系统，把80、90后青年个体行为、婚姻特征、婚姻家庭的多元存在形式、离婚问题与政治、经济、社会整体发展情境联系起来的系统研究还比较少，本书着眼于婚姻稳定与两性婚姻家庭行为、关系与结构的变化相关联，重点分析80、90后青年高离婚率背后呈现出的婚姻变化、家庭行为与社会结构变迁之间的关系。以全球化、现代化、个体化发展中稳定与不确定交织的新的视角来看待离婚问题，对婚姻家庭中两性关系的冲突与稳定有了新的解释。

通过调查分析，本书重点探析新时代高风险离婚群体80、90后青年离婚情况的新变化。现代高风险社会，离婚率不断提高，80、90后作为婚姻不稳定显现与潜在高危群体，稳定与变化受多种因素影响，本书试图走出青年婚姻稳定与不稳定的二元对立关系，在现代网络互联、价值多元的开放形态下，分析婚姻稳定与不确定二者之间并存的主流婚姻形态与多样态的婚姻家庭形式互构整合。研究离婚现象背后呈现出的国家、社会、婚姻、家庭的关系、行为与结构变化，以及这种变化与历史和现实之间深刻和复杂的内在关联，探寻青年婚姻家庭在稳定与变化之间的内衡。

本书研究的空间范围是全国，但并非意味着覆盖全国所有地域，而是关注全国范围内的80、90后青年整体的婚姻变迁状况，青年婚姻新现象、离婚新情况，流传于青年之间反映时代动态的婚恋流行词，婚姻动态的平衡与变化等。由于离婚群体的特殊性以及时间、经费的限制，重点在陕西省内针对18—40岁进行问卷调查，共计收集样本1016份。其中未婚390人，已婚324人，离婚302人，为做研究对比，涉及了部分70后群体，有144人。在西安、咸阳、榆林、延安、安康、成都、乐山、济宁、深圳等地区针对离婚个体做了20多份深入个案访谈。本书主要讨论的是80、90后群体，这一群体内部的代际差异、社会分层都很明显。但是由于数据限制，大多数情况下，本书把80后、90后群体作为一个整体来研究分析，这可能掩盖了青年群体内部的差异性，这是本书的不足之处，也是后续需要细致分类、深入研究的着力点。

第一章　理论阐释：婚姻家庭的多元探究与理论建构

婚姻是家庭形成的基础，婚姻家庭的稳定关系着社会的稳定。从主流经典理论，包括社会交换论、功能主义理论、社会冲突论、符号互动论、风险社会理论、后现代理论及其研究范式等探讨婚姻家庭的分析模式，从流行观点反思大众对80、90后的误区，从融合的视角分析婚姻家庭面临的挑战，对婚姻家庭的多元探究与理论建构提供新的思路及启发。

第一节　传统的解读：主流经典理论

家庭作为社会的细胞，一直是主流社会学研究的议题之一。社会交换论、功能主义理论、社会冲突论、符号互动论、风险社会理论、后现代理论等经典理论在探讨婚姻家庭的分析模式中有重要的启示。

一　社会交换论

社会交换论是当代社会学理论的主要流派之一，其通过经济学中的投入与产出关系的视角研究社会行为，将人际传播重新概念化为一种社会交换现象。莱温格由社会交换理论引申出离婚交换理论，认为婚姻的稳定与否取决于：双方内在吸引、障碍阻力、代替的吸引这三种要素的力量对比及因素群的消长。[①] 社会交换理论认为，夫妻之间

---

① 转引自陈娜《离婚现象中的需求探索》，《新财经》（理论版）2010年第10期。

相互转换与共享的资源无所不包，物质方面的交换是不可或缺的，夫妻之间的感受和性生活的沟通也不可忽视。人是理性的，人与人之间是一种互惠的关系，在夫妻关系中也是如此，常常期望以最少的投入获得最大的产出。夫妻彼此之间可供互换的资源越多，夫妻一方得到的报酬也会越大，婚姻趋于稳定，反之，当夫妻间可供交换的物质资源和情感资源不足或者不能满足对方的需求时，一方得不到期待的回报，那么夫妻间的相互吸引力就会弱化，从而降低婚姻的稳定性，可能会导致离婚。那么，交换中所获得的报酬，即夫妻间可供交换的资源都有哪些？金钱、实物、精力、时间、体贴、尊重、理解、赞美、分担家务等都算是。恋爱是一种交换关系，择偶是一种交换过程。交换中的每一方都力图获得最大限度的"利润"而把"成本"降低到最小限度。我们具体分析几种重要的生理、心理、社会资源的交换关系。

第一，生理上的交换关系。马斯洛将人类的需求从低到高分为五个层次，分别是生理、安全、社交、尊重及自我实现的需求。[①] 生理需求是最基本的需求，在婚姻关系里，性生活的和谐程度影响婚姻质量。第二，心理上的交换。心理上的交换关系主要是一种情感上的交换，包含爱慕、理解、尊重、包容、信任等多种情感的相互给予，达成双方关系的亲密和情感的交流，是爱情与婚姻所构建的基础之一。第三，社会资源的交换。婚姻是一种社会行为，是理性选择的结果。人们在择偶的时候考虑配偶的性格、爱好、职业等因素之外，也会考虑配偶可能带来的其他资源，比如他的家庭背景、社会关系、社交能力等。古时候讲究的"门当户对"实际上也含有一定的交换理论，既不高攀，也不低就，它就是双方家庭内涵的资源关系越接近于同类匹配，这样组合婚姻形式上会更对等。80、90后年轻群体活得越来越现实，有些女性甚至愿意以牺牲自我为代价换取所谓生活的富足，但是没有爱情为基础建立的婚姻幸福感会降低。

在夫妻间相互共享的众多资源中，经济资源是一种最重要的交换

[①] ［美］马斯洛：《动机与人格》，许金声等译，中国人民大学出版社2013年版。

资源。当家庭就业面临挑战，一方或双方失业，夫妻之间交换就丧失了交换其他资源的物质基础，这时当夫妻之间出现摩擦，容忍度自然就会降低，久而久之使矛盾激化。现今社会全职妈妈就面临着这样的危机，一方面承担着养育孩子的保姆式责任；另一方面由于圈子变小，社交范围狭窄或者与社会脱节，与丈夫没有共同语言，面临相互都可能出轨的风险。夫妻双方都是在理性地思考自己在资源交换中的得失，俗话说"贫贱夫妻百事哀"，经济资源的弱化很大程度上导致了夫妻之间相互吸引力的降低，乃至关系终止。随着社会的转型，价值观的改变，人们尤其是80、90后青年对婚姻质量的要求大大提高，人们对感情的需求和对配偶的期望提升，所以我们也能看到，日常生活中层出不穷的问题，比如生活中男性不讲卫生、不做家务、沉迷网络等可能给两个人的关系带来沉重负担，继而成为分手的导火索。和谐的婚姻关系仅强调单方的付出和无私奉献在当今社会不可能创造幸福家庭。夫妻之间只有多方面得到了充分的满足和交流，其内在活力才会被强化，婚姻质量才会提高；否则，其内在活力消退，婚姻质量降低，将会影响婚姻的可靠性，最终可能导致离婚。[①]

二 功能主义理论

家庭的功能定义强调人在一起在做什么，尤其是为了互相支持做了什么，生产、生育、性生活、抚育、扶养、赡养、教育、消费、情感娱乐等都是家庭应该承担的责任。功能主义社会学家们认为家庭之所以存在，其原因就在于它能够满足这些功能。

家庭是一种普遍性的社会制度，其经历了漫长的产生和发展过程，存在于每一个人类社会之中，有其自身产生和发展的历史和规律。人们关于婚姻本质的看法是存在分歧的，有人认为是一种宗教神圣，有的认为是一种社会契约，有的则认为仅仅与个人的个性与独立性相联系。这些看法帮助我们得到以下关于婚姻本质的认识，婚姻是

---

① 勾学玲：《社会交换理论视角下的离婚影响因素分析》，《黑龙江社会科学》2008年第1期。

自然属性和社会属性的统一。所谓家庭功能，就是在家庭中能够满足人类生存各种需要，以及适应和改变社会环境的效能。简单地说，就是家庭对于人类生存和社会发展起到的作用，家庭功能决定家庭结构，家庭结构反过来影响着家庭功能变化。家庭社会学研究家庭各种功能的消长及其原因，推动家庭的健康发展。家庭的功能具有多面性和多变性的特征，有以下七大方面。

其一，生产功能：是指家庭具有物质生产的功能和效用，并作为一个生产单位对社会产生作用。家庭中的物质生产具有两种形式：一种是在家庭中进行的社会生产，即面向社会、为社会的存在和发展而进行的生产，即广义的家庭生产；另一种是面向家庭，为家庭成员的消费需要而进行的生产，即狭义的家庭生产。随着人类社会经济的发展，家庭自身的物质生产机能不断消退。

其二，生育功能：又称人类自身的生产功能，是人类自身的繁衍功能，自有婚姻制度以来，家庭一直是繁衍后代的基本合法单位。男女两性通过婚姻组成家庭，承担着生育并抚育子女的职能。可是，随着人们的价值观念、生育观念的变化，生物医学技术的发展进步，婚后自愿不育的丁克家庭出现，以及遗传工程学、无性繁殖的方法的创造，都使家庭的生育功能受到挑战。

其三，性生活功能：夫妻之间的性生活，一方面满足和实现着人类生育、繁衍的功能，另一方面具有满足和实现性需求的功能。由于社会的法律和道德要求人的性行为必须通过婚姻和家庭这种形式来实现，家庭就成了法律和伦理所接纳的性生活处所。由于家庭这一功能的存在，为男女的性生活提供了健康、合法、自由的空间，成为男女结合婚姻组成家庭的一个强烈的心理动因。随着家庭生育功能的弱化，夫妻间性的满足、性的和谐越来越重要，高质量的性生活将成为婚姻生活的重要指标，而夫妻性生活的不和谐，则成为许多夫妻离异的重要理由，因此，家庭的这一功能应当得到强化和重视。

其四，抚育、扶养、赡养功能：抚育功能指父母对未成年子女，包括婴幼儿、儿童、少年、未自立的青年人的养育、教育、培养。扶养功能，主要是夫妻之间互尽供养的责任和义务。在生活中相互照料，物质上相互扶持，精神上相互支撑，特别是在其中一方生病、伤残、失业的时候，另一方要给予经济上的供给和精神上的支持。赡养功能主要是子女对父母及长辈的赡养。在农业社会，赡养是家庭的重要功能，"养儿防老"更多体现的是男性的赡养责任。现代社会，社会化养老将成为未来的发展趋势。

其五，教育功能：指家庭对其成员所起的教育作用，家庭是儿童社会化的最初的场所。家庭教育是一种基础教育，家庭教育又是并列教育，家庭教育也是终身教育。到现代工业社会，社会教育的发达使家庭的教育功能相对减弱，但家庭教育仍有不可替代的作用，特别是对人的道德培养和人的社会化所起的作用。

其六，消费功能：家庭自产生以来，一直作为物质消费单位对社会发挥着作用。家庭不仅是社会的一个生产单位，也是最基本的消费单位。生活消费是城市家庭消费的主要形式，用于子女教育费、房屋消费、人际交往消费、休闲消费比例日趋上升，其中教育支出成为市民家庭支出的重头。

其七，情感娱乐功能：家庭成为人类情感最密集的场所，人们对家庭中的感情依赖程度越来越重，夫妻之间的爱情指数升高，使家庭的情感功能变得愈加重要。休闲娱乐功能。指组织安排家庭成员的闲暇时间的文化娱乐，外出旅游活动，满足人们的精神文化和休闲生活的需要。随着社会的发展变化，人们生活水平的提高，精神需求增加，特别是一些节假日旅游黄金周的到来，家庭的休闲娱乐时间增多，功能变得突出和重要。[①]

婚姻关系从表面上看是男女两性的生理结合，从本质上说它是一种社会行为。《礼记》云："婚姻者，合二姓之好，上以事宗庙，下以继后世。"短短数字，足以概括传统家庭的功能，一是孩子的生育与初级社会化，使孩子通过养育成为合格的社会人；二是使成年人完成再社会化的任务。但是在现代社会，家庭的功能在逐渐减弱。改革开放以来的现代化、产业化进程，推动中国以亲族关系为基础、以血

---

① 李建勇主编：《社会学》，中国政法大学出版社2005年版，第137—140页。

缘和地缘为核心的村落社会迅速向以业缘关系为核心的现代都市社会过渡。这一社会制度的变迁不可避免地对婚姻家庭生活产生了重要影响，家庭结构形式呈现出多样化发展态势，不再是传统单一的大家庭模式，主要表现在：核心家庭，即一对夫妇与未成年子女组成的标准家庭；直系家庭，即一对老年夫妇和子女夫妇及其子女组成的家庭；联合家庭，即一对夫妇和两对以上已婚子女夫妇及其子女组成的家庭；丁克家庭，不要孩子，只有夫妻双方组成的家庭；单亲家庭，即由未婚或已婚的人与孩子组成的家庭；独居家庭。

　　古代中国，婚姻在传统文化的熏陶下以传宗接代为责任，结婚成家的首要目的不是为了爱情，而是为了家族的人脉繁衍，是使家族人丁兴旺的主要途径。因此，传统家庭比较重视亲子关系。而在当代中国社会，尤其是改革开放以来，随着城市养老保险体系的建立健全和计划生育政策影响下，"四二一"家庭代际结构的普遍形成，人们的婚姻观念发生了变化。子女作为维系婚姻的强制性纽带的作用明显减弱，情感婚姻式的家庭将逐步成为主流婚姻模式。社会生活多元化使得现代社会男女在择偶标准上更多偏重和强调感情的融合、志趣的相投，当婚后的现实与婚前的预期不相匹配时，便会产生矛盾。一旦矛盾不可调和，离婚似乎就成了自然而然的选择，后现代婚姻状态下的"模范婚变"就是典型代表，子女一旦考上大学就离婚的现象比比皆是。

三　社会冲突论

　　离婚率持续上升与经济快速发展的步伐相一致，冲突带来机遇与风险，事实上，随着市场经济的纵深发展，经济因素与情感之间的矛盾冲突，成为婚姻家庭变化一个重要信号。

　　社会冲突理论是社会学理论的重要流派，其着眼于把冲突视作社会结构的必要组成部分，集中探讨权力、不平等和斗争问题。社会冲突理论是相对于结构功能主义理论的反思和对立面所提出来，结构功能主义理论着重于强调社会的整体稳定与整合，而冲突理论坚持社会冲突对社会的巩固和发展具有积极作用，一方代表社会的保守派，另一方代表激进派。①

20世纪90年代以后，因为城市化程度较高，社会相对比较开放，人们生活方式和价值多元化，地域流动和职业变动比较频繁，导致家庭聚合力减弱，夫妻关系甚至夫妻双方和子女间关系都受到影响，离婚率也随之提高。与此同时，核心化家庭使得生育率下降，减少了亲属关系在夫妻冲突中的缓冲作用以及大家庭的凝聚力，弱化了社会聚合力，加大了夫妻关系破裂的风险，导致离婚率上升。随着市场经济的纵深发展，经济因素与情感之间的矛盾冲突，成为婚姻家庭变化一个重要信号，一定程度上造就了今天大家对离婚的习以为常。

四 风险社会理论

德国社会学家乌尔里希·贝克（Ulrich Beck）以反思现代性作为基本理论支撑和理论目标，首先提出了"风险社会理论"，把"风险"作为分析当代社会的重要概念。②之后以劳提出的"新风险"理论，拉什等的"风险文化"理论、卢曼的偶然性社会的不可知论等都被称为风险社会理论，他们从不同的角度审视和阐释现代社会的风险。

进入风险社会，风险意识已被普遍接受，因此进步意识原则上已被打破，人类一方面消解了既有的风险，同时可能也制造新的风险。以工业化、城镇化、全球化为特征的现代社会的发展，给人类带来巨大的财富、发展空间以及人类的巨大进步。但另一方面也使得现代社会比以往社会具有更多不确定性，更多难以控制的风险。贝克认为，现代社会的风险特征主要为风险的"人化"和风险的"制度化"。③ 现代的风险更多是"人为的不确定"，吉登斯则更强调了制度

---

① 闫羽鹏：《转型时期高离婚率问题分析及对策》，硕士学位论文，西南政法大学，2012年。
② ［德］乌尔里希·贝克：《风险社会：新的现代性之路》，张文杰、何博闻译，译林出版社2018年版。
③ ［德］乌尔里希·贝克：《风险社会：新的现代性之路》，张文杰、何博闻译，译林出版社2018年版。

性风险和风险社会对日常生活的影响。吉登斯明确区分了两种类型的风险——"外部风险"和"被制造出来的风险",深深地进入了日常生活。① 同时,这种风险是全球性的,"不由自主的负流通"超越了本土,在全球流动;对于风险的致因,超越了自然与文化的两分框架,"自然与文化之间的明显界限的消失可以决定它的特性",成为"人为的混合物"。② 许多限制和控制风险的努力转化成了更大的不确定性和危险。因此,风险社会的风险具有人为性、全球性、持续性等基本特征。

当前风险社会大背景下,全球化婚姻家庭问题已经成为研究的关注点,从婚前同居到婚外恋情、同性恋、代孕母亲、婚姻移民、跨国婚姻等多种家庭与我们过去的家庭及其特征大不相同,但是每一种形式都承载了社会发展的部分矛盾,需要研究各种现象的意义和关系,探寻之间的共性和关联。

五　符号互动主义

符号互动主义作为一种理论方法,其所关注的是,与联合行动中的其他人相比,个体对他们所处的环境的意义以及他们自身意义的界定方法。它特别关注在与他人互动的过程中,个体塑造自身形象的方法。每一个人对他(她)自己作为一个家庭成员的感觉是来源于日常生活中的沟通与交流。

符号互动主义的研究有时考察的是作为一个群体的家庭成员所共享的意义体系,有时他们又考察特定个体对情境的不同定义。在任何一种情况中,符号互动主义更多地都是强调家庭团结,而不是家庭内部的冲突。例如,符号互动主义对家庭生活的经典研究之一是"婚姻调适"。研究者指出在长时间的持续互动过程中,为了确保与他人的合作关系,个体将对他们的意义进行调适,并且因此也对他们的行为

---

① [英]安东尼·吉登斯:《失控的世界——全球化如何重塑我们的生活》,周红云译,江西人民出版社2001年版,第22页。
② [英]安东尼·吉登斯:《失控的世界——全球化如何重塑我们的生活》,周红云译,江西人民出版社2001年版,第22页。

进行调适。符号互动主义的研究通常并不认为家庭生活只有一种运作方式。他们认为可以有多种意义来支持不同群体中的人们进行有效的合作。因此，符号互动主义对家庭生活的研究包括了描述家庭成员在互动模式的变化中对行为进行协商和再协商的方法。比如再婚家庭在近年来变得越来越普遍，作为一种长期趋势，在婚姻和离婚中它成为了影响家庭结构变迁的主要因素。再婚者进入婚姻首先要从以前的婚姻关系中走出来。与离婚率增加趋势相伴随的是离婚者中再婚的增多。

六 后现代理论

后现代主义集中反映的是多元主义和相对主义，道德与理性、爱心与理性的矛盾对立，认为世上没有绝对的真理，正如婚姻没有绝对的稳定与不稳定。

后现代主义社会理论是以现代主义作为社会学的概念和研究方法，挖掘后现代主义思想中所蕴含的社会学观念，并直接运用到现实社会结构、社会互动、社会关系、社会组织等社会学领域，对传统的社会学理论进行改造的理论。该理论虽不是一个统一的体系，但其依然具有大致共同的内容和主要特征，表现为消解传统社会学对于社会结构、社会分层、社会组织的理解方式，对"客观的、可观察的、可触知的、可控制的空间提出了诘难"[1]。在对社会的微观分析中，强调差异、多元、片段、异质分裂；注重分析现代权力运作和制度的复杂性；对社会系统、社会概念加以拒斥，对在社会生活中起决定作用的资本、国家、阶级、制度等社会因素进行重新理解。

后现代主义社会理论具体可归纳为：谴责现代社会以及现代社会在实现自己的各种承诺方面所遭遇的失败，排斥主流，主张将注意力转向社会的边缘地带，认为社会在发生各种分化，人在社会中的角色也在相互融合，发生进化。[2] 在社会生活的某些领域中，不断增加的

---

[1] ［美］罗斯诺：《后现代主义与社会科学》，张国清译，上海译文出版社1998年版。
[2] 邓伟志主编：《社会学辞典》，上海辞书出版社2009年版，第40页。

多样性和变迁的无方向感以及对发展进步的怀疑,都鼓励人们用后现代性理念来取得现代性理念。后现代性是一种概念化的文化类型,它认为急速的变迁产生了一些无法预计的后果,现代的社会制度丧失了许多对于事件进行控制的能力。后现代性是一种由许多相对的形象、经验和理念所组成的不连贯的系列。在家庭研究中对这种后现代方法的应用是多种多样的,而且有时这些应用还是互相对立的。其他一些关于后现代的概念更加强调那些对个人选择的、意想不到的开放,为新的享乐形式所提供的机会以及它们有时给人们所带来的一些两难困境。比如对婚姻有较高的期望,对个体幸福有较高的要求,但不愿意妥协、付出,更不能理解"和一个人结婚就是和他的全家结婚"的概念。如果年轻人感觉生活在一个不能满足自己需要的婚姻中,就会觉得爱情已经消失,离婚也便成了必然的事情。受这种思潮影响的年轻人一般可以与自己所爱的人"同甘"却未必能"共苦"。[①]

第二节 现实的误区:流行观点反思

在碎片化的信息社会中,无限的时空消解了历史的意义,主观的瞬间感受取代了生活的意义世界,社会的主导价值在数字化、符号化的信息世界里逐渐模糊,以无中心、不确定、强调多元价值取向的后现代文化正符合了信息时代下的碎片化生活的内在要求。但是这种只解构不建构的文化形态,从一开始就让婚姻失去了方向,让婚姻陷入无主导目标的价值虚空境地,社会主导的婚姻伦理观逐步呈现出模糊状态,出现了隐婚、闪婚闪离、慈善婚、奉子成婚等后现代新型婚姻状态。这些无主体、无价值的婚姻行为,消解了社会原有的婚姻伦理观,加剧了青年一代在婚姻过程中的矛盾和不确定性。当一个人对自己的婚姻不抱希望的时候,也往往不会看好别人的婚姻。

---

① 赵鑫:《浅析后现代思潮对当代青年知识分子婚姻观的影响》,《青年思想政治教育》2001年第3期。

一 误区一：80后不是离婚完成时，就是离婚进行时

在媒体的渲染下，"今天你离婚了吗？"已成为大家打招呼的问候语，就像过去问"你吃了吗？"一样平常，可以看出，大家慢慢对离婚的习以为常，尤其是80、90后，感觉勉强维系婚姻，不离婚都"落伍"于时代了。给大家造成的印象就是80后离婚现象特别普遍，离婚率特别高，婚姻家庭关系极其脆弱。

婚姻是人发展过程中的一个重要阶段，是绝大多数人都要经历的重要一环。婚姻的幸福或不幸福与个人生活关系密切，男女两性交往过程的顺利与否更直接影响到整个家庭和社会的稳定。如今的80后留下了转型期时代背景的印记，这将会影响他们的世界观、人生观、价值观的形成。80后这一代，既赶上了中国经济发展、物质富裕、科技进步，享受着比上一辈更多的现代物质文明的丰硕成果，同时面临社会两极分化加剧、城乡流动加速、价值观重塑等困境。

较之其他代群体，80后是一个内在矛盾凸显的群体。年纪轻时被阻止早恋，工作后却被催促婚姻。"中国的特殊情况是，很多家长不允许学生谈恋爱，甚至在大学都有很多家长反对恋爱。但等到大学一毕业，所有家长都希望马上从天上掉下来一个各方面都很优秀，而且最好有一套房子的人和自己的儿女恋爱，而且要结婚。"[1] 这是网上流传着80后作家韩寒的一段话。不得不承认，80后是缺乏情感经验、婚姻教育的一代。"与之前几代相比，他们是改革之后的第一代；而与后一代相比，他们则成长于改革尚未全面推开的初期。""两种体制的并存、纠缠与渐变，口号与实践的矛盾与断裂，内在地撕裂着这一代人，使他们总处于一个尴尬且自我矛盾的境地。"[2] 80后比上一代甚至几代人更加崇尚恋爱自由以及婚姻自由，对婚姻质量有着强烈的追求，他们的性观念更加开放，对待离婚行为更为宽容。但是，

---

[1] http://www.wenxuefen.com/detail/8320.html.
[2] 参见李春玲主编《境遇、态度与社会转型——80后青年的社会学研究》，社会科学文献出版社2013年版。

80后对恋爱、婚姻的态度趋于物质化、轻浮化，家庭责任意识淡化，对于婚姻没有形成系统认识，缺乏用爱情和责任经营婚姻家庭的意识，等等。性格、感情不和成为80后离婚的主要原因。

二　误区二：90后登上了"离婚"的历史舞台

在某些80后尚处在单身的时候，第一批离婚的90后已经出现了。早在2012年，90后才出步入婚龄不久，较高的离婚率即引起了社会的关注。据广州市海珠区法院的统计，2012年1月至9月上旬，该院共受理625件离婚案中，有11件的当事人为90后。[①] 2015年，郑州市年度婚姻登记数据显示，90后离婚人数占到当年总人数的三分之一。[②] 有很多90后小两口常常因为叫外卖还是在家做饭、谁洗碗、谁拖地这样的事闹得不可开交。

1. 90后的成长背景

90后较之80后，在社会全面繁荣、开放、流动、网络虚拟空间大发展之中成长起来的，他们活得极其入世，把生活跟梦想分得很开。比如，"一场说走就走的旅行并不能改变什么，旅行结束就回来上班，诗与远方都需要路费""知道婚姻到底是怎么回事，不对它抱有过高幻想，只要不拉低自己的生活质量"。城市里周围能相处得比较久的情侣，多半是家境、见识都差不多，门当户对，等到结婚双方父母买房子、车子鼎力支持。

90后对潮流非常敏锐。全球化时代、互联网给90后发展提供了各种可能。很多90后"网红"带货、直播，工作别出心裁，收入早已领跑时代，他明白20来岁的自己没什么竞争优势，但是网络给人提供了无限可能。"爱情"是成功人生中最稳妥的跳板，而不是虚幻的梦境。

90后青年离婚多具有"三无""优势"，即无子女、无财产、无

[①] 《90后离婚心态平和令人咋舌　分手原因首推无责任心》，http：//vnetcj.jrj.com.cn/2012/10/17152914528790.shtml。

[②] 《90后敢离婚的底气是什么？》，http：//www.xinhuanet.com/comments/2017-07/11/c_1121297147.htm。

债务，因此离婚因财产纠纷的不多，而性格不合及生活琐事较多，情感因素在婚姻中所占的比例增大，婚姻质量是其不懈的追求。对90后这一代人来说，生活、情感都是"小康社会"的标准，这些90后的婚姻里，你会发现更多"自我"的觉醒，崇尚个性、自由，有更照顾自己感受的年轻女性，有在家庭暴力下不再为孩子委曲求全的妈妈，有对背叛婚姻勇敢说不的职业女性。

2. 闪婚导致闪离

都市化的加深，社会生活节奏的加快，80、90后在巨大的社会竞争压力下，无心在婚恋上花费更多精力。传统的婚恋模式不仅需要付出大量的时间，还需大量的物资投入，并且这些付出不一定就有回报。80、90后应时代之变，果断放弃爱情长跑的辛劳，转而选择"闪婚"式快餐，实在不合适再"离"，冲动、随意的婚恋观普遍蔓延。①

工作的繁忙让80、90后们基本不可能有时间去工作圈或朋友圈外寻找另一半，选择面因此受到限制，在这种情况下，相亲不失为不错的方法。相亲一般情况第一次见面的直觉尤为关键，跟着感觉走，合适就试着交往，没有意外短时间内先同居，两人之间并无太多问题，就迅速领证结婚。"闪婚"下的男女双方不是太过理性就是极度不理性。理性的那部分人不要求婚姻中一定要有爱情，为了结婚而结婚，当双方长久的相处后，就像两个陌生人一样，那么"婚外恋"和"一夜情"也就随之而来，婚姻往往就会在这种激情的刺激下结束。极度不理性的那部分人以为有了爱情，其他的什么都不是问题，所以他们迫不及待的用结婚来证明他们是正确的，但是婚后当爱情败给了生活中的柴米油盐，那些被爱情迷了眼看不到的缺点，在这一刻就暴露了出来，不满、争吵接踵而来，逐渐觉得感情上受伤害，双方之间的疏离越来越大，最后陷入陌生感，甚至解散。

---

① 笔者调研中一位1992年出生的女性说："以前没好好上学，19岁就糊里糊涂地出来打工，20岁的时候跟男朋友相亲认识10天就同居了，不到一个月就领证了，然后当年就怀孕生孩子。孩子刚出生时，我没有工作在家照顾孩子。有老有小，他不好好上班，竟然在外面赌博，还欠了很多债，回到家里给我要钱。这种恶习，不离婚难道等着他把我和孩子都卖了！年轻的时候冲动，现在儿子快6岁了，我自己带着也挺好，暂时没有结婚的欲望了。"

三　误区三：无理由离婚时代来临，离婚无理由却有成本

《南方周末》一篇文章说，"一场说离就离的婚姻似乎比一次说走就走的旅行更为容易"①。爱情没有枷锁，当爱消失，婚姻的基础就不存在，离婚成为寻找幸福路途上失败的尝试。

不知不觉中丢了爱情。第一，"审美反差"让爱失落。恋爱时爱得死去活来，结婚几年后，生活尤其是孩子彻底磨去了激情，彼此的形象在心中也变得越来越可恶。第二，"彼此沉默"让家解体。大多经历了从一开始亲亲密密，继而吵吵闹闹，到对彼此失望的过程。第三，"同'性'相斥"，让爱停顿。日子久了，彼此太了解了，相互间的吸引力随之消失，手拉手已经没有任何感觉，夫妻双方在婚姻生活中渐行渐远。

家庭与爱情不同步。青年婚姻将爱的感觉置于家庭生活的中心位置，这是家庭成员进行所有事情的主要理由，爱情、婚姻与家庭在不同步中撞击，熟悉与陌生、亲近与遥远在家庭空间里交会，婚姻的潜在危机渐渐清晰，家庭的纽带不断弱化。②

无理由离婚中的"不可言说的理由"。出于房屋限购、拆迁、新政落户、孩子入学等政策规避钻政策漏洞，获取实际利益的快速方法，增加了某些地区政策性的离婚数量。离婚是传统社会向现代社会转化过程中不可避免的现象，人们能够做的只是设法减少离婚过程中的痛苦和伤害，却不能扭转离婚率增高的总趋势。随着城市化的进一步发展，将增强和完善社区系统功能，最终取代家庭的经济功能、养老功能，家庭角色就会发生变化，婚姻更为自由，婚姻主体受家庭功能限制幅度下降，离婚倾向于以感情为判断标准，离婚率将会有大幅

---

① 《来一场说离就离的婚姻？》，http：//www.infzm.com/contents/112882。
② 笔者曾访谈过这样一个案例：小陈在二十岁出头的时候结婚，父母提供的房子，媳妇带过来的车，直接不劳而获进入有房有车状态，婚后不久他们的孩子就出生了，自有两边的老人帮忙照料，他的生活依然很轻松，很努力用心地工作，可是妻子却安于现状，得过且过。他喜欢自己的孩子，可是他与妻子的兴趣日渐不同，渐渐开始疏远。后面他发现与妻子毫无共同语言，无法相处。可是他知道如果提出离婚，父母估计会骂他"脑子进水"。他现在全心投入自己热爱的事业，另一方面也是逃避面对家庭生活的问题。

度的上升，我们关注婚姻问题应持有利于社会进步的判断标准，找出解决离婚问题的有效途径。

离婚应该是婚姻主体从不幸婚姻中解脱出来的办法，它破坏的是一个不和谐的家庭。社会学思想就是要求人们持价值中立和联系的观点看待社会问题，因此，解决婚姻问题的关键是处理好善后问题。一方面设法减轻婚姻主体在离婚过程中的痛苦和伤害；另一方面为破碎家庭的成员创造良好的生活、发展条件。既不能阻止也不能鼓动离婚行为，对于不负责任的离婚行为应从法律、道德等多角度进行规范，倡导文明健康的婚姻家庭模式。离婚率增高是社会发展的必然产物，它表明传统家庭的功能减弱，社区的功能增强，妇女角色地位的变化。家庭的进化和变异表明传统的婚姻家庭向现代的婚姻家庭转变，愚昧的婚姻家庭向文明的婚姻家庭转变。

四 误区四：有没有法律认可的婚姻的形式都无所谓

随着社会经济的不断发展，青年的婚姻生活无论从结构、观念上，还是形式、内容上，都发生了巨大的变化。高速率的社会变迁，正更替着人们的行动价值。家庭在由丈夫、妻子、孩子所组成的核心家庭的基础上，演变出很多如同居、试婚、丁克等新的形式。

1. 同居

20世纪70年代以来，未婚同居在欧洲开始出现，后来发展遍及全世界。在美国，1997年的统计表明，未婚同居的男女有400万人；据估计，在25至39岁的未婚妇女中，有1/4左右正在与一个伙伴同居；一半左右的第一次婚姻是经过同居的。1997年的统计还显示，36%的未婚同居户有一个18岁以下的孩子；1987年只有21%；而25至34岁的年轻同居户中，有孩子的占50%。据1999年的一项估计，几乎有一半的孩子在其16岁以前要在同居家庭中生活一段时间。①

未婚同居以后生孩子的婚姻的顺序不再有规可循了，很多夫妻先

---

① 陈一筠：《同居关系会替代婚姻吗？——美国的最新研究报告》，《国外社会科学》1999年第4期。

有孩子，然后才确定自己关系的合法地位。四分之一的白人孩子、三分之二的黑人孩子出生在未婚家庭中。与此对应的是，在北欧这个比例是二分之一。有些夫妻最终会结婚，但另外一些不会。青春期的孩子如果怀孕了，青年人面临的选择就是如何处理？流产，送养，留下这个孩子并将其养大，这将成为另外的社会问题。

2. 试婚

试婚，顾名思义是提前在一起生活，考察一下感情和性生活是否和谐，试婚也是没有法律确定的婚约关系共同居住在一起。与同居不同的是，试婚是为了结婚而尝试，结婚意愿很明确，一般都设置一定的时间周期。而同居者不同，双方的结婚意愿并不是非常明确。很多人之所以同居在一起，仅仅是为了寻找一份情感的慰藉而已，顶多有个模糊的承诺。随着离婚率急剧上升，"婚姻是爱情的坟墓"的说法蔓延，基于对婚姻生活的不确定性，试婚这种正常而又特殊的现象在都市青年中较为流行。

3. 丁克家庭

"丁克"主要是指"双收入、无子女"的家庭结构，现在越来越多的夫妻结婚后选择了不生育的生活方式。美国未来社会学家托夫勒在《第三次浪潮》一书中提出"不生育文化"这个概念，表明未来社会有相当一部分人将有意识地选择"不生育"的生活方式。[①] 丁克的首要标准是不生育，同时对自己丁克身份和这种生活方式接纳和认可。数千年来，婚姻家庭不能没有孩子的传统观念在国人心目中根深蒂固，"丁克家庭"很难成为全社会的主潮流，但在夫妻文化程度都比较高的家庭里，这一观念却大有市场。据调查，从90年代初到现在，在北、上、广等一线城市，"丁克家庭"的数量不断上升，真正成为部分人群追求的时尚，丁克家庭一般知识层次较高，经济收入也较稳定。

4. 同性恋

同性恋是社会转型进程中不可忽视的一个群体。随着社会开放度

---

① ［美］托夫勒：《第三次浪潮》，黄明坚译，中信出版社2006年版。

的增加，同性恋群体权利意识的逐渐增强，同性恋者的数量有可能继续增加。从社会学的视角来看，同性恋和同性结合也可看作一种婚恋生活方式。正因为如此，部分学者和同性恋者提出同性婚恋作为一种婚恋生活方式，也应该得到法律、道德、习俗和宗教的认可，同性婚姻合法化的呼声可能会更高。与世界各国一样，中国同性恋经历了一个由隐蔽到逐渐公开的过程。20世纪90年代初，中国主流社会对同性恋持有极强的偏见与歧视态度，同性恋人群普遍处于高度隐秘状态，绝大多数人自我认同感极差。90年代后，中国的同性恋亚文化得到发展，同性恋者有了属于自己的交际场所，纷纷走出隐秘状态。当前，中国更容易接受认同同性恋和同性结合的是高学历群体。他们由于知识面较广，信息更新快，对新事物的关注度高，对同性婚姻群体的认识更多，包容度也相对较大。

5. 不婚不育

当今社会有少数年轻人对婚姻的态度是"不婚不育主义"，其原因最主要的是对婚姻的认知态度发生了转变。具体表现在以下三点。

一是对"我为什么要结婚"的主动反思。在传统社会中"不孝有三、无后为大"被奉为家庭延续的宗旨，长期以来在宗法制度下被强化。但是，现在的80、90后年轻人对结婚的价值提出反思，"结婚不再是天经地义的事情"。反思的结果之一就是结婚不是必须完成的人生使命，结婚是可以自我选择的，也不必付出多少代价。

二是对"结婚给自己带来什么"的主动反思。"结婚不会带来任何东西，也不会拿走任何东西"，这是现在80、90后的年轻人的宣言，甚至更多的年轻人认为结婚生子，可能为自己带来很多沉重的负担，不管是经济方面的还是对双方家庭的责任，不结婚是对结婚的抗争。

三是恐婚一族。当前媒体报道、影视剧片等有意无意宣传婚姻的负面影响，包括出轨、家庭暴力、婆媳关系等，造成80、90后对婚姻的不信任和恐惧心态，"不用操心和哪个女同事、男同事玩暧昧""不用担心学区房超贵孩子上不了学""不用担心生孩子身材走样""不用忍气吞声因为有孩子不能离婚""不用操心婆婆大姑子小姨子无聊的家长里短""不用担心老了没人管,因为孩子也靠不住"。有日本媒体在一则关于日本国民结婚生子意愿的调查中,发现68%的人回答"不一定非要结婚",60%的人回答"结了婚也不一定非得生孩子",这为我们重塑婚姻的价值观提出了严峻的挑战。

6. 虚拟婚姻

后现代主义大师们普遍将矛头指向了人的主体性,如福柯从语言文本出发,认为客观世界的意义和丰富性在于语言的表达和沟通,人只不过是语言借以表达客观世界意义的工具。"从被体验和经历为语言的内部,在其趋向于极点的可能性的游戏中,所显示出来的,就是人已终结了,并且在能够达到任何可能的言语的顶峰时,人所达到的并不是他自身的心脏,而是能限制人的界限的边缘。"[①] 在文本和语言的世界里,人就像海市蜃楼一样转瞬即逝,正如大海边沙滩上的一张脸一样,终将被抹去,世界唯一不变的是语言文本。世界本身就是一个凌乱的、碎片化的、不可认知的经由语言文本建构出来的存在,现代文化中以人为中心而建构出的总体性伦理规范和价值意义都是值得怀疑的,因为这些是通过人在解读规范文本中的关系来获得的,这种价值和意义已经与规范本身没有任何关系。意义处于一种不断生成和不断流变的过程,一切都是相对的,一切都是不断生成的。

在主体性消解的后现代文化的视阈中,婚姻主体逐步走上虚无之路,出现了网络婚姻、人与动物间的"婚姻"等主体缺失的虚拟婚姻。在网络虚拟婚姻中,双方无须认识,彼此间也无须了解,只需要敲击键盘和鼠标,就可以"结婚"和有"孩子"。虚拟婚姻让婚姻伦理和婚姻价值呈现出缺失状态,而且这种虚拟婚姻还受一部分年轻人的追捧,其中"网上人家""爱情公寓""第九城市"等虚拟婚姻网站人气最旺。据新浪网统计,爱情公寓虚拟婚姻网站开设一个月后,申请的人数达10万多。现今中国社会加入虚拟婚姻网站并享受网上婚姻的网民已超过百万。虚拟婚姻消解了婚姻的主体性,让婚姻伦理呈现缺失状态。在婚姻伦理主体的缺失下,甚至出现人与蛇、狗等动

---

① [法]福柯:《性史》,张廷琛等译,世界图书出版公司1976年版。

物结婚的极端婚姻行为。这些行为超出了人类社会的范畴，使得婚姻成为无关主体的率性行为。近来在网络上出现一些网站，通过认养"男人"或"女人"，"一夫多妻"或"一妻多夫"的角色扮演可以满足自己对伴侣的多样化、超现实需求。

五 对婚姻误区观点的反思

（一）离婚的外部环境日渐宽松

《中华人民共和国婚姻法》（以下简称《婚姻法》）的不断调整完善，对外开放政策的实施、思想解放等，促使了社会外部环境的变化，人们的思想发生了巨大变化，社会大众对待离婚的态度日渐宽容，从以前的完全否定、以此为耻，到近些年的逐渐接受、理性看待，社会舆论也不会再加以谴责。可是就是这种多元化和宽容的社会环境的影响，夫妻间一旦出现情感上或经济上的问题，较之以前会有更多的人选择去终结婚姻关系来解决问题，而不是想办法通过其他途径解决他们之间的问题，离婚态度越来越随意，90后年轻离婚者越来越多，婚姻维系时间由七年之痒到一到三年，甚至部分闪离者只有数日，现在草率结婚冲动离婚的年轻人数持续增加。

（二）离婚成本其实很大

离婚的成本不能进行量化评判，它的很多创伤性后果无法计算。婚姻的解体常常比婚姻不幸带来的压力更大。离婚会导致生理和心理难关。离婚会对家庭所有成员带来影响，创伤性后果会因下列因素而减少：把离婚重新定义为正常的、可接受的行为；提高社会交往和社会支持力度；积极处理离婚带来的污名化。[1]

1. 财产与监护权

把一个家一分为二涉及很多财产分割问题，比如赡养费、扶养费、物业分摊及转让、其他投资等，还要处理债务、个人物件、交通工具。还有监护权接洽，离婚首先考虑的是孩子的成长，无论是否与孩子共同生活，都要承担起对孩子教育的责任，引导孩子身心健康，

---

[1] Coonts, S., "The Origins of Modern Divorce", *Family Process*, 2006.

使父母必须付出更多的精力，这可能是离婚最高的成本之一。

2. 社会成本

为什么不能酒驾，酒驾的社会成本有无法承受之重。离婚是同样的道理，会增加各种隐性的或显性的成本，离婚不但是个人和家庭的事情，也牵涉到社会问题。夫妻多年，圈子越来越窄，很多朋友是共同的，如果离婚，有一方可能会主动放弃这些朋友。

3. 离婚可能给家庭成员带来持久的负担

所有的离婚都是痛苦的。不管夫妻和家庭关系多么令人不满意，离婚给家庭成员带来的影响是多方面的：家庭生命周期、财务情况、个人幸福度、朋友和支持网络以及与扩大家庭的网络关系等。有学者认为，人们一般需要三年时间才能适应离婚带来的各种问题。此外，离婚并非一个二元过程，不可能说两个人昨天还是夫妻，今天早上一起床就离婚不再是夫妻了。走到离婚这一步，或多或少彼此都有感情伤害，如果还有孩子的话，还有孩子的心理适应与身心健康发育问题。

4. 离婚与和谐家庭建设的必要性

从婚姻的社会文化视角来看，如果社会中的大部分成人都选择结婚，那么不结婚或离婚状态就是偏离了社会期望和社会规范，不能为社会所接受，但是当法律上的离婚率越来越高，社会也就习以为常，不以为怪了。马克思认为"在婚姻以及其他道德和法的制度中都没有理性"，说明婚姻实质上是道德和法律的制度，既包含法律的内容，也包含伦理道德的更高要求。离婚带来生活和情感的重新调整，我们尊重不违反道德、不破坏公序良俗的离婚行为，公民在婚姻家庭中，不仅要尊重和遵守婚姻家庭法，而且要遵守一定的伦理道德。尽管现实生活中存在很多不良婚姻家庭现象，但忠实、专一、平等、互爱，依然是和谐家庭建设遵循的准则，对"婚外恋""包二奶"等不道德行为，道德强化制约的基础上，大力加强法律制裁。

第三节 尖锐的挑战：融合的视角

经济、文化等社会变革趋势引起了离婚率的变化，此外，人们受互联网、大众传媒超时空传播的影响，婚恋家庭观正在发生一系列变化，新旧观念的撞击越来越激烈，传统的"经济合作社""生育共同体"与现代的情感、心理、文化相融合，主流与非主流的价值观融合，婚姻形式与婚姻质量融合发展。

一 离婚的时代之变

开放中的中国，无论是在政治建设还是经济方式方面，都在经历着日新月异的变化，市场经济发展，封闭的乡村与开放的城市之间的隔阂被打破，乡村中国的社会规范逐渐被现代城市的社会规范所稀释、替代，封闭化的生活模式、交往模式乃至生活习惯都被打破，在这种转型浪潮中，婚姻和家庭不可避免地被裹挟其中，经济、人口、文化等因素的变化导致婚姻家庭领域深刻变化。对外开放政策实施后，外来文化的融入，开阔了人们的视野，各种文化思潮冲击着人们的心理。在改革开放的浪潮中，人们不再受传统观念的束缚，有了独立思考问题的能力，离婚成为当事人的私事，与其他人无关。改革开放40年来，中国教育发生了翻天覆地的变化，义务教育全面普及，高中阶段教育基本普及，高等教育跨越式发展，整个中华民族的素质有了大幅度提升，个体自主意识提升的一个重要后果就是离婚率增加。

（一）婚恋模式的多元化

从传统的"遵从父命"到现代的"恋爱自由"，从被动谈婚论嫁到现代的大胆追求幸福，从传统一家三口的核心家庭标配，到不婚族、丁克家庭、同性恋，从离婚丢人到离婚解放，传统的婚恋观念都在潜移默化中发生着变化，年轻人尤其是80、90后青年婚恋模式呈现出复杂、多样化。

主流婚姻。不论基于爱情、繁衍、经济或其他目的，符合法定年龄的成年男女，经法律认可建立的婚姻模式，或许以后还会有孩子加入。

未婚同居。异性伴侣没有结婚自愿居住在一起。国外有些国家如加拿大和澳大利亚等国家，在政府立法和法庭判决中对于家庭的法律定义已经超越了核心家庭模式，异性未婚同居在加拿大被称作"习惯法婚姻"，在澳大利亚被称作"实际关系已经获得了类似于正式婚姻的实质性的法律认可",① 这样可以使政府对这些新的家庭予以更好的控制,包括获取更多的税收。

同性伴侣。两个性别相同的人生活在一起,能否组成"真正"的家庭,此问题已经引起了大量的争论。在英国曾被认为是一种"虚假的家庭关系",人们的价值观已经发生了改变,现在对于同性伴侣的社会认可已经成了一种不断增长的具有优势性的趋势。新的生活方式定义更强调两个或多个个体之间所存在的实际支持程度,而不是他们的生物性特征、性别特征或者他们正式的婚姻状况。现在欧美多数国家社会已经允许同性伴侣合法结婚。这在一定程度上是对更加复杂的家庭关系的一种回应。

独居。现代社会一个人独自居住现象越来越普遍,但公众总将其视为社会问题。实际独居生活并非孤立离群。绝大多数单身热忱地投身社会与社交生活。美国社会学教授克里南伯格在《单身社会》一书提出,在如今这个媒体无处不在、人与人高度紧密相连的社会中,独自生活令我们更好地了解自己,以及更懂得享受伴侣的陪伴。②

普婚社会,婚姻在可预期的未来仍然将是人类伴侣关系的主流。无论从社会学、心理学还是生物学的角度,多元化的伴侣形态模式是基于人类多元化的天性。我们应该尊重个体的选择。婚姻是个人权利,同时也意味着每个人有选择结婚、选择不结婚、选择与谁结婚、选择什么时候结婚、选择离婚的权利而不被歧视。随着社会以及人类文明的发展,婚姻的内涵和外延都会发生相应的发展和嬗变。

(二) 两性角色组合模式

不论哪一种家庭形态,两性都有其分工组合模式,主要有如下四类。

男主外女主内。家庭里是一个事业有成的男人加一个家庭主妇式的女人。你挣钱,我持家、看娃、照顾老人,这是比较传统的家庭分工。这个"传统观念"是男人框定的,现代女性的生活不光是丈夫

---

① [加]大卫·切尔:《家庭生活的社会学》,彭钢旎译,中华书局2005年版。
② [美]艾里克·克里南伯格:《单身社会》,沈开喜译,上海文艺出版社2015年版。

和孩子。

女主外男主内。家庭里一个事业有成的女强人和一个被外界看着比较"窝囊"的男人。妻子在外面打拼事业，家里基本上都是凉锅冷灶，孩子的学习也全靠丈夫辅导，久而久之，丈夫的自尊心会受到挫败感而发生矛盾。

男女均忙工作。家庭中男女双方（非明星、演艺界等群体）皆事业有成。丈夫成天奔事业，一年没有多少假期，妻子也有一份不错的工作，忙得不可开交。这样的家庭最大问题是双方都将事业和生活完全等同起来。

AA 制家庭。这是建立在男女有强大经济实力的自愿实施的一种家庭经济的分配制度。夫妻生活一直是 AA 制，平时各花各的，买房、装修、孩子婚配等大事共同承担。但是很多 AA 制家庭在实际生活中会面临生活的矛盾而调整，如果不能有效调整，可能使婚姻关系陷入危机。

二 融合的视角

社会的飞速发展给人们的生活带来了极大挑战，但是经济、文化、生活秩序也在发生着前所未有的重建。传统与现代、主流价值与非主流价值、婚姻模式与婚姻质量不断发展融合，个人生活有了更多的选择。

（一）传统与现代观念交互作用

由于 80 后青年成长时期的特殊性，其婚恋观始终交织着传统和现代两种力量，同程度的产生了各个阶段的婚恋观呈现不同的倾向。伴随着社会从传统农业社会向工业社会，乃至信息社会转变的现代化进程中，现代性是以理性和自由为根本，表现为理性化和世俗化的过程。理性主义精神即是打破传统、旧俗、迷信和巫术的束缚，从文艺复兴、宗教改革开始赞美人的价值的传统，肯定了人世间爱情、幸福和人生享乐的合法性。[①] 以启蒙为核心的现代性决定了现代人们的思

---

① 刘汶蓉：《婚前性行为和同居观念的现状及影响因素：现代性解释框架的经验验证》，《青年研究》2010 年第 3 期。

维方式和道德实践,这直接推动了反对性活动、以家庭为本、以生育为目标的性解放的文化个体主义。①其中,在个人价值观念与文化精神,思维方式与行为方式的领域呈现的是个人现代性。韦伯把理性化看作现代性的基本特征,在他看来,所谓理性化,其基本含义是指理智地思考与计算。青年的婚姻家庭观受传统观念与个人理性交互影响,塑造了他们有别于其他年代群体的独特婚姻家庭观。早恋、早婚与晚婚、不婚现象在青年群体婚姻现象中同时存在。

(二)现实生活与虚拟生活的融合

现代化面临的难题是经济增长的同时,人民幸福感是提升还是降低,这可能是个二元悖论的问题。尤其是今天互联网高速发展下,人与人的交往已从现实社会转入网络社会,各种交流的网络方式微信、微博、Facebook 等已经成为日常生活的重要组成部分。人们可以随时随地通过网络了解任何时空内发生的事件,也可以在世界的任何地方有选择地与想要交流的人聊天,以前在相对封闭的时空内的那种自然而完整的学习和生活体验已经被打碎,人们原有的统一、完整的生活经验逐渐消退,取而代之的是网络世界内无时空限制的五彩斑斓的"碎片化"生活,蒙太奇式的生活体验成为日常生活的重要组成部分。

网络没有如此发达之前,适婚青年相互认识要么通过熟人介绍,要么通过报纸、杂志、电视和婚介公司征婚,而网络的出现,尤其是数字网络通信技术的发展,为年轻人找对象提供了更快、更广的渠道。QQ、MSN、微信等聊天工具的语音功能和视频功能为双方了解提供了方便,在虚拟空间里就能感受到对方的音容笑貌,但是这种便利让很多年轻人用网络谈恋爱部分地代替了现实中面对面地谈恋爱。虽然网络交友方式省事了,但也很难让彼此的了解变得更客观,每个人在虚拟的世界中都会掩饰、拼装自己,都会利用现代技术手段拼装展示理想中的优秀男人和女人的品质,形成并享受"间接环境""象征性现实",甚至可以在同一时间与不同的人网恋。但生活的现实是

---

① 刘汶蓉:《婚前性行为和同居观念的现状及影响因素:现代性解释框架的经验验证》,《青年研究》2010 年第 3 期。

一个无可逃脱的直接环境,容不得演戏,往往是网络上展示自己美好一面越彻底的人,彼此结合生活在一起,互相了解越透彻,毛病显露越多,以往的美好随之破灭,因而面临很多现实问题,时间长了,忍无可忍,离婚就是结局。另一种情况是,很多年轻人在面对婚姻出现问题时缺乏理智,无法或是没有足够的耐心走出磨合期,反而想到通过网络找到对象很容易,网上有的是人可以搭讪,于是往往因一些小事就赌气,甚至分道扬镳。最终,成也网络,败也网络。[①]

(三) 婚姻模式与婚姻质量的融合

80、90后一代,不论是城市青年还是农村青年,市场经济和改革开放增强了他们的自由性和独立性,外来文化的涌入开阔了他们在婚恋生活中的视野。生命历程复杂性的增加是与人们如何看待自己以及如何看待家庭的主观变化相联系的。个性化,作为社会复杂性上升的结果,增加了家庭生活的多样性。在青年个性化的世界中,更在意的是作为婚恋当事人的自我感受,追求如何才能使生活更加幸福。不论是当代图像中文学作品的例子,还是现实,我们都不得不转换视角,拓展关于婚姻的视野。多种形式的婚姻形态存在,是我们今天遭遇的现实,单身、同性恋、不婚、同居、代孕等非主流婚姻形式多元选择,说明婚姻的正式结构与个人主观要求的内容相比,已经不那么重要了。很多人都在按照自己的主观感受去追求幸福感和高质量的生活。

[①] 刘统霞、张雯莉:《多媒体环境下两性关系模式的探讨研究》,中国政法大学出版社2013年版,第49页。

第二章　当代图像：80、90后青年的婚姻

如今，80后青年大都处于婚姻阶段，90后青年也都到了适婚年龄，对于他们来讲正是家庭婚姻生活的重要阶段。本章从电视、电影、广播节目、网络平台、小说等文艺作品，论文、研究报告、论著等学术研究以及微博、知乎等民间话语种种方面勾勒出了一幅当代图像。便于我们在感情理解的基础上，为下文理性地分析离婚率持续走高、研究80、90后青年关于婚姻自由的自主探索做好铺垫。

第一节　流行文本的折射：文艺作品

婚恋题材的电视节目和小说等总是排在畅销榜首位。人生无外乎两件大事：成家、立业。与过去单纯的婚姻关系相比，现在的婚姻显现出复杂的不稳定性和不确定性，影响着当代和下一代的关系。不管是电视还是小说，虽然冲突和矛盾不断，但是大家依然喜欢看到大团圆结局的场面，这也折射出每一个人都是渴望婚姻、期待美好的生活，希望从不如意的家庭关系中找到解决问题的方法。

一　从电视剧、电影看离婚现状

有关80、90后婚恋题材的电视剧屡屡掀起收视热潮，点击率居高不下，这些电视剧内容呈现婚姻家庭的方方面面，从电视剧《裸婚时代》到《离婚律师》再到《离婚前规则》，离婚现象带有强烈的时代感，在一定程度上反映了80、90后对于婚姻生活特别是离婚的时

代之变。

(一) 物质打败了爱情

裸婚靠谱吗？电视剧《裸婚时代》由网络小说《裸婚——80后的新结婚时代》改编而成，80后青年刘易阳和童佳倩这对情侣八年恋爱长跑，感情稳定，本着爱情第一的原则，最终加入了裸婚的时尚大潮之中。诚然，裸婚减少了经济压力和竞争压力，但爱情终究抵不过柴米油盐，两个家庭更是各打各的算盘，婚后各式各样的冲突也相继出现，工作不顺、婆媳矛盾、金钱危机、孩子问题等，最终导致离婚。

就像剧中刘易阳说，跟女友童佳倩恋爱八年，结婚一年，用九年时间明白了一个道理：细节打败爱情。物质基础是婚姻爱情的保障，细节这个东西，不放进柴米油盐的琐事里过过水，单单在恋爱里，是永远看不出来什么的。哪怕恋爱时曾为小事闹得面红耳赤，哪怕恋爱时也曾大吵大闹几乎分手，但比起真实生活里那些刀子式的磨难，没有面包只有爱情，只会饿死下一代。在选择裸婚时，也应该听听父母的意见。

说离就离吗？电影《离婚大战》则展示了人们在离婚过程中的矛盾、彷徨、犹豫不定的心态，夫妻双方因闹离婚对彼此真正价值的重新理解及认识。《离婚大战》讲述的是一对恩爱夫妻小凤和大明在市场经济潮流中个体价值与重塑的离合故事。结婚时间长了，小凤看着其他人都飞黄腾达，觉得自己丈夫只是出租车司机，不上进，没出息，就冲动地提出了离婚。对小凤早有意思的医生刘易守得知她正在办离婚，便对她献殷勤，帮她办起了鞋垫厂。后来经历了鞋垫厂生意倒闭的挫折，加上争夺抵押房子的过程，小凤发现大明身上的可贵，小凤意识到什么才是自己想追求的，小凤和大明互相重新认识，重构价值，从头来过。

反思。随着改革开放、社会的发展，经济基础成了维系家庭重要的纽带。人活着就要吃喝拉撒，要生存就要有物质作为基本条件，没有基本的生存资料就无法活下去。在婚姻家庭中若无法满足最基本的生活需求，夫妻关系就会面临危险，甚至走向破裂。也就是说，在家庭婚姻关系中物质要素是最基本的要素之一，婚姻必须建立在人生存最基本的物质层面之上，若没有了基本物质基础，不仅无法建立与维系婚姻家庭，而且人类也无法生存。这一时期，物质要素在生活层面上对婚姻的影响主要表现在婚姻缔结上比较明显，如在择偶上门当户对，选择经济条件较好的家庭等。上述两部剧在一定程度上鲜明地透视出当今社会对离婚问题的态度和价值观，反映了80后青年的婚恋观——物质基础在婚姻中越来越重要，大多数的80后离婚都是这样的原因，纵有爱情作为基础，没有能力处理好家庭关系，最终也不得不遗憾收场。

"裸婚""闪婚""闪离"，这些新词都出现在80后这一代，由于生活压力大，人心浮躁，到了适婚年龄，一些年轻人因为一时冲动，认识不久就"闪婚"了。由于婚前没有对彼此的性格爱好、家庭状况深入了解，没有经过长时间的磨合，没有深厚的感情基础，比较脆弱，不久又"闪离"。80后是计划生育后的一代，大多为独生子女，在婚姻中缺乏包容和忍耐，且他们所接受的文化教育具有开放性，对婚姻的观念也有所转变，这也是他们婚姻稳定性差的一方面原因，这样的婚姻，还是应当慎重选择。80后大多是工作不久的年轻人，工作不稳定，收入不高，面对现代社会巨大的"买房""买车""养孩子"等经济压力，沦为"房奴""车奴""孩奴"等。在如此大的生活压力之下，离婚也会成为解决各种矛盾的方法之一。[①]

（二）感情主导下的婚姻生活

第一，门不当户不对的困惑。在电视剧《离婚协议》中，农村出身、长相平平的于文雅，机缘巧合嫁给了城里帅气的"钻石男"高冶平。但在婚后的生活中，由于高家公婆一直不认可"高攀的"于文雅，对她各种"刁难"。后来于文雅找到新的工作变身职业白领。公公病危，迫使高冶平和于文雅最后不得不离婚。最后两个人的复合还是源于老人康复后的醒悟、认可。这个和《新结婚时代》都是讲

---

① 张鋆、赵梦娜：《当代大学生对后现代婚姻行为的认知与接受》，《文学教育》2015年10月。

述了城乡差异背景下，对两种家庭背景、不同文化观念中成长起来的80后青年人，走向婚姻后面临的各种危机与挑战。

第二，离婚后还能相信爱情吗？在《离婚律师》中，律师池海东因老婆焦艳艳出轨上诉离婚，80后女方律师罗鹂因曾受到感情伤害，极力帮助看似在家庭中处于劣势的焦艳艳，焦艳艳最后赢了官司，池海东净身出户。两位律师因为代理同一个离婚案件相识，后来成为邻居后，彼此加深了了解，罗鹂和池海东之间的关系随着剧情的发展发生了变化，两人相互吸引，从都不相信爱情发展到彼此重新找回了爱情。

第三，几家欢喜几家愁。电视剧《离婚前规则》讲述了三对热恋期的80后结婚后，残酷的现实使他们婚后不久就面临分手的故事，全面呈现了80后都市女性的各种婚恋状态，阐释了闪婚闪离、逼婚、隐婚、奉子成婚等婚姻现象。剧中还反映出三对80后小夫妻的关系出现问题都或多或少地与各自的家长有一定的关系。一位婆婆看不上来自普通老百姓家庭的儿媳妇，经常教育她要体贴理解丈夫，而对儿子的拈花惹草说成应酬；一位丈母娘也是不认可女儿的婚姻，觉得女婿没有正经职业，不能给自己的女儿幸福。双方家长的干涉，给家庭生活带来极大的困扰。夫妻之间幸福家庭和事业成功的矛盾纠结，现代妻子的多重角色要求，"女强男弱""强强对抗""再婚后妈"等不同类型的家庭模式共同开启了"婚姻保卫战"。

这三部电视剧的共同之处是传递了青年如何更好地对待婚姻。不论什么形式的婚姻，一旦结婚，生活就不再是个人的事情，而与两家家庭之间千丝万缕的关联。正如《新结婚时代》中女主角所说的："结婚后，我才发现，我妈说我嫁给了他家都是客气的，我分明嫁给了他们全村。"如果婚姻遇到问题，离婚就真的是唯一的解决之道吗？离婚之后又该怎么办？这是所有时代青年应该认真思考的问题。

二 电视、广播节目的感情生活

爱情、婚姻和家庭是人们经久不衰的话题，人们的交往方式和择偶途径随着社会的变迁而呈现出多元化的发展，原来被认为是个人隐私的爱情话题适应社会需求，通过电视、广播等演绎、诉说青年的情感追求。

（一）电视婚恋节目之择偶面面观

各种形式的电视综艺节目中婚恋、相亲节目迎合大众需求，进入了人们的视线，提高了电视节目单收视率，以"吸睛"达到"吸金"的效果。

1. 电视婚恋节目的发展

中国的电视相亲节目经历了巨大的变迁，节目形式从最初的婚介到速配，又从速配到真人秀，掀起了电视相亲热的一股股热潮。电视婚恋节目，以爱情、婚姻为主要题材，加入娱乐吸引眼球元素的电视综艺节目。

《今晚我们相识》于1990年9月14日在北京电视台播出。该节目以"恋爱、婚姻、家庭"为主题，每期介绍五六名男女征婚者的情况、征婚条件和联系方式，主持人与征婚者面对面交谈，为解决大龄青年男女婚恋问题帮忙、服务。[1] 这是中国电视相亲的"电视征婚"的较早呈现。

随后发展为"电视速配"阶段，以1996年台湾电视相亲节目《非常男女》为开端，不同于之前征婚的速配体现在节目中即为短时间自由发问，通过问答尽快了解对方来进行配对。湖南卫视的《非常男女》，即《玫瑰之约》，收视率火爆，引来各家电视台纷纷效仿，如上海东方电视台的《相约星期六》、重庆电视台的《缘分天空》、河南卫视《谁让我心动》等，这是第一波收视高潮。

第二波是从2009年年底山东卫视全力打造的《爱情来敲门》开始，2010年电视相亲热的"新相亲时代"正式拉开序幕，电视相亲真人秀节目也开始了井喷式发展。2010年春节后的电视相亲节目与之前有所不同，嘉宾们不再只是为了相亲而相亲，节目也更多地变成了展示个人风采、宣扬个性的舞台。全国各大卫视也趁着这股热潮纷纷推出了各自的相亲节目，有江苏卫视的《非诚勿扰》、湖北卫视的

---

[1] 张晓爱等著，当代北京编辑部编：《当代北京电视史话》，当代中国出版社2012年版。

《相亲齐上阵》、青海卫视的《欢迎爱光临》、辽宁卫视的《幸福来敲门》和《完美告白》、浙江卫视的《爱情连连看》、东南卫视的《约会万人迷》、贵州卫视的《非常完美》等。[1]

随着电视媒体的不断成熟和大龄青年男女婚恋难问题的扩大，中国电视相亲节目开始转向婚恋交友的真人秀阶段。湖南卫视的《我们约会吧》以"我们约会吧，约的就是你"为口号，于2009年12月开播。节目聚集了广大城市的单身男女青年，他们个性十足、多才多艺，在主持人引领下，男女嘉宾通过种种现场考验和问答，最终选择牵手或者出局。因为现场的舞台、灯光炫丽十足，男女嘉宾长相出众，主持人机智幽默，现场激情飞扬，这档电视相亲节目获得广泛的关注和好评，收视率逐渐攀升。随后，江苏卫视凭借着冯小刚导演的同期、同名电影为节目名称，开播大型生活服务类相亲节目《非诚勿扰》，节目一经播出，收视率便居高不下，一直位于同类节目的前列，成为新一轮电视相亲节目的赢家。《非诚勿扰》的大获成功主要归功于节目的话题性、男女嘉宾犀利的言语、现代社会迥异的婚恋观等。

第三波是2015年前后至今，婚恋类节目进入更加专题化阶段，第一类像《我们相爱吧》《如果爱》等节目，让嘉宾在真实生活中互动；恋爱体验类节目多是明星加盟，如石榴夫妇、宇宙夫妇、无尾熊夫妇都是人气很高的组合。第二类像《心动的信号》《喜欢你，我也是》等，将人际交往与观察相结合。第三类像江苏卫视、东方卫视"带着父母来相亲"的代际相亲节目《新相亲大会》和《中国新相亲》，让"婚姻是两个家庭的事"更好地呈现在大众面前，两档节目的现场都很平和，吸引观众真正去理解、学习男女交友背后的思考，以及父母长辈的喜好和选择。

2. 择偶途径趋于多样化

择偶途径或择偶方式，即配偶的结识方式，指的是单身男女择偶过程中，最初认识恋爱对象或者结婚对象的某种方式或途径。

---

[1] 梁景和主编：《新时期婚姻伦理与生活质量研究（1980—2014）》，中国社会科学出版社2018年版，第202—204页。

21世纪以来，未婚男女的择偶途径已经不再局限于传统的相亲，电视相亲、公园相亲、网络相亲等，新的择偶方式不断出现并受到追捧。择偶途径的多样化和新颖化在为人们提供多元化交友方式的同时，也展现出人们的婚姻伦理观和生活质量观的变化。

除了各大卫视纷纷推出各自的相亲节目以外，大大小小的地方电视频道也相继播出自己的电视相亲真人秀节目，如上海电视台的《相约星期六》、吉林电视台生活频道的《全城热恋》等。电视相亲节目的火爆不仅体现在收视率上，同时在网络上关于相亲节目的关注和讨论也越来越多，相关贴吧里的帖子每天多达几百条甚至上千条，对节目中男女嘉宾的婚恋观、节目中的话题等进行广泛的讨论，参与的网友不计其数，可见其火爆程度不是其他节目可以比拟的。但是整体来说，电视相亲节目中男女嘉宾牵手的成功率有百分之二三十，台下顺利进入婚姻的成功率不超过百分之五。

3. 电视相亲节目的影响

客观上，电视相亲节目为广大单身男女提供了更多的择偶途径和交流平台。但是，近年各种相亲节目中，最被追捧的男性莫过于"高富帅"，这也折射出了女性在婚恋交友方面"实用主义"倾向，首先考虑的是对方的家庭背景、经济实力、发展前景等，现实中当钱、车、房等欲望无法通过自身努力实现时，便寄期望于他人、寄期望于婚姻，成为部分女性的一种人生目标。而当看到婚恋节目中"美女嘉宾"与"成功人士"和"多金男"牵手时，便在女性观众心中又构筑了一个"灰姑娘从此过上幸福生活"的美丽幻想，更是认为这是通往幸福生活的一种捷径。此外，在嘉宾介绍或者问答过程中，经常涉及房、车等内容，有房、有车则是幸福婚姻的必备条件之一，当媒体讲婚恋导向于物质，很难说不会对人们的婚姻价值观产生负面的引导作用。[①]

4. 电视、广播类调解节目

电视调解类节目的固定模式，先由当事人讲述在生活中遇到的各

---

① 刘统霞、张雯莉：《多媒体环境下两性关系模式的探讨研究》，中国政法大学出版社2013年版，第141页。

种情感、家庭纠纷，再由演员模拟演绎，从不同视角看待问题，让调解员、专家、主持人和观众评判是非对错，最终找到矛盾的源头，化解矛盾。该类型节目具有贴近性和教育性，大受观众欢迎。以老牌节目《爱情保卫战》为例。《爱情保卫战》在2020年已经播出第十年，作为一档依然拥有固定观众群以及长盛不衰的老牌情感调解类节目来说，看这档节目的观众其实想"调解"的从来只有自己，他们只是想在节目中看到与自己生活相似的画面和场景，从而给自己生活中的问题调解提供一些方式，所以节目只是一面镜子。但不难看出《爱情保卫战》《金牌调解》《保卫爱情》等长盛不衰的重要原因无疑是"冲突和矛盾"，这就是婚姻家庭的本质。无独有偶，美国有一档名为"Jerry Springer"（杰瑞秀）的情感调解类真人秀，反映出全球化的家庭。

情感直播的节目有很多，每个广播电台都会有相应的情感类节目，一般晚上11点后夜深人静的时候开播，通过热线电话与听众进行交流倾诉，如《神舟夜航》《午夜星空下》等，听别人的故事，想自己的心事，这类节目有固定的听众，这也是匿名倾诉自己生活的最优渠道。

大众传媒通过瓦解社会规范等非正式约束，婚姻的预期效用与实际效用偏离，改变家庭对闲暇的消费模式，以各自消费闲暇代替共同消费闲暇，降低有助于婚姻稳定的婚姻家庭专用资本投入，降低离婚的直接成本来影响婚姻机制。作为一个重要的渠道，大众传媒（如电视）尤其是网络的普及会极大地改变中国社会信息获取和扩散的渠道，并对居民的家庭观念和婚姻决策产生显著影响。这种影响最终将通过影响婚姻契约的特征、结构和性质而影响到婚姻稳定性。[1]

个体生活的真实环境和电视节目所传达出的"拟态环境"是有差别的，但是人们长期充斥在媒介所带来的信息中，逐渐依赖，变得不可或缺，环境电视节目所传达、倡导的文化理念，强化了受众对传统

---

[1] 鲁建坤等：《大众传媒对婚姻稳定性的影响研究》，《人口研究》2015年第2期。

男性角色和女性角色的认同。① 在某些婚恋节目中，那些应该倡导的、有利于社会家庭和谐的主流价值没有得到弘扬，而非主流的、引发世风日下的价值观却似乎得到了传播与强化。

三　来自网络新媒介的声音

有调查表明，成年人用于传媒的时间，几乎已经占到睡眠以外时间的四分之一，这个数字还在不断增长。我们个人把如此之多的可支配时间用于传媒，这表明大众媒介有相当大的影响力。

（一）手机不离手，虚幻更新鲜

社交网和微信群成为近些年离婚率发生的重要原因，在这些网络平台上人们戴着虚伪的面具，说着好听的话语，距离产生了所谓的美，但其实你连对方是男是女都根本不清楚，还以为自己找到了所谓的知音，或者志同道合的人，容易让人移情别恋，抛弃原来的婚姻。自从有了网络，似乎现实中的什么东西都可以虚拟了。网络虚拟婚姻，用虚拟身份在网络虚幻的空间里，模拟日常生活的常态，甚至"生儿育女"。它避开了交织着锅碗瓢盆、柴米油盐等各种焦虑的现实婚姻生活，投靠上以网络图标和象征符号为架构的虚拟现实，追求情感寄托，不说是游戏人生，也是游戏婚姻。当网络婚姻逐渐多起来的时候，便成了某些现实婚姻解体的诱因。②

上知乎、玩微博、刷抖音，还有微信公众号，大家还是对婚姻家庭的话题津津乐道，对明星离婚更是关注度高。2019 年某影视明星离婚的新闻，点击率高达 14 亿次，留言区评论多达 90.9 万，新闻一秒就天下皆知。我们从媒介得到什么知识？从他人和自己的经验中又得到什么知识？显然，离事件或人越远，我们就越是依靠媒介。所有大众传媒都有教育功能，唯一的差别是它在教什么。

我们的生活、工作、学习都离不开互联网，但它的隐匿性和便捷

---

① 刘统霞、张雯莉：《多媒体环境下两性关系模式的探讨研究》，中国政法大学出版社 2013 年版，第 143 页。

② 刘统霞、张雯莉：《多媒体环境下两性关系模式的探讨研究》，中国政法大学出版社 2013 年版，第 103 页。

性也让它成了一个容易藏污纳垢的场所，也是一个让丑闻和恶性事件无限放大的媒介。我们在享受互联网无尽宝藏的同时，也受到网上色情、低俗等不良信息的侵袭，它们不但颠覆着传统的婚姻观，也动摇长期以来的婚姻制度，破坏着婚姻的稳定。那些沉溺于网络的人，忽略家人，甚至不能正常控制和管理好自己的生活，自然加速现实家庭的解体。

（二）婚恋类 App 异军突起

想找女朋友、男朋友，想结婚，婚恋交友软件多达上百种。现在大龄青年有很多，生活和工作压力也越来越大，交友圈子却越来越小，这就需要交友平台来帮助我们拓宽范围，像各类婚恋 App，陌陌、探探等交友软件也是拥有一大批忠粉。

婚恋类 App 可以让单身男女随时随地联系交往，并且可查看近在身边的异性。不少婚恋类 App 随着网页浏览将异性资料推送，如果妻子监管不力，或者丈夫自控能力差，婚恋类 App 就成了"破坏婚姻""寻找刺激"的社交工具。

受年轻人欢迎的"啪啪"社交软件，通过提供图片与语音相结合的独特交互方式，使好友间可以通过语音对话，真实的感受对方的声音，正是因为利用声音这种人际沟通最通用的生理感知功能，才让人与人的交流变得更真切、直接。除此之外，你可以亲耳聆听当红明星的声音，并与之语音互动。也可以听到帅气小伙磁性的歌喉，只要你能与他人共鸣，你就可以在这里找到归属感和认同感。

四 小说折射的价值取向

（一）传统与网络小说的影响力

1. 传统小说所传递的婚姻伦理观念

50 年代，中国文坛一批以离婚为题材的作品成为主流，如《离婚》《在悬崖上》《奇异的离婚故事》等。这些离婚故事的主角都是男性知识分子。从农村来到城市，这些男性跟妻子过着两地分居、平平淡淡的日子，事情的转折一般在于他的身边遇到了一位看似志同道合的女性，就会时不时冒出离婚的想法。例如《在悬崖上》中，

"我"和比"我"大两三岁的妻子自由恋爱而结婚。"我"常常想:"只要这样按部就班地学习、工作、生活……争取做一个好党员和红色专家还有什么难处呢?"但是,当"一个好党员和红色专家"的愿望敌不过对"美"的追求,"我"爱上了别的姑娘,我想离婚。但这些男人最终没有选择离婚。有趣的是不是他的妻子不同意,而是他自己克制了心中的欲望,强迫生活恢复了"正常"。在这一想离婚而最终不离婚的过程中,这些作品呈现出痛苦的情感与伦理的较量,但他们最终做出了符合道德认可的婚姻选择。

2. 网络小说所传递的离婚观念

互联网时代网络文学现实主义题材作品独占鳌头。第一人称婚恋小说《劫后余笙》点击量5500万,网络文学现实题材受网民追捧。《劫后余笙》的作者蒙面悟空表示自己欣赏感情独立、有理想、有追求的时代女性,在她的小说里,女主人设都是敢恨敢爱的现代女性,拿得起放得下,女主余笙在发现老公和前任暧昧不清时,主动提出离婚,放弃已经不值得留恋的婚姻。

和曲兰曾在纪实文学《穿行在爱与不爱的小道上》中描述,要求离婚的王小梅体验到来自四面八方的舆论苛责,无数个像王小梅这样的女性恐怕只能委屈自己,把不幸的婚姻无奈地继续维持下去。而如今,随着离婚者的增多和离婚队伍的扩大,人们已经见怪不怪、熟视无睹了,并且人们也由以前的鄙视、不解变成了同情、默许甚至赞许。不管离婚的原因和表现如何,离婚者是在摆脱不幸的婚姻,争取自主的婚姻选择,评价离婚现象,不能仅以道德的善、恶作标准。离婚者已被认同为与我们一样的正常人,甚至比那些将就婚姻互相伤害的人更值得尊重。想挣脱家庭和婚姻羁绊的人,有受着不幸婚姻伤害的被害者,有追求理想婚姻而幻想的破灭者,有不敢面对婚姻破裂现实的逃避者,也有崇尚个性自由的新潮者,还有道德低下的喜新厌旧者。总之,离婚问题是社会问题,是社会多因素影响的结果。

(二)报纸、杂志中的婚姻与女性形象

20世纪80年代以来,报纸、杂志数量丰富,类型多样,对当时的婚姻现象多有翔实的记载,描述的都是当事人对婚姻和生活质量的切身感受，为本论题的写作提供了重要的史料。这些报纸、杂志大体包括以下三类。

其一，综合性报纸，如《人民日报》、《人民日报》（海外版）、《光明日报》、《中国青年报》等。这些报纸中的文章大多反映了国家政策或法律条文，从中也能看到国家对当时的婚姻和民众生活的主流价值判断和价值导向。

其二，普通报纸。如《北京晚报》《东方早报》《浙江早报》《辽宁日报》《广州早报》等地方性报纸。中国地域辽阔，婚姻伦理存在地域特色，把不同地区的报纸所反映的内容进行对比，从中可以窥探到不同地区人们的社会环境与婚姻生活的状态。

其三，针对家庭婚姻的主题杂志。改革开放以来涌现出很多专门的家庭婚姻杂志，如《婚姻与家庭》《生活周刊》《家庭》《生活与健康》《大家》《知音》等。这类杂志主要反映民众的婚姻、家庭生活的真实性较强的实例记叙。在这些杂志中还有对青年群体进行婚姻伦理和生活质量的问卷调查，这些记载和数据统计为本论题的研究提供了大量可靠的资料。《家庭》是中国国内第一家以恋爱、婚姻、家庭为报道和研究对象的综合月刊。《家庭》品牌日益深入人心，在全球综合类期刊中排行前十名，发行到海外27个国家和地区，是世界华人感兴趣的杂志。其他类似的杂志比如《都市主妇》《凤凰生活》《婚姻与家庭》《家庭之友》等也占有一定的市场份额。这些杂志的内容通俗易懂，面向普通大众，能够反映生活。

但是，我们也发现，各类平面媒体除了塑造女人光鲜的外表外，也塑造了女人的才干。几乎每本时尚杂志都要报道典范女人，所有的文字给大众呈现了一个既上得厅堂又下得厨房的完美女人形象。当关于"女人在长相、感觉、行为等方面应该怎样"的话题包围着读者时，很难使人不产生欠缺感。平面媒体中构建的形象之完美远高于普通标准，是现实中大多数女性很难达到的。同时，对于男性也有很强的倾向性，大多数男性都是成功男人，其标签是事业有成而且家庭幸福美满，这无疑是媒体对男人的期待，但是现实中又有几个男人能这么完美呢。正是因为平面媒体对男性和女性的性别建构，也改变了男女两性对性别角色的认同和期待，当读者比照平面媒体所建构的典范标准去找伴侣时，落差就出现了，失望也随之而来，当读者照此典范标准去要求配偶时，家庭冲突便产生了。①

第二节 研究报告的呈现：学术论著

近年来，有关离婚现象的社会研究是学者关注的问题之一。我们从学术论文的研究，学术著作的不同切入点，进行梳理、再解读，多角度对离婚问题研究进行客观呈现。

一 论文有关离婚现象的研究

通过回顾近15年关于离婚原因研究的学术文献，国内众多学者分别从不同学科、不同层次对离婚现象的原因、地域分布、研究方法、发展态势和研究后果等进行探究。

（一）离婚状况的研究回顾

离婚状况的研究从学科视角来看，涉及的领域涵盖伦理学、法学、人口学、经济学、心理学、社会学及跨学科的研究。从研究方法上主要采用定性、定量或两者相结合的方法进行综合研究。

从伦理学视角出发，一些学者如江苏省社科院金一虹等认为近些年中国离婚率的上升与道德约束的变化有关，特别是由于社会转型引起的伦理关系和道德价值标准的变化。从法学视角出发，学者认为离婚条件的放宽、离婚诉讼程序的简化、妇女社会地位的不断提升、双方自愿等因素，都直接或者间接地促进了中国离婚现象的增多。从人口学视角出发，学者认为中国离婚现象的增多与人口结构的变化（包括性别、年龄、教育程度等）、人口流动、妇女对劳动力市场参与等人口要素相关。从经济学视角出发，学者通过成本—效益分析法来探究近年中国离婚现象增多，大多与离婚成本下降和离婚替代率上升关

---

① 刘统霞、张雯莉：《多媒体环境下两性关系模式的探讨研究》，中国政法大学出版社2013年版，第147页。

系密切。从心理学视角出发，学者认为夫妻双方在生理、心理、经济、社会等方面的满足程度决定婚姻的稳定性。从社会学视角出发，学者分别从社会关系、功能、社会转型、社会结构、社会阶层、社会聚合力、两性关系等角度出发，认为初级社会关系日益淡化、传统家庭功能外移、公权合理定位、社会流动增强、社会舆论变化、女性受教育水平与就业率提高、人口城市化、社会阶层的标准从政治中轴向经济收入中轴转变等社会因素导致了近年中国离婚现象的大量增加。

由于导致离婚现象产生的原因的复杂性，有学者采取多学科综合的视角对离婚现象做出分析。李迎生在《现代社会中的离婚问题：成因与影响》中分析了离婚的社会原因主要有：家庭社会功能的转移、社会流动性强、人们的活动空间扩宽、物质生活的富裕、对婚姻的感情要求更高、女性独立性增强、家本位文化向"个人本位"文化的转变。①

从地域分布上来看，许多学者针对不同区域的离婚现象产生的原因进行了具体的分析。如张慧彬等人分别从城市和农村两个区域视角来研究离婚现象，他们的研究成果显示离婚原因在城乡之间既有共性，又有差异性，例如女性独立意识的增强、人口流动等都是城乡离婚现象增多的原因。② 在沿海地区、内陆地区方面，如易松国总结出深圳女性在离婚原因主要有一方过错、婚外情等。③ 王有智、彭飞分析了西安市碑林区离婚者的离婚年龄、结婚年龄、夫妻年龄差、夫妻文化程度与婚姻存续时间的关系。④ 李雨潼、杨竹认为东北地区的离婚率偏高与其经济、城市化水平、受教育程度、区域文化、民族构

---

① 李迎生：《现代社会中的离婚问题：成因与影响》，《人口研究》1997年第1期。
② 张慧彬、佟莉：《转型期中国城市离婚率上升的社会学思考》，《学习与探索》1997年第1期。
③ 易松国：《离婚原因、后果及社会支持——深圳离婚女性的实证研究》，《深圳大学学报》（人文社会科学版）2005年第4期。
④ 王有智、彭飞：《婚姻存续时间及其影响因素——对4429宗协议离婚案的实证分析》，《青年研究》2003年第6期。

成、人口流动规模等因素有关。①

从方法论视角来看，中国大陆离婚原因研究定性研究占主流，侧重于从理论和经验层面对离婚现象产生的原因进行逻辑的演绎和推理。当然，也有部分学者使用定量研究方法对"离婚"现象背后的原因加以分析，他们主要使用回归分析方法，发现离婚与人们的收入水平、性别、择偶自由度、第三产业总值增长比例、代际关系、城市化水平、人口流动系数、观念、性格、旨趣等存在一定相关性。②后面研究者将定性定量相结合展开研究，如曾毅、舒尔茨、王德明通过从简单到复杂循序渐进的事件历史分析法（event history analysis）来研究社会、经济以及人口变量对离婚水平的影响。③《当前中国婚姻稳定性问题研究综述》中总结了当前影响离婚率的主要因素有：社会因素（人口流动，家庭形态和孩子，女性的独立意识），经济因素，文化因素。④张敏杰在《中国当前的离婚态势》中总结了三次离婚高峰：20世纪50年代初，旧婚姻关系的解除；60年代初，政治斗争；70年代末，改革开放后引起的激烈社会变动与观念变化。特别对第三次离婚高峰总结了这样的特点：持续时间长；女性提出离婚比例大；离婚年龄集中于30—39岁，比80年代向后推迟，早婚率与离婚率密切相关；结婚在5年以内提出离婚的最多。同时对离婚态势做出了判断：相对于其他国家，中国的离婚仍然是低水平；离婚的原因正在变化；离婚不会造成中国普遍的家庭解体。⑤叶文振在《当代中国离婚态势和原因分析》总结了中国离婚状况的特点：物质生活水平提

---

① 李雨潼、杨竹：《东北地区离婚率特征分析及原因思考》，《人口学刊》2011年第3期。

② 徐安琪、叶文振：《父母离婚对子女的影响及其制约因素——来自上海的调查》，《中国社会科学》2001年第6期；戚杰强、谭燕瑜：《我国城市居民的收入水平对其婚姻状况的影响——以广西的抽样调查为例》，《西北人口》2008年第1期。

③ 林川、常青松：《1997—2012年中国大陆"离婚原因"研究述评》，《人口与发展》2012年第6期。

④ 张刘妩晔子、伍兆祥：《当前中国婚姻稳定性问题研究综述》，《中国市场》2016年第24期。

⑤ 张敏杰：《中国当前的离婚态势》，《人口研究》1997年第6期。

高，人们更加重视婚姻生活的精神构成和情感追求，城市化使得低离婚风险农村人口转为高离婚风险城镇人口。中国离婚现象的发展不是一个平稳的过程，其间多次上起下落，幅度不小。相对于其他国家，中国离婚率水平不高。但是潜在离婚人口数量规模庞大且城乡分布较大。①

（二）离婚后果的研究

传统意义上的研究离婚中的弱势方主要是孩子与女性。在离婚后果方面对二者的关注较多。

1. 孩子问题

父母离婚后一般有两种情况：第一种情况就是不再婚者，这种家庭也被称为单亲家庭。这种家庭常常为孩子的归属发生各种争执，并以孩子作为与对方的斗争工具，而男方与女方各自家庭成员的介入也无疑是火上浇油，因此，对于该种单亲家庭为孩子完善人格的构建和健康心理的发展无疑是很困难的。第二种情况则是离婚后再进行重组新的家庭，即为重组家庭，而由于重组家庭成员的复杂性，亲生父母、继父母、同父异母或同母异父的兄弟姐妹，也让离异家庭子女的成长环境变得非常复杂，这也毫无疑问的对其心理的健康发展造成了重大隐患。由以上几点来看，探究离异家庭的子女心理发展就显得尤为重要。

这方面的论文主要有：《父母离婚影响孩子的四大理论视角——西方文献分析》②，《中国城市离异家庭子女的成长探究》③，《离婚对儿童青少年心理发展的影响：父母冲突的重要作用》④。

离异家庭对孩子所造成的影响主要有：其一，对性格的影响：离

---

① 叶文振、林擎国：《当代中国离婚态势和原因分析》，《人口与经济》1998 年第 3 期。

② 韩晓燕、魏雁滨：《父母离婚影响孩子的四大理论视角——西方文献分析》，《浙江学刊》2004 年第 1 期。

③ 朱海瑞：《中国城市离异家庭子女的成长探究》，《陕西青年职业学院学报》2016 年第 4 期。

④ 邓林园等：《离婚对儿童青少年心理发展的影响：父母冲突的重要作用》，《心理发展与教育》2016 年第 2 期。

异家庭中成长的孩子性格大致分为两类，一类是"讨好"型，另一类是"冷漠"型。其二，对行为的影响：大多离异家庭的子女不同程度地存在着行为障碍。他们大多对人与人之间的关系认识显得更为复杂，在人际交往中，为尽量保护自身不受到伤害，他们考虑的问题多且更加全面，但是同时也带来很多负面影响，其他人会觉得他们心机重而不愿跟他们做朋友，而他们自身又会认为其他人不喜欢自己所以自己也没有必要跟这些人交朋友，其结果就是，他们没有朋友，或者仅有的几个朋友都是和自己有相同遭遇的人，他们认为只有同样是离异家庭中长大的孩子，才能对自己的所作所为感同身受，才能理解在他人看来在自身身上所存在的行为障碍。其三，对心智发展的影响：有些孩子整日将自己的注意力关注于父母离异、家庭不和睦的态势中。上课不认真听讲，下课不按时完成作业。课余时间就沉溺于网络的虚拟世界中，刻意逃避现实生活。最终导致的结果是学习习惯越来越差，学习成绩也严重下滑。其四，对"三观"塑造的影响。[①]

2. 妇女保护

滕俊芳《浅析新时期离婚妇女合法权益的法律保障问题》一文指出离婚妇女权益保障中存在的问题有：合法财产权益受到侵害，经济补偿缺乏公平性，子女抚养权与探视权受损。离婚妇女权益的法律保障体系不完善、离婚妇女维权艰难是妇女权益受侵害的重要原因。[②]许杨在《离婚妇女权益的保障研究》中也表达了类似的观点，指出《中华人民共和国婚姻法》对离婚妇女权益保障研究存在的不足，主要表现在：对离婚妇女的财产权益保护不明，对离婚妇女人身权益的保障不足，对探望权的执行不到位。[③]还有一些学者将关注点放在了离婚救济制度上。离婚救济制度的实践与反思，既是当前国际立法难点，也是未来发展实践的着力点。

---

① 朱海瑞：《中国城市离异家庭子女的成长探究》，《陕西青年职业学院学报》2016年第4期。
② 滕俊芳：《浅析新时期离婚妇女合法权益的法律保障问题》，《法制博览》2016年第5期。
③ 许杨：《离婚妇女权益的保障研究》，《法制博览》2016年第12期。

(三) 离婚态势研究

张敏杰在《中国当前的离婚态势》中提出,中国有三次离婚高峰:20世纪50年代初,旧婚姻关系的解除;60年代初,政治运动;70年代末,改革开放后引起的激烈社会变动与观念变化。第三次离婚高峰的特点:持续时间长、女性提出离婚的比例大;离婚年龄集中于30—39岁,比80年代向后推迟,早婚率与离婚率密切相关;结婚在5年以内提出离婚的最多。同时对离婚态势的判断:相对于其他国家,中国的离婚仍然是低水平。离婚增多的原因正在变化。离婚不会造成中国普遍的家庭解体。[1] 付红梅、李湘妹在《当代中国的离婚态势分析和婚姻展望》中呈现了当代中国离婚的态势和特点:离婚率持续稳步上升,离婚人口潜在规模巨大,高知识分子尤其是女性精英离婚率较高,选择协议离婚、文明离婚的人们增多。[2] 徐安琪、叶文振在《中国离婚率的地区差异分析》中提出了这样的研究结论,家庭结构尤其是子女对稳定父母婚姻的作用最大,经济的发展、城市化的进程、人口流动的频繁和居民生活质量的提高,都将使社会的价值观念、生活方式趋向多元化,离婚、单身、不婚、丁克将愈益成为一种常态的生活方式和个人的自由选择。[3]

李卫东在《农民工婚姻稳定性研究:基于代际、迁移和性别的视角》中认为,农民工的婚姻存在较高的不稳定性,这种不稳定还存在代际、性别和迁移模式的差异,80后青年农民工婚姻不稳定程度最差。其中女性显著高于男性,人口流动是诱发青年婚姻不稳定的主要影响因素。[4]《西部农村留守妇女婚姻稳定性及其影响因素分析》认为非留守妇女比留守妇女婚姻稳定性差,性生活满意度是影响婚姻稳定的重要因素,流动与分居使过去的"般配"或"同类婚"变得

---

[1] 张敏杰:《中国当前的离婚态势》,《人口研究》1997年第6期。
[2] 付红梅、李湘妹:《当代中国的离婚态势分析和婚姻展望》,《西北人口》2008年第2期。
[3] 徐安琪、叶文振:《中国离婚率的地区差异分析》,《人口研究》2002年第4期。
[4] 李卫东:《农民工婚姻稳定性研究:基于代际、迁移和性别的视角》,《中国青年研究》2017年第7期。

"不般配"或变为"异类婚",使过去的"不般配"或"异类婚"变得更加"不般配"或更加"异类婚",从而不可避免地给婚姻稳定性带来负面影响。①

二 相关研究报告的解读

《2009—2018年民政部统计公报》显示,离婚数量从2009年180.2万对增长为2018年的381.2万对,迅速攀升,增长幅度为1.1倍。② 这说明协议自由离婚越来越被人们普遍认可。法院判决离婚成为非常必要情况下不得已的选择。

(一)法院判决离婚案件研究

以2010年至2011年河南省878例离婚案件研究为例,根据简单随机抽样选取218例判决离婚案件作为研究样本。统计方法采用二元Logistic回归模型,因变量为是否判决准予离婚,自变量为结婚时间、是否生育子女,原告起诉事由中是否涉及婚外情、家庭暴力、被告有恶习、分居、婚前缺乏了解、性格不合、被告刑事犯罪、被告不履行夫妻义务或未尽家庭责任、婚姻不自主、被告精神疾病或生理疾病等情形,以及被告是否缺席、原告是否第二次起诉共14个变量。③ 结论表明:原告第二次起诉、被告缺席、分居、家庭暴力、是否生育子女等变量对法官是否判决离婚具有显著影响。2015—2017年度济南市两级法院判决的21109起离婚纠纷案件研究结论:2—5年婚龄、外出务工人员分居、贫困家庭、家庭经济条件短期极大改善等,以及政策性"假"离婚率较高,主要表达的缘由为家庭感情不和、家庭暴力、一方失踪或离家出走、存在不良恶习、重婚或有配偶与他人同居、存在生理缺陷等。④

---

① 许传新:《西部农村留守妇女婚姻稳定性及其影响因素分析》,《中国农业大学学报》(社会科学版)2010年第1期。
② 参见民政部官方网站,http://www.mca.gov.cn/article/sj/tjgb/。
③ 罗玲:《裁判离婚理由影响因素实证研究》,《中华女子学院学报》2016年第2期。
④ 山东省济南市中级人民法院课题组:《关于2015—2017年度山东省济南市法院离婚纠纷案件的调研报告》,《山东法官培训学院学报》2018年第3期。

（二）中国综合社会调查数据（CGSS）

研究案例1[①]：数据来源于"2006中国综合社会调查"（2006CGSS），研究对象为4997位城市已婚对象，其中有离婚史或分居史的有223人，统计方法采用二元Logistic回归模型，因变量为是否有离婚史或分居史的二分变量，自变量为没有孩子、一个男孩、一个女孩、一男一女、两个以上女孩而无男孩、其他混合型结构的分类变量。研究结果表明：子女数量、性别和构成对父母婚姻稳定性没有显著性影响，但是否有孩子对父母婚姻稳定性影响较大，没有孩子的夫妇初始婚姻离婚概率是有孩子夫妇的44.5倍，表明是否有孩子是保持婚姻稳定性的显著影响因素。

（三）中国家庭动态跟踪调查数据（CFPS）

研究案例2[②]：数据来源于CFPS2010（2010年中国家庭动态跟踪调查数据），有效研究样本14721个。采用离散时间风险模型进行数据建模，因变量为是否有离婚史，自变量包括婚姻持续时间、女性初婚年龄、夫妻婚配年龄差、年龄阶段、教育背景、孩子数量、婚前同居史、婚前生子史等。研究结论：女性初婚年龄与婚姻稳定性关系为U形关系，双方年龄差距显著影响婚姻稳定性。

研究案例3[③]：数据来源于CFPS2010（2010年中国家庭动态跟踪调查数据），有效研究样本为25853个，其中初婚后离婚的样本数量为743人。采用Cox比例风险模型开展研究，因变量为是否有初婚后解体史（二分变量）以及初婚后解体持续时间（连续变量），自变量为双方教育背景、户籍、初婚年龄差、时间周期、孩子数量、婚前同居史、是否与父母同住等。研究结论：社会历史发展进程影响着婚姻稳定性，尤其是改革开放以来婚姻稳定性风险不断加剧，初婚存续时

[①] 陆益龙：《"小皇帝"会提高婚姻稳定性吗——中国城市离婚风险的实证分析》，《学海》2008年第3期。

[②] 李建新、王小龙：《初婚年龄、婚龄匹配与婚姻稳定》，《社会科学》2014年第3期。

[③] 彭大松、陈友：《初婚解体风险变化趋势及其影响因素》，《人口与社会》2016年第3期。

间周期不断缩短；与传统文化习俗与认知的异质性越强的婚姻组成稳定性越低；生育子女有利于婚姻的稳定性，而与长辈同住显著加剧离婚风险；婚前同居对婚姻稳定性有两面性作用；城市化进程以及女性独立增强了离婚的风险；等等。

研究案例 4①：数据来源于 2003—2011 年 31 个省份的面板数据，采用面板数据建构模型，因变量为粗离婚率，自变量为网络普及率、人均实际 GDP、城镇化率、基尼系数、人均受教育年限、家庭户均规模、总抚养比、离婚案件司法不予判决离婚率。研究结论：人均收入水平、互联网普及程度、城镇化水平对离婚率有显著正向影响。

（四）面板统计年鉴数据

研究案例 5②：数据来源于 1996—2015 年《中国统计年鉴》数据，因变量为粗离婚率，自变量为房价、受教育程度、就业率，通过建立三阶滞后的向量自回归模型分析发现，房价、受教育水平显著提高了离婚率，而就业率与离婚率呈负向相关。

研究案例 6③：数据选取了 1898—2009 年若干时间截面的历史离婚数据，分析发现新文化运动、红色边区离婚、《婚姻法》（1950 年）颁布、社会政治运动、改革开放、流动迁移、政策性离婚等，反映了时代社会特点与对婚姻家庭的冲击，特别提到由于"经济债务、购房、房屋拆迁、子女上学、落户、出境等利益诱因而'假离婚'"是近年来的突出特点。

三 著作

改革开放以来，出版了很多研究家庭结构、婚姻价值、婚姻伦理和生活质量的著作，有社会变革与婚姻家庭变动的研究，有关于社会变迁中青年问题的研究，为本研究提供了很多有益的参考。

---

① 李晓敏：《互联网普及对离婚率的影响》，《中国人口科学》2014 年第 3 期。
② 刘贝贝、袁永生：《中国离婚率的影响因素分析与预测》，《山东师范大学学报》2016 年第 12 期。
③ 郭永昌等：《自由解放、红色革命、情感回归与离婚》，《南方人口》2016 年第 4 期。

(一) 关于区域性婚姻价值与两性关系模式的研究

《婚姻价值的变革》一书以贵州省山河乡1978—2012年的离婚现象进行了研究。改革开放以来，国家体制转型与社会变迁以及村庄结构变迁必然会对婚姻产生相应的影响。尤其是改革开放以来在人口流动背景下受城市文化影响，农村社会习俗变化加快，原本具有农村传统规范的一些风俗习惯逐步削弱，在现代性的全面渗透下村庄社会中人们的思想观念发生了巨大变化，在这种背景下国家与社会要素全面退潮，原本维系农村婚姻中的不同要素随之发生了巨大的变化。山河乡的村庄社会结构性力量的生成是以家族和寨子为行动单位的。在一个行政村内有寨子，寨子是人们维护村庄内公共生活与村庄公共品供给的合作单位，在寨子内部还有一个以血缘为纽带形成非常紧密的合作单位即家族。在打工潮的冲击下村庄内部的经济分化日益显现出来，家族日趋松散，村庄内部的结构性因素走向离散化，因此为山河乡的婚姻带来了较大的冲击。

《多媒体环境下两性关系模式的探讨研究——北京地区离婚原因的人类学调查》一书聚焦离婚问题出现的社会文化、传媒环境的大背景，通过对离婚原因的综合分析来探讨两性关系模式的变迁，以及婚姻内部的两性关系模式的结构变迁。强调要借助当今多元媒体的特性，加强对优秀传统文化的弘扬，并充分发挥多元媒介在传播主流价值观方面的舆论导向作用，摒弃两性间的统治关系，而建立两性关系的伙伴关系模式。[①]

(二) 婚姻私事化、婚姻伦理与婚姻质量的研究

董怀良著《改革开放以来中国婚姻"私事化"研究（1978—2000）》一书，对1978年至2000年中国婚姻逐渐"私事化"的历程进行了全面、系统的梳理和分析。具体包括：婚姻的国家取向逐渐弱化及对婚姻干预的转型，家庭本位向个人本位的过渡，父子轴心向夫妻轴心的转变，个人自由度的逐渐提高，通过这些梳理和分析，展现婚姻逐渐

[①] 刘统霞、张雯莉：《多媒体环境下两性关系模式的探讨研究——北京地区离婚原因的人类学调查》，中国政法大学出版社2013年版。

走向私事的复杂性，婚姻当事人自由度逐渐提高，但仍受到国家、社会、风俗、家庭的束缚。将婚姻放在社会变革的背景中分析，重视国家、社会、家庭和个人的互动关系，考察他们之间自由和干预等因素的消长；重视法律、制度、观念和生活的互动；重视让当事人自己说话，利用访谈资料和文献资料相互印证来说明婚姻的变化。[1]

梁景和主编的《新时期婚姻伦理与生活质量研究（1980—2014）》，研究婚姻质量应当关注人类日常生活的这一贯穿于长久的历史阶段中的主题。在此基础上研究的内容再向前伸展，即从政治、经济、文化、社会、环境等宏大的范畴去探索生活质量问题。研究婚姻生活质量，可以把客观生活质量与主观生活质量结合起来进行综合研究，既关注两者的互动和影响，也关注相互制约、共同作用的综合。[2]

阎云翔著《私人生活的变革：一个中国村庄里的爱情、家庭与亲密关系（1949—1999）》，以黑龙江省下岬村为研究空间，分析了自1949年至1999年私人生活的转型，研究重点放在了个人及感情生活上，阐述了择偶观念的变迁，性爱、情感及其语言艺术，两性互动以及夫妻关系重要性的增长，私人空间与隐私权，家庭财产与个人财产权利的关系等问题。该书认为个人逐渐走出"祖荫"，个人权利意识、自主性、独立性增强，但并未出现自立的、自主的个人崛起，这种摆脱传统伦理束缚的个人表现出一种极端功利化的自我为中心的取向，依靠他人的支持满足自己的物质欲望。该著作对私人生活的分析还不太全面，例如未分析婚礼、离婚等内容，而婚礼的举行、离婚的过程等内容都体现着私人生活转型的特征。[3]

（三）关于改革开放以来青年问题的针对性研究

李春玲主编的《境遇、态度与社会转型——80后青年的社会学

---

[1] 董怀良：《改革开放以来中国婚姻"私事化"研究（1978—2000）》，社会科学文献出版社2016年版。

[2] 梁景和主编：《新时期婚姻伦理与生活质量研究（1980—2014）》，中国社会科学出版社2018年版。

[3] 阎云翔：《私人生活的变革：一个中国村庄里的爱情、家庭与亲密关系（1949—1999）》，上海书店出版社2006年版。

研究》，针对80后的就业、教育、婚姻等进行了全面的梳理研究，认为80后不仅仅是生于同一时代的年龄群，更是一个与特定社会变迁密切相连的代际概念。研究通过对80后这一代的生存境遇和生活态度的调查，分析哪些社会因素、以何种方式影响了他们在就业和生活目标上的选择及其实现，从中发掘80后的选择与表达，如何建构了80后一代在生活态度和行为方式上的选择，反映了其背后所推崇的价值观以及他们对现代性的理解和感受。[1]

风笑天等著《社会变迁中的青年问题》一书从社会变迁的视角出发，将宏观层面的社会变革与微观层面的青年个体经历、现象及问题联系起来，探讨中国人口性别结构、年龄结构的变迁，社会价值观念和社会生活方式的变迁，以及目前社会中出现的"剩女"问题、"光棍"问题、青年婚姻稳定性问题等多种青年婚姻家庭问题，并从改革开放以来社会变迁的轨迹中，去寻找上述各种问题产生和形成的本质原因。[2]

杨雄、张虎祥著《改革开放40年与中国青年》，书中指出当前青年发展和青年问题日益成为一个单位、一个领域和一个城市发展的重大课题。观察青年一代的发展，要放到历史与时代结合之坐标系上加以评判。80、90后作为一种社会和文化现象，既是一个经验事实，又是一个分析框架。他们快速成长历程与社会结构急剧变化是相辅相成，只有将80、90后置于改革开放的时代大背景中，考察80、90后一代与制度变革进程之间互相的影响关系，才能做出较为真实、合理的解释。[3]

陈光金主编的《中国青年发展报告：当代青年婚恋状况、关联政策和服务供给研究》是一部关于青年婚恋状况的最新青年发展报告汇编。报告关注了青年婚恋问题中的几个热点问题，例如晚婚晚育、高额彩礼、离婚率逐步升高等。涉及了青年婚恋问题多个维度：首先，从青年本身对婚恋的认知和态度，包括青年婚恋观、性

---

[1] 李春玲主编：《境遇、态度与社会转型——80后青年的社会学研究》，社会科学文献出版社2014年版。

[2] 风笑天等：《社会变迁中的青年问题》，北京大学出版社2014年版。

[3] 杨雄、张虎祥：《改革开放40年与中国青年》，上海人民出版社2018年版。

观念、家庭观、生育观和育儿观,同时关注他们的实际行为;其次,对青年婚恋行为进行规范的国家政策和法规,包括《婚姻法》等法律条文,也包括产假等全国性政策,讨论并借鉴了国外相关经验;最后,讨论国家、社会和市场给青年婚恋提供的各种服务,这都给研究提供了很好的指导借鉴。[①]

第三节 民间话语的表达:百姓议题

百姓的想法是最真实的,也是最具冲击力的。从普通人物到公众人物,离婚依然是长盛不衰的话题。虽然有猎奇的心态,但是过好自己的生活是大家共同的追求。

一 普通人物的离婚

普通人物离婚的原因不外乎以下几点:性格不合,家庭琐事,观念分歧,婚内出轨等,更多的是现实生活的写照。

(一)注重婚姻质量

李先生,36岁,和结婚7年的妻子离婚,周围人都很诧异,平时看似恩爱的夫妻怎么会走到这一步?双方当事人表示,感情再好的婚姻也逃不过逐渐争吵、疏远、冷漠的"七年之痒"。当前35岁左右离婚的夫妻显著增多,由当事人成立了"35岁离婚微信群、QQ群"。离婚的原因复杂、多样,但感情冷漠导致婚姻无法维持占了其中的六成左右。离婚归根到底其实是婚姻质量问题,随着生活水平的提高和生活方式的改变,大家开始追求生活质量,其中包括婚姻家庭质量,用老百姓的话来说是对自我对婚姻家庭的评价,满意还是不满意。今天不仅年轻人,包括中老年人也都在考虑自己的婚姻质量。年轻人希望找个合适的配偶、理想的对象,中老年人则反思自己走过的婚姻家庭之路,对自己过去的婚姻和今天的家庭做出不同的评价。传统的家

---

① 陈光金主编:《中国青年发展报告:当代青年婚恋状况、关联政策和服务供给研究》,社会科学文献出版社2020年版。

庭价值观受到强烈的冲击,"天长地久""相伴白头"这类美好的愿望变成了可望而不可即的事情了。

(二)女性经济地位提高

改革开放,社会生产力突飞猛进,互联网甚至提供了足不出户的就业环境,男女的社会与经济地位的平等同步推进。女性独立意识越来越强,对于婚姻有了新的认识。根据民政部门统计,离婚案件中由女性提出离婚的占70%至80%。调查发现,离婚率最高的群体是有一定社会地位、受过高等教育的女性,例如白领精英、企业高级管理者等。她们经济状况相对较好,不依附于丈夫,尊重爱情和婚姻,更关注自己的精神需求。封建婚姻观念认为女性应该"从一而终""三从四德""男尊女卑",现代女性从传统婚姻观中解放出来,拒绝做传统婚姻的牺牲品,勇于通过离婚的方式,来追求平等的生活。[1]

(三)长辈干涉,婆媳矛盾

婆媳如果同在一个家庭中生活,在家庭事务管理权、支配权、孩子照护等方面容易发生分歧,明争暗斗。调研中有个刚生了二胎的90后女孩王雨(化名),说自己和老公都是独生子女,两边家长都鼓励生二宝,自己在高校,老公在部队单位,都很稳定,又有老人照料孩子,就毫不犹豫生了二宝。大的是女儿6岁了,小的刚好是儿子,好事成双也挺美满。以前知道婆婆强势,但没在一起住,妈妈、婆婆轮流过来帮忙也皆大欢喜。现在有二宝了,女儿也该上一年级了,所有的问题都出现了。婆婆说自己年龄大了,身体不好,选择全力照顾老大上学接送,为了接送方便,带着孙女住到孩子学校附近的房子里。自己要在城郊区的新校区上课,从这边开车过去近1个小时的车程,为缩短路上时间及照顾儿子,她只好带着妈妈、二宝住到了自己学校这边的新校区。老公在城里上班,跟婆婆和大女儿住在一起。王雨说:"生了老二之后,我竟然糊里糊涂地分居了。我老公是妈宝男,没主见,啥都听他妈的。我跟老公抗议、吵架,让他每天开车住到我这边来,婆婆特别奇葩,帮着他儿子跟我吵,说'跑来跑去折腾我儿

---

[1] 胡相禹:《当前我国婚姻稳定性差的伦理探讨》,《商》2015年第41期。

子,太辛苦,年轻人为了孩子,这点事情都不能忍'。儿子快一岁多了,我成了周末婚,甚至月末婚。吵烦了,现在已经放弃争取,熬到啥时候算啥时候吧。"

婚姻生活优劣的评判,既有当事人的主观感受,幸福感觉为主,又有客观的衡量。著名社会学家费孝通曾称情感和义务为家庭中基本的二元,"理想的夫妇是鱼与熊掌两得其全的,问题是开始于这理想的不易实现,若是对现实的夫妇关系期望太高,要求太甚,反而可以使这种关系承担不住而发生裂痕,所以不能不退而求其次,鱼与熊掌不能不择一而是了"[①]。隔代抚养,子辈与祖辈之间要找到合适的平衡点,长辈对子女无边界、以为你好为名的监管,子辈的过分依赖,通常会导致代际关系中权力格局失衡,破坏年轻夫妻之间的平衡关系,一定程度上加剧婚姻危机的裂痕。

二 公众人物的婚恋

一直以来,围绕着公众人物尤其是明星夫妻的婚姻状态是老百姓茶余饭后的谈资,"撒狗粮"、分手、离婚在媒体的炒作下都能上热搜。娱乐圈明星们的分分合合,以婚恋不稳定吸引眼球,然而还是有不少夫妻的离婚方式和原因让人大呼惊讶。一对对标榜的犹如神仙眷侣的"模范夫妻",一对对令人艳羡的"金童玉女",相爱时,总是"你好我好大家好",离婚时,就变得"你错我错大家错"。明星离婚的原因大多以婚外情为主,明星撕吵开来内幕比普通人更加不堪。公众人物只是他们扮演的一种社会角色,他们的私生活也被无限放大,对明星等公众人物的婚恋逸事、冲突乃至丑闻是大众娱乐中最流行、最受欢迎的主题。

三 80、90后青年民间话语的表达

(一) 能不离婚就不离婚

——有了孩子,如果不是太大的问题还是得过且过吧!健康的家

---

① 费孝通:《乡土中国 生育制度》,北京大学出版社1995年版。

庭对孩子还是很重要的！如果是我，我会问孩子的意见。结发夫妻都过不好，换个人一样过不好。

——老公可以不要，娃肯定是要的，其实找哪个不是过，只要不是家暴等原则性问题，将就着也就过完了一辈子，好歹娃还有亲生爹妈在身边。我觉得共同有个孩子都过不好，到时候再婚各自带个孩子更过不好！

——我不反对自由离婚，但结婚的时候一定带眼看人，不到万不得已，不想离婚，不管谁对谁错都惹人心烦。

（二）不幸的婚姻必须离

——貌合神离的婚姻，虚伪空洞的感情，不忠、夫妻情感关系的淡漠、家庭虐待，这样的婚姻不离留着自虐啊！

——当他第一次动手打我的时候，我就意识到可能会有第二次、第三次，可我还是在他诚挚道歉、百般恳求下选择了原谅，当他再次喝醉对我动手的时候，后面跪着求我也没用，坚决离。

——不幸的婚姻关系是不健康的，没有爱情的、充满恶言和暴力婚姻关系，终结才是解脱。

——喜欢了就在一起，不喜欢就分开，谁也不要拖累谁一辈子。

——我老公说爱我，但我觉得他更爱前妻和孩子。我犯贱纠缠在别人复杂的家庭关系里，离婚也是活该。

（三）离婚理由千奇百怪

——婆家逼着我顺产，说打麻药对胎儿不好，他们只想着他们的孙子，他们想过我的感受吗？

——她妈把她当取款机，而她呢，又是个"弟弟控"，什么都想着她娘家，结婚一年，都没想着给我买一双袜子，我是找老婆，又不是找负担。

——我从小被教育要节俭、勤劳，而妻子说，女人是要富养的，是要宠爱的。老天，花钱大手大脚不说，还老是作，我这是养女儿啊？

——我怀孕时，他居然和一起玩游戏的网友出轨了，我于是果断堕胎、离婚。

——我刚出月子,婆婆老公一家三口回老家过年了,留下我和孩子,既然这样就永远分开吧!

……

80、90后青年成长在改革开放之后,全球化、信息化浪潮席卷下思想观念解放、价值观多元化。"这一代人的成长与整个中国社会的现代化进程相伴随。从他们来到中国社会的那一天开始,就乘上了社会现代化的高速列车,就享受着现代物质文明的丰硕成果。他们直接面对的是'电视、冰箱、洗衣机'时代,并很快就进入了'电话、电脑、因特网'的时代。""他们的成长与社会观念的急剧变化相伴随。他们面对的是一个价值观多元化的时代,比如婚姻观、家庭观,都出现了多种不同的标准,多种不同的模式、多种不同的声音。"[①]在婚姻这所特殊的学校里,他们感性又理性,爱与被爱,冲突与适应、不管成功还是失败,都在审视世界,审视自我。

---

① 风笑天等:《社会变迁中的青年问题》,北京大学出版社2014年版。

第三章　定量分析：离婚调查数据分析

婚姻家庭是人类历史上第一个社会制度，它为人类繁衍、发展、稳定做出了巨大贡献，然而随着社会经济水平的发展，社会文明程度的提高，婚姻家庭面临严峻的挑战，世界范围内离婚率居高不下，近年来中国离婚率不断攀升，这是当今中国社会婚姻稳定关系的一个突出表现。

第一节　普遍：全国离婚调查数据

离婚问题作为影响婚姻家庭发展的重要现实问题，一直被社会关注。学术界从社会、政治、经济和文化诸多角度开展研究，反映人们的婚姻观念和家庭关系，在社会发展变迁过程中，发生的大的调整与改变。为全面剖析当前中国婚姻稳定性以及离婚的原因，本书选择了近年来全国基于统计或实证数据分析的有影响力的研究报告，进行深入梳理分析。

一　早期实证研究资料梳理

为全面剖析当前中国婚姻稳定性以及离婚的原因，选择了早期十多年来基于统计或实证数据分析的有影响力的研究文献，在此基础上对相关研究结论进行深入分析。由于中国国情的特殊性以及文化差异，暂且不涉及国外相关分析数据资料。按照分析数据来源主要分为九大类。

（一）中国综合社会调查数据（CGSS）

研究案例1[①]：数据来源于"2010年全国综合社会调查"数据（CGSS2010），选择了1014位城市18周岁以上已婚居民作为研究样本。采用LOGIT分析模型，因变量为是否有离婚史，自变量为性别、宗教信仰、年收入、居住房屋面积、居住产权、社会层级、房产数量、居住自然环境、居住聚落环境、居住人文环境、是否喝酒、是否抽烟、是否赌博、是否玩网络游戏、女儿数量、儿子数量等16个变量。研究结论：性别、宗教信仰、房屋数量以及社会层级对婚姻稳定性没有显著影响；家庭女儿数量、住房面积、居住环境及其人文环境强化婚姻稳定性，但溺于赌博、抽烟和玩网络游戏等行为损害稳定性基础；个体收入显著影响婚姻稳定性但存在边际效应。

研究案例2[②]：数据来源于2010年和2013年CGSS调查（中国综合社会调查），选取15—60岁农业户籍曾有婚育龄人口作为研究样本。因变量以婚姻状况评价以及性行为态度共同衡量，自变量包括子女数量、生育意愿、工作与居住地等相关变量。研究结论：人口流动对婚姻稳定性具有负的外部冲击，进而对生育率产生局部均衡影响，使得生育率降低。

（二）中国家庭动态跟踪调查数据（CFPS）

研究案例3[③]：数据来源于CFPS2010（2010年中国家庭动态跟踪调查数据）的13136人的调查数据。建构Cox比例风险回归模型，因变量为"初婚是否离婚"和"初婚持续时间"两个变量，自变量为同居史、性别、民族、年龄、收入水平、教育水平、迁移状况、父母党员身份等。研究结论：改革开放后年轻群体的同居史与离婚率不存在显著相关。

[①] 杨哲：《城市居民居住环境与婚姻稳定性关系研究》，《中国名城》2016年第10期。
[②] 莫玮俏：《婚姻稳定性与生育率变动关系的理论与实证分析》，《浙江社会科学》2019年第5期。
[③] 刘玉萍、郭郡郡、喻海龙：《婚前同居、同居蔓延与中国居民的婚姻稳定性：自选择及其变化》，《西北人口》2019年第1期。

研究案例4[①]：数据来源于CFPS2010—2016年中国家庭动态跟踪调查，采用二元Logit分析模型，因变量为初婚存续时间，自变量分为个人特征变量以及家庭背景变量和相关控制变量。研究结论：个人特质匹配度尤其是"生活观""家庭观"与"事业观"等价值观念匹配度与婚姻稳定性呈负相关，而与家庭背景匹配度没有明显影响。

研究案例5[②]：数据来源于中国家庭追踪调查（CFPS）2014年的数据，采用有序Logit数量模型、有序Probit数量模型，分析相亲对夫妻双方婚姻满意度的影响，采取离散时间Logistic数量模型、Cox比例风险模型，分析相亲对夫妻双方婚姻稳定性影响。因变量为婚姻满意度，用五级量表进行测量；自变量包括夫妻双方认识方式，控制变量为双方外貌、对方工作满意度以及陌生人的信任度。研究结果表明，"相亲降低了婚姻满意度，但也降低了离婚的风险"。

（三）法院判决离婚案件数据

研究案例6[③]：数据来源于2010年至2011年河南省878例离婚案件，根据简单随机抽样选取218例判决离婚案件作为研究样本。统计方法采用二元Logistic回归模型，因变量为是否判决准予离婚，自变量为结婚时间、是否生育子女、原告起诉事由中是否涉及婚外情、家庭暴力、被告有恶习、分居、婚前缺乏了解、性格不合、被告刑事犯罪、被告不履行夫妻义务或未尽家庭责任、婚姻不自主、被告精神疾病或生理疾病等情形、被告是否缺席、原告是否第二次起诉共14个变量。结论表明：原告第二次起诉、被告缺席、分居、家庭暴力、是否生育子女等变量对法官是否判决离婚具有显著影响。

研究案例7[④]：数据来源于2015—2017年济南市两级法院判决的21109起离婚纠纷案件。研究结论：2—5年婚龄、外出务工人员分

[①] 郑晓冬、方向明：《婚姻匹配模式与婚姻稳定性——来自中国家庭追踪调查的经验证据》，《人口与经济》2019年第3期。
[②] 叶金珍、王勇：《相亲结婚真的靠谱吗》，《南开经济研究》2019年第1期。
[③] 罗玲：《裁判离婚理由影响因素实证研究》，《中华女子学院学报》2016年第2期。
[④] 山东省济南市中级人民法院课题组：《关于2015—2017年度山东省济南市法院离婚纠纷案件的调研报告》，《山东法官培训学院学报》2018年第3期。

居、贫困家庭、家庭经济条件短期极大改善等，以及政策性"假"离婚率较高，主要表达的缘由为家庭感情不和、家庭暴力、一方失踪或离家出走、存在不良恶习、重婚或配偶与他人同居、存在生理缺陷等。

（四）面板统计年鉴数据

研究案例8[①]：数据来源于国家社会服务发展统计公报和统计年鉴数据，采用OLS多元回归分析方法，因变量为粗离婚率，自变量为GDP增长率、失业情况、居民受教育水平三个指标。研究表明，GDP增加、受教育程度提升都对离婚率产生正相关。

研究案例9[②]：数据来源于2002—2014年国家统计局抽样调查数据、《中国统计年鉴》、《中国教育统计年鉴》等部分数据，因变量为粗离婚率，自变量为未婚人口性别比、失业率、家庭规模和总抚养比、收入水平、互联网普及率等。通过建构婚姻总产出函数模型，发现"随着女性相对教育水平的不断提高，中国离婚率的上升过程不可避免"。

研究案例10[③]：数据来源于2007—2018年31个省份的时间序列数据，因变量为粗离婚率，自变量为人均实际GDP、互联网普及率、城镇化率、文盲率、社会总抚养比、平均家庭户规模、人均受教育年限、出生率等指标，通过建构空间滞后模型（SLM）发现，2007—2018年全国离婚率整体显著上升趋势，但东北地区、华北地区、川渝地区相对离婚率较高，呈现区域空间聚集分布；从影响因素看，城镇化率、互联网社交普及率、受教育水平以及家庭抚养压力是影响婚姻稳定性的重要方面。

研究案例11[④]：数据来源于2010—2018年港澳台地区除外的省

---

① 曹梦涛、田静、张杰：《我国经济发展对离婚率影响原因分析》，《时代金融》2016年第12期。
② 何林浩：《中国持续改善的高等教育性别比与离婚率》，《世界经济文汇》2018年第6期。
③ 毛晓蒙、王霞、刘明：《中国当前社会婚姻稳定性的影响因素》，《统计学报》2020年第6期。
④ 张冲、陈玉秀、郑倩：《中国离婚率变动趋势、影响因素及对策》，《西华大学学报》2020年第3期。

级面板数据，因变量为粗离婚率，自变量为人均 GDP、城镇化水平、人口流动、失业率、受教育程度、15 岁及以上人口性别比、家庭户规模、住房价格等。建立固定效应模型分析发现，"人均 GDP 对数、城镇人口比重、城镇失业率、15 岁及以上人口性别比、住房价格对数五个变量对离婚率有显著正向影响"。

（五）流动人口动态监测数据

研究案例 12[①]：数据来源于国家卫生计划生育委员会 2014 年开展的全国流动人口动态监测调查的 157535 个流动人口家庭。采用 Logit 分析模型，因变量为离婚史，自变量包括流动方式、流动时间、流动空间、离婚成本、个人特质、地区差异等变量。研究结果表明，人口流动挤压了互动空间、降低了婚姻质量、强化了婚姻风险，对婚姻稳定性呈显著正向相关，而且城镇流动人口影响程度超过农村人口。

研究案例 13[②]：数据来源于全国 CHIPS2007 流动人口数据，随机抽样获得 8446 个有效样本。采用 Logit 数学模型建模，因变量为是否有离婚史，自变量为性别、年龄、户籍、身体健康、受教育年限、家庭总收入、房屋使用面积、饮水情况、卫生设备、取暖设备、住房产权、周围同乡居住情况、是否独自租房、居住情况、居住距离、居住房屋类型等指标。研究结果表明，流动人口的居住环境如居住面积、居住条件、居住区域越好，以及与同乡共同居住等，都对婚姻稳定性产生了积极正面的影响。

（六）农村固定观察点监测数据

研究案例 14[③]：数据来源于 2003—2013 年中国农村固定观察点村级数据库（每年对全国 300 个左右样本进行固定观测）。采用面板 Tobit 模型进行回归分析，因变量为"全年离婚对数"，自变量为农村经济状况、劳动力流动状况、劳动力受教育程度、孩子数量等变量。

---

① 马忠东、石智雷：《流动过程影响婚姻稳定性研究》，《人口研究》2017 年第 1 期。

② 杨哲、王茂福：《农民工城市居住质量与婚姻稳定性研究》，《兰州学刊》2014 年 7 月。

③ 彭小辉、张碧超、史清华：《劳动力流动与农村离婚率》，《世界经济文汇》2018 年第 4 期。

研究结论：农村劳动力流动对农村离婚率有正向影响，劳动力流出和流入的增加都会显著提高农村离婚率。

研究案例15[①]：数据来源于2003—2009年农村固定观察点监测数据。建构计量分析模型，因变量为Logit变换后的粗离婚率，自变量为外出劳动力占比、人均耕地面积、人均纯收入、劳动力占比、男女比例、育龄妇女占女性百分比、7—13岁儿童占比、14—17岁少年占比、纯务农户占比等。研究发现：外出流动对于农村离婚率具有显著影响，而未成年子女是保持婚姻稳定性的重要因素。

（七）中国健康与营养调查数据（CHNS）

研究案例16[②]：数据来源于中国健康与营养调查（CHNS）9个省份调查点的面板数据。采取Probit和Logit方法的数据建模方法，因变量为是否离婚，自变量为夫妻单方流动、夫妻双方流动、女性年龄、女性受教育程度、男性是否工作、男性年收入、子女数量、夫妻双方年龄差、夫妻双方受教育年限差等指标。研究结论表明，一方以及双方流动都降低了婚姻稳定性，而且女性受教育程度越高，婚姻稳定性越差。

研究案例17[③]：数据来源于1991年、1993年、1997年、2000年和2004年中国营养健康调查（CHNS）的面板数据。因变量为是否有离婚史，自变量为1991年、1993年、1997年、2000年和2004年的外出打工率、女性受教育年限、双方工资收入、夫妻教育年限差距、夫妻年龄差距、民族差异、子女数量等。通过构建持续数据模型发现，"在其他条件不变的情况下，劳动力流动显著提高离婚率达60%以上"。

（八）人口普查数据

研究案例18[④]：数据来源于2000年全国人口普查数据以及2005年上海市1%人口抽样调查。采用Logistics数据建模方法，因变量为

---

① 高梦滔：《农村离婚率与外出就业》，《世界经济》2011年第10期。
② 莫玮俏、史晋川：《农村人口流动对离婚率的影响》，《中国人口科学》2015年第5期。
③ 杜凤莲：《中国城乡劳动力流动对婚姻稳定性的影响》，《经济社会体制比较》2010年第5期。
④ 吴瑞君、汪小勤：《我国独生子女群体的婚姻稳定性分析》，《学海》2009年第5期。

是否有离婚史，自变量为户籍、年龄、工作状况、性别以及子女是否为独生子女。研究结果表明：独生子女组建的家庭婚姻稳定性低于非独生子女，而且呈现家庭婚姻稳定性代际传递，"父母的婚姻稳定状况在子女身上具有一定的延续性，独生子女的婚姻稳定性与父母的婚姻稳定程度成正比"。

研究案例19[①]：数据来源于第四、五、六次全国人口普查数据，通过对新疆地区的时间面板数据分析，离婚与民族婚俗有关，也与城市化水平有关，"城市化程度较高地区（克拉玛依市、乌鲁木齐市、石河子市等市区）的离婚人口占比增速明显高于城市化程度较低地区（塔南带、塔北带和天西带）"。

（九）实地问卷调查数据

研究案例20[②]：数据来源于对河南省郑州、开封等7个地级市的422位已婚对象的实地问卷调查样本。统计方法采用独立样本t检验和方差分析，因变量为"在过去的一年中您是否有过离婚的念头"与"您认为配偶是否会提出与您分手"，自变量为婚姻压力量表（李永鑫等人编制）以及社会支持量表（肖水源编制）[③]。结论表明：离婚意向与社会支持度存在显著相关，并能有效减轻婚姻的压力。

研究案例21[④]：数据来源于上海市8个区的922位青年结婚登记群体的问卷调查。卡方检验分析发现，养育子女对婚姻稳定性有显著正向影响，而且涉及购房、拆迁、分红、避税等公共政策也是影响青年婚姻稳定性的重要变量。

研究案例22[⑤]：数据来源于上海市和兰州市的1934个实地调查

---

① 肖建飞：《新疆离婚人口变化及其地域、民族、城乡差异分析》，《黑龙江民族丛刊》2016年第4期。
② 黄迎春、王华昕、李永鑫：《城市居民婚姻压力、社会支持与离婚意向的关系》，《中国健康心理学杂志》2016年第3期。
③ 黄迎春、王华昕、李永鑫：《城市居民婚姻压力、社会支持与离婚意向的关系》，《中国健康心理学杂志》2016年第3期。
④ 邓志强、丁金宏、崔开昌：《公共政策视域下青年婚姻匹配及其稳定性研究》，《中国青年研究》2015年第5期。
⑤ 徐安琪：《离婚风险的影响机制》，《社会学研究》2012年第2期。

有效样本。采取多元回归分析模型，因变量为离婚意愿，自变量为双方同质性、互动关系、家庭经济状况、不良行为史等变量。研究结论：配偶同质性、积极互动方式、婚龄时间、不良嗜好行为、再婚史以及陌生人社会都对婚姻稳定性产生负向影响。

研究案例23[①]：数据来源于2016年西安交通大学与陕西师范大学的农民工专项调查，调查地点为广州市，最终获得1632个有效样本。因变量设置六个调查指标，分别为"我想过我们的婚姻会出现问题""我与家人、朋友或网友讨论过我婚姻中的问题""我有过和配偶离婚的念头""我与家人或朋友讨论过离婚或分居""我与我的配偶曾经认真地提过分居或离婚的想法""我与配偶曾经因感情问题有过分居"[②]，按照"经常、偶尔、从不"三级量表赋值后计分测量婚姻的稳定性，自变量为夫妻迁移模式、代际区间，采用交叉分析的统计方法。结果表明，流动人口的婚姻存在较高的不稳定性，呈现代际递增的特征，表现为80后婚姻稳定性最差，其次为70后，而60、50后婚姻稳定性相对较为稳定；而且夫妻一方单独流动的婚姻稳定性要明显高于双方共同流动。

研究案例24[③]：数据来源于对北京市268对新婚夫妻的问卷调查，因变量为编制的婚姻稳定性题项，自变量为婚姻质量和婚姻承诺量表，采用结构方程建模方法分析。研究发现，婚姻质量与婚姻稳定性呈显著正向相关。

综合上述，影响婚姻稳定性的积极因素包括：家庭儿女数量、住房、居住环境及其人文环境强化婚姻稳定性；生育子女有利于婚姻的稳定性，养育子女对婚姻稳定性有显著正向影响。消极因素包括：没有孩子的夫妇初始婚姻离婚概率是有孩子夫妇的44.5倍，沉溺于赌

[①] 李卫东：《农民工婚姻稳定性研究：基于代际、迁移和性别的视角》，《中国青年研究》2017年第7期。

[②] 李卫东：《农民工婚姻稳定性研究：基于代际、迁移和性别的视角》，《中国青年研究》2017年第7期。

[③] 钟梦宇等：《新婚夫妻婚姻质量对婚姻稳定性的影响：婚姻承诺中介作用》，《中国临床心理学杂志》2016年第6期。

博、抽烟和玩网络游戏等行为损害稳定性基础；传统文化习俗与认知的异质性越强的婚姻组成稳定性越低；与长辈同住显著加剧离婚风险；城市化进程以及女性独立增强了离婚的风险；双方价值观念匹配度低与婚姻稳定性；分居、家庭暴力、家庭感情不和、家庭暴力、一方失踪或离家出走、存在不良恶习、重婚或有配偶与他人同居、存在生理缺陷容易引发婚姻稳定性；人均收入水平、互联网普及程度、城镇化水平、GDP增速、受教育程度、女性相对教育水平、互联网社交普及率以及家庭抚养压力、城镇失业率、15岁及以上人口性别比、住房价格、房价等容易激发婚姻稳定性危机；经济债务、避税、分红、购房、房屋拆迁、子女上学、落户、出境等公共政策诱发"假离婚""闪婚"，人口流动，农村劳动力外出流动、一方以及双方流动都降低了婚姻稳定性；独生子女的婚姻稳定性与父母的婚姻稳定程度成正比；婚姻质量和婚姻稳定性相互促进，两者呈正相关关系；等等，为研究婚姻稳定性影响因素提供了很好的观察视角。

二　登记离婚：人们主要选择的离婚方式

中国的离婚制度以《婚姻法》为法律依据，以保障离婚自由、防止轻率离婚为准则。[1] 并把通过民政部门办理的登记离婚和通过法院系统判决的诉讼离婚作为最主要的婚姻解除方式。[2]《婚姻法》规定了两种离婚的方式及两种离婚制度，登记离婚制度和诉讼离婚制度，自愿离婚就是登记离婚和协议离婚，台湾地区学者称之为两愿离婚。[3] 登记离婚是夫妻双方就离婚的相关事宜主动协商达成协议，是现代社会比较文明的婚姻解散方式，手续简便，节约时间和费用，有效保护当事人的隐私，也避免当事人之间的相互指责，真正体现了"好合好散"。

中国的离婚率增长与经济发展速度出现同步增长的现象，离婚率

---

[1] 杨大文：《婚姻法学》，中国人民大学出版社1989年版，第236—239页。
[2] 刘新平：《婚姻中国》，中国工人出版社2001年版，第102页。
[3] 史尚宽：《亲属法论》，中国政法大学出版社1998年版；林秀雄：《婚姻家庭法研究》，中国政法大学出版社2001年版。

增长有着极其复杂的经济、社会和文化背景。据相关资料统计显示，日本、韩国、美国、欧盟等主要发达经济体近五年内离婚率保持平稳甚至略有下降趋势，而中国情况正好相反，离婚率呈逐步增长趋势甚至超过了日本、韩国和欧盟（见图1）。虽然离婚率增长不一定是坏事情，但持续高增长的离婚率并由此引发的社会问题应该引起人们的高度重视。

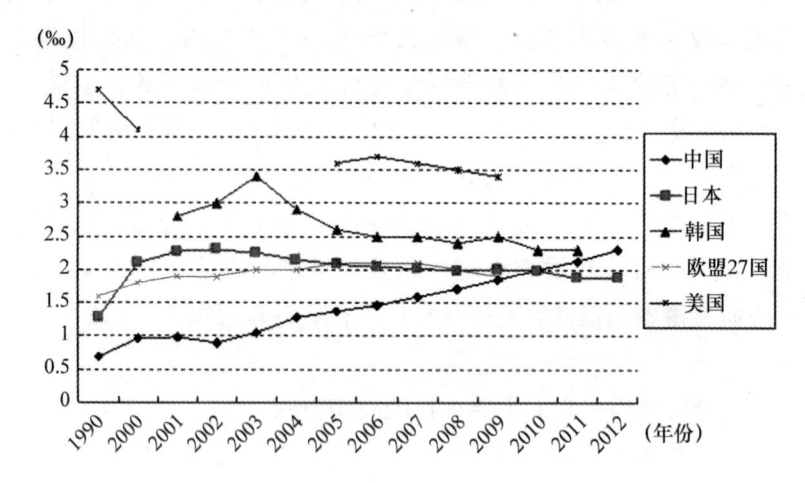

图1 世界主要国家和地区1990—2012年来的离婚率

资料来源：笔者整理绘制。

相关数据显示，近四十年中国经济的高速发展与人们生活空间的快速流动，离婚率连年升高已经成为无可争辩的事实。改革开放之前，以农业为基础的社会生活方式下，传统家庭观与婚恋观使离婚率总体保持较低的水平。2009年以来离婚率在不断增长，到2013年呈现较大幅度增长，据《2013年民政部社会服务发展统计公报》显示，当年依法办理离婚手续的共有350万对，其中协议离婚比例为80.4%，诉讼判决离婚占比19.6%，协议离婚与诉讼离婚的比例约为4:1。离婚率从1978年的0.25‰发展到2013年的2.58‰，增长超过10倍（见图2）。2003年由于新《婚姻法》的出台，限制离婚的外界因素被突然撕开，把离婚的问题交给了离婚当事双方，使得离婚的增长率陡然上升，至今每年连续不断增长。从社会舆论和日常民众谈论的话题看，离婚已经成为人们司空见惯的社会现象，离婚话题的"敏感性"已经大大降低。

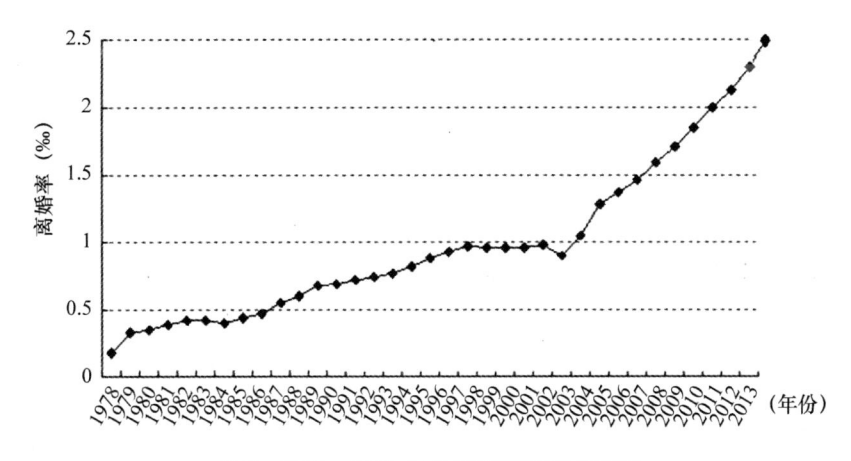

图2 1978—2013年全国离婚率发展趋势

资料来源：《中国民政统计年鉴》，中国统计出版社2013年版。

梳理2009年到2018年《中国民政统计年鉴》的离婚数据发现（见表2），近十年，离婚数量逐年上升；从2009年的180.2万对增长为2018年的381.2对，增长幅度1.1倍。而法院办理离婚数量由2009年的66.6万对，一直缓慢增长，到2016年反而有所下降。这说明诉讼离婚，法院判决成为非必要情况下的选择，协议离婚，文明、自由方式越来越受人们的推崇。

1995年、2015年全国1%人口抽样调查资料显示（见表3）（人口抽样调查资料涵盖的是包括协议离婚与诉讼离婚在内的人群），20—40岁青年的离婚总体由1995年的0.73%上升到2015年的1.66%，增长了0.93个百分点，增长幅度1.27倍；其中女性离婚率显著增长，由1995年的0.53%上升到1.44%，增长幅度1.72倍，远远超出男性1.02倍的增长幅度，这说明了改革开放以来，随着现代化、市场化的深入发展，婚姻家庭领域发生了深刻变化，女性和男性同时参与市场有偿雇佣，女性社会经济地位不断提高，自主生活能力增强，消解了女性对家庭等依附，逐渐从既有的社会形式与社会义务中脱嵌，离婚率随之大幅度增长。

表2　　民政部统计公报公布的2009—2018年离婚数据

年份	办理离婚手续（万对）	民政部登记离婚（万对）	法院办理离婚（万对）
2009年	246.8	180.2	66.6
2010年	267.8	201	66.8
2011年	287.4	220.7	66.7
2012年	310.4	243.3	68.1
2013年	350.01	281.5	68.5
2014年	363.7	295.7	67.9
2015年	384.1	314.9	69.3
2016年	415.8	348.6	67.2
2017年	437.4	370.4	66.9
2018年	446.1	381.2	64.9

资料来源：根据民政部统计公报统计。

表3　　20—40岁不同年龄段的离婚人口比重变化

年龄	1995年（%） 总体	1995年（%） 男性	1995年（%） 女性	2015年（%） 总体	2015年（%） 男性	2015年（%） 女性	增长幅度（倍） 总体	增长幅度（倍） 男性	增长幅度（倍） 女性
20—24岁	0.26	0.26	0.25	0.24	0.23	0.26	-0.08	-0.12	0.04
25—29岁	0.66	0.84	0.48	1.14	1.25	1.03	0.73	0.49	1.15
30—34岁	0.97	1.25	0.69	2.26	2.62	1.90	1.33	1.10	1.75
35—40岁	1.05	1.36	0.72	2.91	3.34	2.46	1.77	1.46	2.42
合计	0.73	0.93	0.53	1.66	1.88	1.44	1.27	1.02	1.72

数据来源：1995年、2015年全国1%人口抽样调查资料。

三　诉讼离婚：法院判决不得已的选择

诉讼离婚是指婚姻当事人双方对待婚姻或离婚后的子女抚养财产处理等问题不能达成协议，由当事人一方基于法定离婚原因向人民法院提起离婚诉讼，经人民法院审理、调解或判决的一种离婚制度。诉讼离婚也称为一方要求离婚、判决离婚。

由表2可以看出，2009年到2018年全国法院办理离婚情况一直在66万—69万对之间，十年来上升幅度不大，甚至有些年度有所下降。当代人离婚观念转变，主动协议是首先的婚姻解散方式，不到万不得已不会选择通过法院判决的复杂离婚程序。研究通过分析2017—2019年度网上公布的陕西、安徽、辽宁三省70后、80后、90后青年离婚判决情况（表4），总结青年诉讼离婚的特点与主要原因。

表4　　　2017—2019年度陕西、安徽、辽宁离婚判决情况　　单位：件

年份	省份/名称	总数	70后	80后	90后	离婚主要原因		
						原因1	原因2	原因3
2017	陕西离婚判决书	3579	311	528	132	性格不合	家庭暴力	赌博吸毒酗酒沉迷网游
	安徽离婚判决书	1572	315	591	241	长期分居	性格不合	家庭琐事
	辽宁离婚判决书	1920	237	310	—	长期分居	感情基础薄弱	婚外同居
2018	陕西离婚判决书	1174（网上公布）	167	346	69	长期分居	性格不合	家庭暴力
	安徽离婚判决书	1632份（网上公布）	472	750	254	长期分居	性格不合	家庭暴力
	辽宁离婚判决书	1601	496	608	—	长期分居	感情破裂	婚前缺乏了解
2019	陕西离婚判决书	5905	42	83	34	长期分居	家暴	家庭琐事
	辽宁离婚判决书	1146	287	447	160	长期分居	性格不合	家庭暴力
	安徽离婚判决书	669	—	—	—	—	—	—

资料来源：笔者调查整理。

汇总分析2017—2019年陕西、安徽、辽宁三个省份三年来70后、80后、90后青年离婚判决情况，总结如下：第一，判离数量与诉讼时间申请数量之间差距较大，首次判离比重较小，各地法院部门在准予判离过程中对夫妻感情破裂的判断非常慎重，尽力挽救陷入婚姻危机的家庭。第二，三省在公布年龄段判决书中，80后是起诉离婚的主体。纵观2017年度辽宁离婚判决大数据分析，从统计结果看，在2017年度中，80后起诉离婚的案件有310件，成为起诉离婚的主力军，紧随其后的是70后，起诉离婚的有237件。陕西离婚判决大数据分析中，在2017年度中，80后起诉离婚的案件有528件占据首位，70后311件占据第二位，90后由于年龄的原因位列第三；2017年度安徽离婚判决书数据显示，80后起诉离婚的案件有591件。2018年度三省数据显示80后群体依然是诉讼离婚的主要人群；另外，研究发现2017年陕西再婚男性平均年龄39.3岁，再婚女性平均年龄37.8岁，数据从侧面反映了80后青年在离婚中占据较高的比重。第三，2017—2019年，诉讼离婚中长期分居、感情不和成为起诉离婚的首要原因。这与城市化发展进程中人口流动密切相关，长期分居是青年离婚的首要原因；其次是感情、性格不合，长期分居、感情不和两者又互为因果关系；最后是家庭琐事或家庭暴力等。据了解，绝大多数婚姻的破裂都是由日常生活琐事引起的，这也是造成80后、90后青年离婚随意性的重要原因，例如2020年的新冠肺炎疫情隔离期间，很多网友反映，不洗碗，洗碗不洗锅，衣服、袜子乱丢，天天玩手机，不干家务，不管孩子等都能成为离婚的导火线。另外，家庭暴力（包括冷暴力），不良习惯（赌博、沉迷网络）等在当代青年家庭中也较为常见。

第二节 差异：陕西80、90后青年
离婚问题调查分析

婚姻是形成家庭的基础，家庭是构成社会的基本单位，稳定的婚姻与家庭幸福、社会和谐一脉相承。近年来，随着经济社会快速发展和价

值观念与生活方式的改变，中国离婚率逐年攀升，"中国人不愿离婚"的认识正与我们渐行渐远，这既是人们的切实感受，也是媒体和舆论关心和关注的重要话题。2017年笔者带领课题组开展了"陕西省青年群体离婚现状、原因及影响"的调查研究，以18—40周岁的陕西青年群体为研究对象，了解陕西省青年群体离婚的现状、特点及趋势，分析导致青年群体离婚的原因，探究离婚对个体、家庭、社会等多层面的影响，在此基础上对加强青年群体的婚姻治理提供对策与建议。

课题组在陕西全省范围针对青年群体进行了问卷调查，并在此基础上选择个案进行深度访谈。问卷调查采取样本配额的抽样方法，根据研究目的设计的配额指标为受访者的年龄、婚姻状况，同时兼顾城乡差别。调查地点选择为陕西省会西安市，陕北延安市、榆林市，陕南安康市，考虑调查涉及的离婚人群信息获取的难度以及敏感性，未婚和已婚青年的问卷调查采用街头随机调研的调查方法，分别选择在西安市的西郊、东郊、南郊、北郊和陕北延安、榆林市，陕南安康市等地人流量较大的区域随机发放问卷；离婚青年的问卷调查委托给西安市碑林、雁塔、长安、未央、灞桥以及陕北榆林市榆阳区、陕南安康市汉滨区的离婚登记处工作人员，请前来办理离婚手续的80后、90后当事人自愿填写，最终获取有效样本量为1016份，具体样本量分布见表5。问卷调查以80后、90后为主，在随机调查中也采集了部分70后的数据，以做对比参考。调研过程中同时走访了西安市市内五区的离婚登记处负责人，榆阳区、汉滨区离婚登记处工作人员，同时还对陕西省离婚情况较为熟悉的律师和专家学者进行访谈，以期发现陕西省青年群体离婚的新情况、新问题及有效解决之策。个案访谈对象在全国范围选择，一方面是在陕西西安市、咸阳市、榆林市、延安市、安康市等地城乡选取部分典型个案进行深访；另一方面，在离婚率较高的四川成都市、乐山市、山东济宁市以及深圳市等地区进行个案深访，获取了城市80后、90后知识精英的离婚案例，流动打工的文化程度较低的80后、90后青年的离婚案例，以及城镇地区青年的离婚个案。全面综合地反映了不同区域、不同层次青年群体的离婚情况。故本书研究资料主要源于四部分内容：一是国家的官方统计数据；二是课题问卷调查统计的量化资料；三是调研访谈收集整理的质性资料；四是相关的文献研究资料梳理。

表5　　　　调查样本中不同年龄段的婚姻状况分布情况　　　　单位：份

	年龄段			总计
	70后	80后	90后	
未婚	5	105	280	390
已婚	57	162	105	324
离婚	82	173	47	302
总计	144	440	432	1016

一　陕西省离婚率变动态势与群体主要特征

离婚率是反映婚姻稳定状况的最直接最敏感的指标，也是公众非常关注的指标。调研发现总体上与全国相比陕西省离婚水平处于中等偏后。陕西青年群体离婚特点大趋势与全国比较接近，呈现出80后群体离婚比例高、陕北地区高离婚率逐渐趋缓多、文化程度高的知识青年离婚多，"闪婚闪离"早期在80后、目前在90后群体中较为突出的现象。

（一）陕西省离婚率总体态势

离婚作为婚姻解体的结果，离婚率成为衡量一段时间内经济社会发展和价值观变化的敏感指标，但这一指标正确的计算方法却常常被媒体和公众忽视，如"2019年深圳离婚率位于广东榜首，高达36.25%"，错误的离婚率计算方法往往造成耸人听闻的舆论话题。国际通行的算法叫作粗离婚率（Crude Divorce Rates），通常采用当期登记离婚的对数除以当期的平均人口数（特别注意的是指离婚的对数而不是离婚的人数），通常以千分率表示。

根据2012年民政部公布的相关数据统计来看，全国31个省、自治区、直辖市的离婚率呈现地区差异，排位较高的分别为新疆、重庆和东北地区，而广东、山西、海南、甘肃、西藏等五省、自治区、直辖市排后五位，陕西的离婚率排第20位（见图3）。2017年各省离婚率排名，陕西位居第18名。总体而言，陕西省的离婚率处于全国中

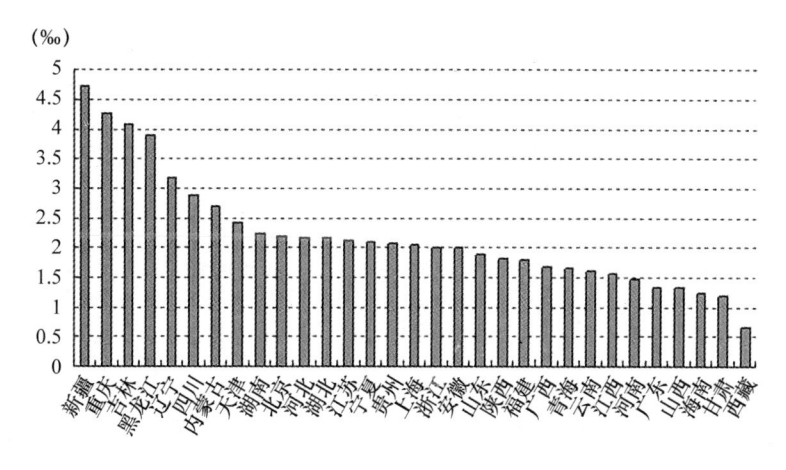

第三章 定量分析：离婚调查数据分析

图3 全国各省份2011年离婚率的排序

资料来源：笔者整理绘制。

等靠后的水平（见表6）。

表6　　　　2017年全国31个省级行政区离婚率排名　　　单位:‰

排名	1	2	3	4	5	6	7	8	9	10
行政区	黑龙江	重庆	吉林	内蒙古	安徽	辽宁	天津	贵州	四川	北京
粗离婚率	5.19	4.93	4.90	4.00	3.89	3.81	3.78	3.77	3.76	3.71
排名	11	12	13	14	15	16	17	18	19	20
行政区	江苏	湖北	河南	宁夏	河北	新疆	湖南	陕西	浙江	青海
粗离婚率	3.59	3.38	3.32	3.27	3.10	3.07	3.03	2.84	2.80	2.76
排名	21	22	23	24	25	26	27	28	29	30	31
行政区	山东	福建	云南	广西	上海	江西	山西	甘肃	广东	湖南	西藏
粗离婚率	2.73	2.72	2.66	2.47	2.43	2.41	2.23	2.07	1.99	1.93	1.20

数据来源：《中国统计年鉴（2018）》。

虽然陕西的离婚率处于全国中等偏下水平，但近年来保持着持续增长的态势（见表7）。根据陕西省离婚登记处提供的离婚统计数据，

2017年全省共有74247对夫妻通过协议离婚成了"最熟悉的陌生人"，粗离婚率为2.84‰。日本、欧盟等发达国家离婚率保持在2‰—2.5‰之间，陕西省离婚率总体在正常区间范围内。梳理最近8年陕西和全国离婚相关数据发现，陕西整体增速与全国保持同步增长的态势。

表7　　　　　　　2010—2017年陕西省离婚率变动趋势

	协议离婚总数（对）	结离比	粗离婚率（‰）	全国粗离婚率（‰）
2010年	48128	7.80∶1	1.72	2.00
2011年	53733	7.37∶1	1.76	2.13
2012年	58060	6.79∶1	1.89	2.29
2013年	65759	6.18∶1	2.14	2.58
2014年	70898	5.57∶1	2.26	2.67
2015年	76002	4.82∶1	2.57	2.79
2016年	81206	4.21∶1	2.67	3.00
2017年	74247	3.41∶1	2.84	3.15

资料来源：陕西省民政厅婚姻登记处，统计数据。

（二）陕西青年离婚群体的主要特征

1. 80后青年离婚比例高

从陕西省婚姻登记处提供的数据来看（见表8），2013—2017年，20—24岁的90后离婚人数比重在6%—7%，而25—34岁的80后离婚人数比重约占50%，35—49岁的70后及以上的离婚人数比重为35%左右，由此可见，80后是当前离婚的主体人群，比重在逐年增长，相反其余年龄段离婚人群所占比重有所下降。

表8　　　　2013—2017年陕西省离婚当事人年龄情况表　　　单位：人

	20—24岁	25—34岁	35—49岁	总体
2013年	7792	53071	39238	107434
2014年	7452	59875	41360	116096
2015年	7984	67821	46544	131484

续表

	20—24 岁	25—34 岁	35—49 岁	总体
2016 年	6120	85116	46544	162384
2017 年	4628	76826	55506	148470

资料来源：陕西省民政厅婚姻登记处，统计数据。

2."闪婚闪离"现象明显

据陕西省婚姻登记处负责人介绍，早期80后青年人"闪婚"现象比较明显，这一情况现在已过渡到90后青年，一些青年人结婚前相互之间了解时间不长，遇到喜庆的日子或所谓好日子喜欢"扎堆结婚"，如"2月14日""5月20日""10月1日"等好日子扎堆登记结婚人数最多，由此给婚姻不稳定埋下隐患。据统计数据显示，2013—2017年五年间离婚当事人婚姻维系时间不到一年总体比重约占不到五分之一、三年约占三分之一、五年约占一半，但整体都有所下降（见表9）。另据笔者问卷调查发现，70后离婚人群的婚姻持续时间为10.8年（样本量为144份），而80后离婚人群的婚姻持续时间仅为2.9年（样本量为440份）。由此可以看出，80后"闪婚闪离"的现象还是比较突出。据婚姻登记处的一位工作人员反映，她经手的最快的一次办理离婚的时间是2天，今天登记，第二天离婚。据说是因为婚礼、婚宴形式没谈拢，吵架后不办了，就来领离婚证，后来被劝回了。

表9　2013—2017年离婚当事人婚姻维系时间的比重趋势　单位：%

	1年以内	3年内	5年以内	小计
2013 年	17.2	37.3	52.6	100.0
2014 年	15.7	34.8	51.2	100.0
2015 年	14.9	33.5	50.0	100.0
2016 年	13.6	31.9	48.1	100.0
2017 年	11.3	28.0	44.4	100.0

资料来源：陕西省民政厅婚姻登记处，统计数据。

3. 离婚现象的区域化差异明显

据相关数据显示，除涉外、涉港澳台和华侨的离婚情况外，关中地区所占比重最高，其次是陕南地区，陕北地区的离婚率最低（见表10）。但到2017年三地的离婚率有明显变化，表现在陕南地区的离婚率略有升高，关中地区稳中有升，而陕北地区作为以煤炭、天然气为主的资源型城市，受经济形势下滑影响，离婚率由2010年到2015年明显的上升到开始下落，呈现"陕北下降、关中下降、陕南不变"的态势。

表10　　2010—2017年陕西离婚区域化特征的变动趋势　　单位：%

	陕北地区	关中地区	陕南地区	离婚总对数①
2010年	12.2	68.5	19.3	48080
2011年	13.9	66.4	19.7	53670
2012年	15.0	65.2	19.8	58002
2013年	16.4	64.2	19.5	65710
2014年	16.6	63.8	19.6	70849
2015年	16.7	64.0	19.2	76002
2016年	15.3	65.0	19.6	81206
2017年	13.8	66.2	20.0	74247

资料来源：陕西省民政厅婚姻登记处，统计数据。

4. 高学历、低学历两端群体离婚率较高

数据显示（见表11），在离婚群体当中，文化程度的两极分化比较明显，2013—2017年五年间小学及初中文化程度的离婚人口约占半数，但近五年来所占总体比例呈下降趋势，而高中（中专）以上文化程度者离婚比例先下降后上升，大专与本科以上文化程度的离婚群体由19.4%上升到28.6%，上升了9.2个百分点，可见高学历离

---

① 此处离婚总对数不包括涉外、涉港澳台和华侨的离婚对数。

婚率较高的趋势已经显现，这也与城市 80 后离婚者普遍受教育程度较高有一定的关系，这在问卷调查中也有一定的体现。

表 11　　2013—2017 年陕西地区离婚当事人文化程度变动趋势　　单位:%

	小学与初中	高中与中专	大专与本科及以上	其他	小计
2013 年	53.8	24.6	19.4	2.2	100.0
2014 年	52.5	23.1	21.7	2.8	100.0
2015 年	51.4	21.9	23.6	3.1	100.0
2016 年	49.5	22.8	26.9	0.8	100.0
2017 年	48.1	22.4	28.6	0.9	100.0

资料来源：陕西省民政厅婚姻登记处，统计数据。

（三）陕西青年群体离婚的趋势研判

根据现有离婚率变动轨迹看，从 2003 年起，陕西的离婚率明显提高并持续至今，这其中既有新《婚姻法》实施带来的变化，也有 80 后这一年龄段高离婚率释放出来的。通过现有资料分析发现，个体生命历程中离婚率是呈"倒 U 形"的增长，33—36 岁是这个"倒 U 形"的顶点，个体从结婚年龄到 U 形顶点年龄的离婚率是持续增长的，而从 U 形顶点到人生结束的这段时间离婚率是逐步下降的。根据《中国统计年鉴》估算的 2016 年初婚平均年龄，女性为 25.4 岁，男性为 27.2 岁。2019 年青年婚恋状况调查到的未婚者希望的结婚年龄，男性为 29.14 岁，女性为 29.00 岁。这说明青年初婚年龄在未来可能继续保持延迟的趋势。[1] 按照全部普遍数据测算陕西男性 80 后青年结婚年份为 2008—2009 年，以五年约为婚龄年限（2014 年的陕西省统计数据显示，近一半全省的离婚当事的婚龄在 5 年以内），保守估计 2013 年前后 80 后已经进行到高离婚率的年份段，因此可以初步预见，未来近十年陕西离婚率将不会出现明显的增长，总体会呈现

---

[1]　陈光金等：《中国青年发展报告——当代青年婚恋状况、关联政策和服务供给研究》，社会科学文献出版社 2010 年版，第 19 页。

"高位企稳"的态势,并随着未来10年90后成为离婚的主要人群,家庭婚姻观念的回归和离婚的负面认知而缓慢下降,当然这样的判断是主要考虑了人口因素的情况下,如果出现大规模的"政策性离婚"、经济发展速度突然上升或下降、人口迁移速度加快等社会因素,离婚率可能会呈现较大增长。

二 当前陕西青年群体离婚出现的新情况新问题

当前,80后已经成为陕西省青年群体离婚的主体,通过实地调研与相关资料分析发现,陕西省青年群体离婚呈现出一些新情况新问题。这既与独生子女群体特有特征相关,也与社会环境与文化认同的变迁有关。

(一)80后、90后独生子女"冲动离婚"增多

相对于90后而言,80后独生子女是受计划生育制度影响最明显的群体,他们个体性强、自我意识强、家庭经营能力弱,对离婚多数持"不合适就散伙"的态度。笔者调查显示(见表12),80后离婚前三位的原因分别是双方性格差异大、生活方式差异大、婆媳及家庭成员关系处理不好,当时结婚时草率没有想好、家庭经济问题、配偶有不良嗜好的也占较高比例。基层工作人员反映,《婚姻法》使离婚手续简化,法律规定只要符合条件双方立即就可以办理手续,这样离婚选择时缺少了一份慎重,工本费取消后手续办理是零成本,以前80后独生子女冲动离婚比较多,现在是90后多,年龄还不大,离婚时多没有子女、财产、债务负担,顾虑少。

表12　　　　　　离婚受访者离婚原因分析　　　　　　单位:%

离婚原因	年龄段		
	70后	80后	90后
婆媳、亲戚关系不好	24.6	25.4	19.6
性格差异大	69.6	61.9	68.6
配偶有不良嗜好	11.6	15.9	23.5

续表

离婚原因	年龄段		
	70后	80后	90后
家庭暴力	8.7	10.3	9.8
结婚草率，没有想好	26.1	18.3	31.4
当时的冲动	4.3	11.1	17.6
第三者插足	11.6	11.1	21.6
生活方式差异大	24.6	29.4	15.7
家庭经济问题	30.4	17.5	15.7
与异性的不道德行为	5.8	8.7	17.6
其他（请注明）	4.3	4.8	2.0
总样本数（对）	69	126	51

注：此题项为多项选择题，所占比例为回应百分比。

（二）父母过度干预加速子女婚姻的破裂

由于80、90后成长过程中被父母照护过多，个体生活独立性较差，经营维系婚姻的包容性不够，在婚姻中遇到大的问题、冲突往往依靠父母，而有些父母在介入子女婚姻问题时，往往不够理性，长久以来维护自己孩子的习惯，让他们往往偏颇地顾虑自己孩子的利益。登记处工作人员反映，许多90后新家庭从快速组建到最终破裂，都与父母长辈的过多介入有关，子女之间的生活琐事引发双方父母不够理性，盲目参与，大吵大闹的都很多。从法院受理的90后离婚诉讼来看，因家庭经济纠纷、财产争议引起的矛盾占较少比例，大多与双方感情不和、生活琐事以及孩子抚养权归属引起，父母在处理矛盾时不能理性正确引导，往往感情用事反而容易激化双方的矛盾。此外，一些农村地区结婚相互攀比，彩礼钱越来越高，一些父母为操办子女婚事负债累累，为后期婚姻家庭生活埋下不稳定的隐患。

（三）家庭"和"文化受到冲击，维护婚姻的正能量减弱

中国古话"家和万事兴"成为婚姻家庭维系的重要准则。改革开放以来急剧的社会变迁形成了在家庭中处于核心地位的独生子女身

份，结婚前"你是你，我是我"，结婚后"你还是你，我还是我"的角色认知，互敬互爱、妥协包容，以和为贵的"家和文化"丧失了存在基础；受个体主义思潮影响，社会舆论过度强化婚姻自由的"神圣不可侵犯"，一些有利于婚姻维系的缓冲机制都被认为是对个体自由的干涉。整体上，社会普遍对离婚的宽容度较高，"试婚""闪婚""再婚"等婚姻现象增多，且社会舆论总体对此持宽容态度，由于社会环境缺乏制约离婚的文化因素，一些青年人婚姻遇到问题往往会冲动地选择离婚的方式来发泄不满。

（四）社会的挤压引发"逼婚怪象"，加大社会风险

经历了现代化的社会，生产力水平提高为个人婚姻自主创造了条件。官方认可的婚姻数量下降，同居比例上升，未婚先孕现象增多。有时双方感情基础不牢固，彼此还没有深层次的了解，女性因为怀孕被迫完婚，这种现象在低龄青年人较多存在。青年初婚年龄推迟，导致一些父母着急催促子女结婚，特别是城市中的大龄"剩男""剩女"，社会舆论和周边人的"唠叨"，导致一些人觉得"到了该结婚的年龄"而匆忙选择结婚对象。根据青年婚恋状况调查的数据分析，25—29岁和30—34岁的男性和女性，大多数受过父母的催婚。[①] 一位1981年出生的公务员说，自己是家里的小儿子，上面有个姐姐早出嫁了，32岁的时候还没找到合适的结婚对象，父母见面就催结婚，自己也有点着急了，后来别人给介绍了，硬件条件很般配，女方独生子女，留德硕士，工作稳定，匆忙结婚之后才发现两个人性格矛盾太大，女方特别自我，大事小事以自己喜好为主，现在只能凑合着过。而在农村地区特别偏远山区，经济状况差，性别比失衡严重，大龄未婚男性的婚配已成为难题。媒体热炒的"越南新娘"事件在陕西也有发生，这也反映出了部分地区农村青年婚姻的无奈。这种建立在经济基础上的速配婚姻，当一方拒婚、离婚甚至骗婚容易引发更多社会问题。

---

① 陈光金等：《中国青年发发展报告——当代青年婚恋状况、关联政策和服务供给研究》，社会科学文献出版社2010年版，第7页。

（五）因房屋拆迁、买房分房等"政策性离婚"现象增多

市场经济冲淡了传统婚姻道德的束缚，一些与家庭稳定相关的社会政策在制定过程中，缺少政策衔接，导致政策出台后出现"负向刺激"作用，一些人因购房、拆迁、分红、避税房等公共政策原因，出现突击结婚、"假离婚"行为，甚至这种行为在社区内出现被激励的现象，宣称"以9块钱换取90万的房"多合算。如西安市雁塔区2010年因城中村拆迁，离婚人数达到3110对，比2009年的1698对增长了83.16%，这其中有很多为争取多户住房安置而发生的"假离婚"行为。[①]

（六）离婚诱因增多，家庭稳定面临的社会风险增大

随着经济的发展，人们对婚姻的期待和质量不断提高，调查反映，双方信任与包容宽容成为维系婚姻关系的基石，希望双方能够"三观"相同、心灵相通，然而现实当中金钱至上、享受主义成风，使得婚姻家庭不断会经受社会诱惑与考验。

一些娱乐场所、游戏厅、赌博场所增多，使得导致婚姻破裂的风险因素增加，一些人经受不住诱惑，染上赌博、吸毒等不良嗜好，产生巨额债务最终造成家庭的解体。

现代都市"婚外情"现象增多，"小三""二奶"现象突出，加上城市化发展，社会流动加剧导致很多青年人长期两地分居，这些都容易造成因一方出轨而离婚。离婚调查显示有10%的家庭因为"第三者"插足导致婚姻解体。而陕西、安徽、辽宁等地近三年法院判决离婚数据表明，长期分居在青年离婚主要原因排第一位。

此外，社会节奏加快、生活压力增大，互联网的迅速发展，4G、5G智能手机大规模渗透人们的日常生活中，网络带来虚拟世界的极大便利，夫妻之间日常互动与沟通减少，容易加大亲密关系的情感距离，容易导致婚姻破裂。近年来，由于女性独立性增强，经济地位提高，对婚姻的依赖性减弱，女性提出离婚的比例在上升。农民工进城后生活方式、观念态度与仍居住在农村的配偶差距加大，城镇化过程

---

① 《陕西离婚有四多：陕北人离婚多 高学历离婚多》，https://society.huanqiu.com/article/9CaKrnJTaAk。

加速的社会流动一定程度上增加了农村的离婚率。

（七）非理性"扎堆"结婚，成为离婚增多的潜在诱因

对婚姻登记人员访谈显示，近两三年在网络、媒体炒作下，很多青年人盲目追求时尚，迎合特殊节日迅速登记结婚，如2月14日"情人节"、中国七夕"情人节"、一些谐音有纪念意义的日子等非常受青年婚龄群体的追崇。就西安市而言，"特殊日子"登记结婚人数增量显著，2010年10月10日，登记结婚2697对，至2013年1月4日（谐音"爱你一生一世"），一天登记结婚数量达至近年最高峰5671对，远远超过正常情况下每天300多对的登记数量。① 2020年2月2日，因为数字为"20200202"，被网友称为"千年一遇对称日"，无数青年男女希冀在这寓意特殊的日子走进婚姻殿堂。为此，甚至网上集体请愿，呼吁婚姻登记部门周日加班。一时，北京、西安、成都等地相继表态，将在2月2日周日破例为市民办理结婚登记。对"好日子"的崇尚，对美好寓意的追求一直是青年人追逐的。由于考虑不够成熟，各方面准备不足，婚后很多年轻人生活出现问题，发生矛盾，而自身缺乏婚姻经营能力，最后以离婚告终。同时，大多数青年也认同婚姻只是个人行为，缔结婚姻的基础越来越强调"情感和人际吸引而非责任感"，社会舆论也没有正确引导和倡导，甚至"男挑女看颜，女挑男看钱"的不良社会风气一度蔓延，导致部分青年人的感情盲目和不慎重增多，此外"年前年后"也是舆论关注青年人结婚、离婚的一大高峰时期，春节期间，父母长辈对大龄青年的"逼婚"激发了新时代过节"租借男女朋友的"怪象，也有一些婚姻当事人认识很短时间速配婚姻，也会出现青年人春节"扎堆结婚"现象，这种现象在农村现象较为普遍存在，而在城市已婚年轻人由于过年谁家过等生活琐事导致的离婚数量增多。

（八）因财产分割和争夺孩子抚养权引发的诉讼离婚增多

近些年来，由于经济高速发展带来人们财富的增长，由财产分割

---

① 《离婚率攀升背后：自由度增加多元化流行》，http://paper.gjnews.cn/gjdb/20190513/html/content_35222.htm。

不平引发的诉讼离婚案件明显增多,特别是由于《婚姻法》对婚前财产的制度性安排,人们对婚前财产的保护意识明显增长,婚前财产公证行为也有明显增多。由于大多数家庭只生一个孩子,因此在感情破裂离婚时都愿意抚养孩子,造成双方争夺孩子抚养权的诉讼离婚案件也有明显上升。此外,由于工作生活压力、环境影响和不能生育、婚外情等原因,引发的诉讼离婚数量明显增加。

(九)"涉外(境外)"离婚数量和重组家庭离婚增多

从陕西省涉外、涉港澳台和华侨离婚登记处了解到,近年来陕西省涉外、涉港澳台和华侨的婚姻逐年增多,2014年共办理461对"涉外"结婚,大部分是"陕女嫁外男"且年龄相差较大,"老夫少妻"多,这样也造成了离婚数量的增多,2014年共办理了50对离婚。另外,从长期跟踪"涉外婚姻"的律师访谈也了解到,近几年接触和了解到的"涉外离婚"案件也逐年增多,生活方式和文化差异大是涉外离婚的主要原因。另外再婚家庭的离婚率不断增高,这也从侧面反映青年人的高离婚率状况,离婚当事人双方财产与对方孩子家庭关系处理不好是重要原因。

三 陕西青年离婚原因分析

实地访谈中了解到绝大多数离婚当事人给出的离婚理由倾向于社会易接受、不损害自己名誉的如"性格不合"的话语表达,这种叙事更容易掩盖离婚的真实原因与文化背景,也是一种粉饰太平的说法。事实上离婚的原因不仅涉及地域文化、民族宗教、人口与家庭结构等因素,还涉及夫妻双方的经济收入、家庭教育、社会地位与沟通交流等深层次原因,离婚的原因不仅仅是夫妻双方个体的原因,还涉及家庭与社会等多方面因素;不仅涉及身体、情感等微观层面因素,还涉及经济发展、人口变迁等宏观叙事。因此离婚作为"规训在围城里的身体背叛"的结果,其引发的原因是多维而非常复杂的因素。新时期婚姻面临风险的80后、90后年轻人,为避免纠缠复杂的原因,直接以感情不和,"无理由离婚"高效结束婚姻。

问卷调查显示(见表12),80、90后在对离婚受访者的具体离婚原因的调查结果中，自诉双方性格差异大（分别占61.9%和68.6%）是导致离婚的最主要原因，其次是生活方式差异大（分别占29.4%和15.7%），而婆媳、亲戚关系不好（分别占比25.4%和19.6%），结婚草率，没有想好（分别占比18.3%和31.4%）也占有一定比例，此外家庭经济问题、家庭暴力也占少部分比例，用"个体—家庭—社会"的分析框架来看，离婚的原因首先是因为个体间的冲突，其次是家庭成员间的矛盾，而社会因素还必须传导到个体才能最终产生负面影响。从80后、90后（笔者调查时，从年龄上，90后进入婚姻的人数较少，离婚人群占比较小）的离婚原因来看，80后因为性格、生活方式的差异等因素选择离婚的情况较多，90后更容易因为性格差异与结婚草率问题导致离婚，说明80后、90后个体自主性偏好普遍较强，容易因为双方间的个体原因冲突分离。

为更深入地了解陕西青年群体离婚的心理、文化和社会因素，以下将从离婚的态度与行为角度，从个体、家庭、社会三个层面对陕西省青年群体离婚的原因进行详细分析。

（一）婚姻期望低与离婚"脱敏"是离婚的潜在风险

离婚是两性通过法律程序重塑家庭理想的结果，是以婚恋观为认知基础上的理性或非理性行为，因此，要分析青年离婚的原因首先要考察他们的婚恋观及倾向，并把它放置到历史的背景下去探究婚恋观的变迁及对离婚的影响。婚恋观是指导青年婚恋行为的准则，改革开放40多年来，人们对婚姻特别是离婚观念发生了巨大变化，"离婚自由"已经成了婚姻领域的意识形态与文化基础，离婚现象已经成为一种婚姻常态。为详细了解当前青年群体的婚恋观及其对离婚的态度认知，以下从受访者的择偶观、婚姻观与离婚观等涉及婚姻过程的态度倾向进行重点描述。

1. 择偶

择偶的个体与家庭取向化趋势明显，这是影响婚姻成败的最重要因素。择偶观是社会价值观的最直接、最敏感的反映指标，是历史的、流变的，包括个体取向、家庭取向和社会取向的因素，个体取向因素如外表长相、品行、素质、性情等，家庭取向因素包括重视听取家庭成员尤其是父母、孩子的意见等，社会取向因素如经济收入、家庭背景、职业状况等，通常择偶观中个体取向的比重较大，社会取向的比重相对较低，且个体取向比较稳定，而社会取向会随着历史的变化而变化。数据调查也显示（见表13），总体比例由高到低的选择项依次为性格个性、外表长相、兴趣特长、经济收入，前三项为个体取向，后一项为社会取向。从受访者年龄之间的比较来看，越年轻的受访者对个体取向、家庭取向的因素越关注，而对社会取向因素关注度反而下降。对婚姻类型上看，离婚受访者个体取向因素的比重比已婚受访者低，而社会取向的比重却比已婚受访者高，家庭取向所占比重基本相当，说明择偶观的个体取向程度是影响婚姻成败的最重要因素，而从变迁趋势来看重视个体取向的择偶趋势越来越明显。

表13　　　不同年龄段和婚姻状况受访者关注择偶对象方面的交叉分布　　　　　单位:%

看重的方面	年龄段			婚姻状况		
	70后	80后	90后	未婚	已婚	离婚
经济收入	25.69	24.83	21.30	21.54	26.23	22.92
外表长相	33.33	33.26	41.44	39.74	36.42	33.22
性格个性	59.72	66.97	63.43	64.36	71.60	56.81
兴趣特长	22.22	23.69	26.85	27.95	24.69	20.93
家庭背景	20.83	15.26	15.74	12.82	18.52	18.27
工作特点	15.97	16.40	13.66	11.54	20.37	14.29
父母意见	19.44	19.36	29.40	22.82	25.93	22.26
有房有车	6.25	6.61	14.12	12.31	6.48	9.97
其他	14.58	14.81	7.18	7.95	11.11	16.61
还没谈恋爱	4.17	4.33	6.02	9.49	1.85	2.66
总样本数（个）	144	439	432	390	324	301

嵌入对方"日常生活体验"的程度是影响婚姻稳定的重要方面。

择偶的过程是通过某种相亲方式实现婚姻的途径。相亲是从古延续至今的择偶方式，现代社会基本不再延循"父母之命、媒妁之言"的旧观念，亲朋好友介绍的相亲模式还比较普遍，但是同意与否更多取决于当事人自己的意愿。相亲之外，日常生活中自己结识、媒体征婚、互联网各种平台媒介等也是众多择偶方式之一。从已经恋爱的受访者中，数据显示陕西青年人择偶主要采取生活工作接触的方式，此外还有同事同学介绍、相亲、亲戚朋友介绍等择偶方式，总体上不同年龄段青年在择偶方式上没有显著差异，但更年轻的青年人更喜欢采用网络聊天等方式，由此可见，更年轻的青年人更容易从自己"日常生活体验"中寻找恋爱对象。从婚姻类型上，数据显示（见表14），26.1%是通过生活工作接触而认识的，同事、同学介绍的占22.5%，12.4%的离婚受访者是通过相亲而认识的，由此可见，来自自己与亲友的"日常生活体验"择偶方式在青年择偶中占据较高的比例。

表14 不同年龄段与婚姻状况受访者恋爱对象的认识方式的分布情况

单位：对

与恋爱对象的认识方式	占总体比例（%）	年龄段			婚姻状况		
		70后	80后	90后	未婚	已婚	离婚
生活工作接触	26.1	40	114	111	103	87	75
同事、同学介绍	22.5	31	102	96	81	80	68
传统相亲	12.4	25	55	46	35	44	47
网络聊天	4.5	5	20	21	19	12	15
征婚广告	1.9	2	8	9	7	2	10
亲戚朋友介绍	16.0	25	75	63	35	70	58
其他方式	8.4	13	41	31	36	26	23
还没谈恋爱	8.2	3	25	55	74	3	6
总计	100	144	440	432	390	324	302

2. 婚姻观

个体需要、家庭和社会的压力让人们屈从于婚姻，而否定婚姻形式的比例在上升。数据显示，80后、90后受访者对"为什么要结婚"排名前三位的分别是为了寻找人生伴侣（分别占71.23%和63.57%）、到了该结婚的年龄（分别占48.40%和44.55%）、遵从父母之命（分别占28.08%和35.50%）等三种观点态度；还有部分认为婚姻是为了满足生理心理需要（分别占比19.63%和24.83%）、改变生活现状（分别占比15.53%和26.68%）（见表15）。由此可见人们对婚姻的态度首先是个体自身需要，其次是社会对婚姻的压力，最后才是家庭中对其婚姻的催促。而随着个体年龄的增长，个体对婚姻的需要在下降，家庭和社会压力在上升，如"遵从父母之命""为了传宗接代""到了该结婚的年龄"等所占比重随着年龄的增长比例在不断上升，而"寻找人生伴侣""满足生理心理需要"所占比例在下降，值得注意的是现在对结婚的必要性在降低，90后对"人不一定要结婚"的比例最高（占11.83%）。受访的离婚者中越屈从于家庭的压力结婚的，离婚的可能性越高。

表15　不同年龄段及不同婚姻状况受访者对婚姻的看法分布情况　单位:%

对婚姻的看法	年龄段			婚姻状况		
	70后	80后	90后	未婚	已婚	离婚
寻找人生伴侣	62.24	71.23	63.57	64.95	73.68	61.46
遵从父母之命	30.77	28.08	35.50	29.90	33.13	32.23
到了该结婚的年龄	44.76	48.40	44.55	47.42	51.08	39.53
为了传宗接代	10.49	8.68	12.76	11.60	10.53	9.63
满足生理心理需要	12.59	19.63	24.83	19.59	25.70	17.28
改变生活现状	18.88	15.53	26.68	22.94	20.43	18.27
人不一定要结婚	9.09	8.45	11.83	14.18	6.50	8.31
其他	12.59	12.56	7.66	9.54	10.53	11.63
总样本数（个）	143	438	431	388	323	301

注：此题项为多项选择题，所占比例为回应百分比而非个案百分比。

人们对结婚对象的选择总体比较稳定，主要关注个体层面的因素。调查数据显示（见表16），人们对婚姻对象的选择，80后主要关注个性性格、人品、兴趣爱好、外表相貌、健康状况；90后主要关注人品、个性性格、兴趣爱好、外表相貌、能力才干；从个体、家庭、社会层面来看两个群体都更为关注个体层面的因素；从不同年龄的受访者来看，人们对结婚对象的选择没有明显变化，而离婚者的"失败原因"过多倾向于"经济收入""工作职业"等社会性因素，对个体的因素考虑较少。

表16 不同年龄段及婚姻状况受访者对于结婚对象看重的方面分布情况　　单位：%

看中的方面	年龄段			婚姻状况		
	70后	80后	90后	未婚	已婚	离婚
外表相貌	22.92	27.27	25.69	26.92	25.62	25.17
兴趣爱好	25.69	31.36	30.79	33.85	25.31	31.13
家庭背景	15.97	16.59	24.31	22.05	16.36	20.53
个性性格	43.06	54.09	42.36	46.92	52.47	43.05
健康状况	29.17	20.45	17.59	18.21	24.07	19.54
经济收入	21.53	13.18	11.34	13.08	12.65	15.23
工作状况	19.44	18.86	15.28	14.36	19.44	19.21
学历	5.56	11.14	12.50	12.05	13.27	6.95
人品	43.75	42.27	46.30	42.82	48.46	41.39
户口	2.78	2.27	2.55	2.31	2.16	2.98
独生子女	2.08	1.82	2.55	1.79	2.47	2.32
所属地域	3.47	4.32	2.78	3.08	4.32	3.31
能力才干	19.44	19.77	24.77	23.33	23.77	17.88
生辰八字	2.08	1.59	3.94	2.56	1.54	3.97
其他	2.08	1.14	1.39	1.03	0.62	2.65
总样本数（个）	144	440	432	390	324	302

信任和包容是婚姻维系的基石，并随着年龄的增长这一认识更加

深刻。从调查数据来看（见表17），80后、90后认为维系婚姻的基础首先是双方信任（分别占比75.00%和56.84%），其次是包容宽容（分别占比58.86%和50.12%）；及时沟通（分别占比42.50%和36.19%）和婚姻道德（分别占比31.14%、32.95%）也是非常重要的方面。整体而言各群体认为信任、包容宽容、婚姻道德越重要，说明随着年龄的增长与婚姻实践，当代年轻人们对婚姻已经有了比较理性的认识，从已婚与离婚的受访者对比来看，两者都认为信任、包容宽容和及时沟通更为重要，从侧面说明他们已经意识到婚姻家庭生活中两性存在的问题和希冀。

表17　　　　不同年龄段及不同婚姻状况受访者对于维系婚姻的
基础的看法　　　　　　　　　　单位:%

维系婚姻的基础	年龄段			婚姻状况		
	70后	80后	90后	未婚	已婚	离婚
双方信任	67.36	75.00	56.84	64.52	70.37	63.91
婚姻道德	39.58	31.14	32.95	32.13	29.94	37.75
有子女	16.67	15.68	20.88	17.74	19.75	16.56
包容宽容	64.58	58.86	50.12	55.78	59.57	52.32
及时沟通	38.19	42.50	36.19	40.36	41.05	35.76
优越的物质基础	9.72	13.41	21.11	15.42	19.14	13.91
爱情	12.50	17.05	27.84	23.91	21.60	16.56
性生活	2.08	8.41	11.83	10.28	7.41	8.94
父母期望	7.64	3.18	9.05	7.20	4.94	6.62
其他	3.47	1.36	0	0.51	0.62	2.32
总样本数（个）	144	440	431	389	324	302

性格不合、婚外情、家庭暴力是当代青年离婚的主要因素。问卷调查显示（见表18），性格不合、婚外情、家庭暴力、一方有不良嗜好、感情不和方面、两地分居等是导致离婚的主要因素，70、80、90后50%以上普遍反映对方有婚外情是可能导致离婚的首要因素，这也反映

了新时代背景下，人们对婚姻道德的高认可度；其次是对性格不合、家庭暴力等生活状态的低容忍度。事实上离婚者性格不合、婚外情、家庭暴力等离婚的主要因素，印证了受访者可能导致离婚因素的研判。

表18　　　　不同受访者认为可能导致离婚的因素　　　　单位:%

	年龄段			婚姻状况		
	70后	80后	90后	未婚	已婚	离婚
性格不合	51.75	45.88	34.20	35.26	39.30	52.70
对方有婚外情	50.35	51.76	56.77	55.79	60.38	43.92
双方长期两地分居	21.68	16.24	18.29	16.58	14.38	23.31
一方有严重的疾病	2.10	4.71	6.41	6.58	4.47	3.72
家庭暴力	32.87	44.71	48.22	49.47	52.08	30.07
性生活不和谐	6.29	12.94	12.83	12.37	8.63	14.86
一方有不良习气或嗜好	27.97	23.29	27.32	24.47	30.99	21.62
感情不和又没有孩子	16.08	25.18	20.90	21.84	25.24	18.92
不孝敬父母	20.28	25.65	21.85	26.32	25.88	16.55
经济能力差	14.69	9.18	11.88	11.84	6.71	14.86
双方家庭地位变动	4.20	4.94	2.85	2.63	4.79	4.73
其他（请注明）	4.20	0.94	0.48	0.26	1.28	2.36
总样本数（个）	143	425	421	380	313	296

青年人婚姻观的分化与社会对婚姻的包容性趋于显现。青年的婚姻观念日益分化，但是某些传统价值依然植根于人们的心里（见表19）。77.7%的受访者赞成婚姻要"门当户对"，当代青年"门当户对"的内容不完全同于传统价值，他们会包含传统与现代的融合，如文化程度、三观一致、性格投契、家庭背景等因素，虽然还成为现代婚姻观的基础，但是从问卷调查情况来看，青年人对婚姻观的认知已经出现较大程度的分化，61%的受访者认为婚前同居是可以接受的，以"传统—现代"的观察视角，文化程度较高且更年轻的青年人、城镇的男性是建构"婚姻现代性"的主体，不断打破对现有婚姻观念的束缚。

表19　　　　　受访者对有关婚姻看法的态度　　　　　单位：个

	赞成比例（%）	很赞成	有点赞成	不太赞成	很不赞成
婚姻要门当户对	77.7	336	439	179	62
结婚是两个人的事	55.4	334	267	319	94
婚姻讲究男主外女主内	46.5	177	368	359	111
不结婚压力大	46.9	157	363	338	154
结婚是搭伙过日子	39.9	136	281	375	220
恋爱和婚姻没有必然联系	36.4	153	256	395	207
婚前同居是可以接受的	61.0	178	430	264	140
重组家庭的婚姻稳定性差	58.5	211	381	336	84

近年来，婚姻的形式也在发展，试婚、裸婚、闪婚、假离婚、同性恋等婚姻形式不断出现。总体而言随着社会发展人们对婚姻具体形式的包容度更强，表20显示，试婚、裸婚等表示明确反对的比例还不到30%，但由于文化差异和人们的接受度等原因，对闪婚、同性恋等婚姻形式持明确反对意见的比例较高（分别占比41.2%、62%），但对违反婚姻基本道德的"假离婚"大家表示反对的共识度较高（68.9%）。具体而言，不同类型的受访者对新的婚姻形式存在认识差异，相比而言女性更不愿意裸婚，越年轻、文化程度越高、居住在城镇的青年人更愿意尝试接受新的婚姻形式，而有宗教信仰的受访者更愿意接受传统的婚姻方式。

表20　　　　受访者对不同婚姻现象看法的分布情况　　　　单位：%

	支持/认同	中立/可以接受	反对/无法容忍
试婚	19.9	52.3	27.8
裸婚	17.6	57.2	25.2
闪婚	11.8	47.0	41.2
假离婚	4.8	26.3	68.9
同性恋	8.5	29.5	62

3. 离婚观

社会对离婚的态度总体开明、"不鼓励也不歧视"。问卷调查显示（见表21），不同受访者对离婚的态度已经抛弃了传统负面印象，有44.9%的受访者认为"离婚是件不光彩的事情"，75.5%的受访者认为"貌合神离的婚姻与其维持不如解体"，说明离婚作为个体的自由已经深入人心，社会舆论对离婚也不会贴上消极的标签，但还是有60%的受访者认为"能不离婚就不离婚"，83.5%的受访者认为"离婚对孩子的影响最大"。深入分析发现，总体上越容易现代化的人群对婚姻的个体自由越崇尚。

表21　　　　　　　受访者对不同离婚看法的分布情况　　　　　　　单位:%

	很赞成	有点赞成	不太赞成	很不赞成
离婚是件不光彩的事情	16.2	28.7	39.1	16
离婚是人生最大的一次"破产"	21.1	34.7	32.6	11.6
貌合神离的婚姻与其维持不如解体	34.4	41.1	18.9	5.5
离婚对女方的影响更大	27.3	40.4	23.5	8.8
能不离婚就不离婚	21.7	38.3	29.9	10.1
离婚对孩子的影响最大	59.1	24.4	11.9	4.6

婚外情、性格不合、家庭暴力是导致离婚最主要的潜在风险。问卷调查显示（见表22），80后、90后受访者对于婚姻最主要风险认为是"对方有婚外情"（分别占比51.76%、56.77%），其次是"性格不合"（分别占比45.88%、34.20%）、"家庭暴力"（分别占比44.71%、48.22%）等，而不孝敬父母、一方有不良嗜好、感情不和又没有孩子、双方长期两地分居也占有一定比例。从受访者年龄趋势来看，越年轻的青年人越不能容忍对方有婚外情和家庭暴力，反而对性格不合、两地分居、经济能力差等比稍年长青年人更有忍耐力。而从婚姻形式比例来看，已经离婚者认为性格不合、经济能力差是可能导致离婚的最主要风险。此外女性家庭地位的上升也是导致离婚的重要因素，在受访的离婚当事人问卷调查发现，女性提出离婚的比例显著高于男性。

表22　　　　　　　不同受访者认为可能导致离婚的因素　　　　　单位:%

	年龄段			婚姻状况		
	70后	80后	90后	未婚	已婚	离婚
性格不合	51.75	45.88	34.20	35.26	39.30	52.70
对方有婚外情	50.35	51.76	56.77	55.79	60.38	43.92
双方长期两地分居	21.68	16.24	18.29	16.58	14.38	23.31
一方有严重的疾病	2.10	4.71	6.41	6.58	4.47	3.72
家庭暴力	32.87	44.71	48.22	49.47	52.08	30.07
性生活不和谐	6.29	12.94	12.83	12.37	8.63	14.86
一方有不良习气或嗜好	27.97	23.29	27.32	24.47	30.99	21.62
感情不和又没有孩子	16.08	25.18	20.90	21.84	25.24	18.92
不孝敬父母	20.28	25.65	21.85	26.32	25.88	16.55
经济能力差	14.69	9.18	11.88	11.84	6.71	14.86
双方家庭地位变动	4.20	4.94	2.85	2.63	4.79	4.73
其他（请注明）	4.20	0.94	0.48	0.26	1.28	2.36
总样本数（个）	143	425	421	380	313	296

"缺乏家庭责任"与"结婚太草率"是对离婚现象增多的主要认知。问卷调查显示（见表23），缺乏家庭责任感、结婚太草率、婚外情太多是所有受访者认为当前离婚现象增多的最主要原因，从年龄来看，70后更倾向于归咎于缺乏家庭责任感，80后归咎于婚外情，而90后更归咎于"结婚的随意性"；而离婚者更愿意把社会离婚现象增多归因于"离婚手续的简单"等，因此不同的受访者对离婚原因的解读会有较大偏差。

表23　　　　不同年龄段及不同婚姻状况受访者认为离婚
　　　　　　　　　　　现象增多原因　　　　　　　　　单位:%

	年龄段			婚姻状况		
	70后	80后	90后	未婚	已婚	离婚
社会太宽容	13.19	9.55	9.98	10.80	10.19	9.60

续表

	年龄段			婚姻状况		
	70后	80后	90后	未婚	已婚	离婚
结婚太草率	42.36	52.73	52.67	55.78	50.00	46.69
离婚手续简单	17.36	8.86	7.89	8.23	6.48	14.90
婚外情太多	31.25	32.95	26.45	28.28	34.88	26.82
缺乏家庭责任感	47.22	46.36	42.69	42.93	51.85	40.07
婚姻期望值过高	29.86	30.00	31.09	28.28	32.10	31.46
双方父母参与过度	13.19	20.91	22.74	21.59	20.68	19.21
经济基础不牢靠	12.50	15.45	12.53	13.88	16.05	11.26
孩子教育分歧大	7.64	6.14	8.12	7.46	8.02	5.96
爱情观婚恋观错位	10.42	15.91	24.13	23.39	16.98	14.24
双方不宽容	23.61	22.73	17.87	17.99	24.38	20.53
个人太自由	6.94	5.00	6.03	5.91	4.94	6.29
其他（请注明）	3.47	2.50	1.16	3.08	0.93	1.99
总样本量（个）	144	440	431	389	324	302

（二）个性强、父母干预、社会变迁太快是离婚的主因

除离婚观念比较淡化外，社会上离婚现象的增多还与80、90后群体的独立性差，家庭因素干扰多，社会变迁超过人们心理适应等有明显关联。主要表现在如下几点。

1. 80、90后自我意识较强与对家庭婚姻生活独立较差存在深刻矛盾

80、90后是中国计划生育政策实施后具有鲜明特点的一代青年群体，由于计划生育政策使得原有家庭的生命历程发生了重大改变，原有菱形或复合型的家庭关系模式只剩下三角形的固定模式，这样使得在家庭内部、上下代之间缺乏回旋的余地，倒金字塔式的家庭人口结构使得从80后开始处于家庭关注的唯一焦点，造成这一代群体普遍自我意识强，利己倾向明显，"小皇帝"心态突出，同时由于家庭日常生活照顾模式，他们的日常家庭生活缺乏生活个体经验，万事有父母拿主意，因此在组建成新的小家庭时，个体与家庭之间的关系还

停留在原有的家庭格局之中,缺乏共同维护小家庭的意识与能力,导致婚姻家庭矛盾最容易、最方便采取离婚的方式加以解决。

2. 父母在子女婚姻过程中"涉水太深"、干涉太多

"以前80后离婚,父母的影响力太大了,几乎可以左右着他们的意见选择。"80后是中国的独生子女一代,父母与孩子间有着过于亲密的关系,是在父母过度"宠爱"、呵护中成长起来的,导致即使自己的小家庭已经成立,也习惯于父母奉献型的爱,离不开父母的经济、情感支持。即使离婚也不"伤",还有父母强大的后盾。"我婆婆特别强势,家里公公和我老公都是听我婆婆的,老公就是个'妈宝男',他妈说什么事情,不论对错,他都按照他妈的意思来。我是医生,怎么喂养孩子还得按照他妈的经验来。遇到如此强势的婆婆,怎么办?按照她的来,惯得孩子不像话,如果老公偶尔帮我说句话,她就吵架,大骂他儿子翅膀硬了,我真是受不了。"而工作人员在协调中向男方询问:"你为何要离婚?"得到的回复是:"我妈说了,能过就过,过不了就算了。"工作人员说:"我们现在问的是你自己对你的婚姻持何态度?"得到的回复还是重复着刚才说的话:"我妈说了,过不了就算了,我同意离婚。"最终,两人在离婚协议上签了字,这段持续了不到两年的婚姻就此终结。① 由此可见,父母在其中的影响力过强导致子女夫妻间无法形成独立稳定的生活世界。调查中发现随着离婚率的增高,有些父母也会比较理性,在孩子离婚中持反对意见,但是仅供参考,一般不左右孩子自身的意愿。

3. 社会深刻转型与变迁加大了离婚的风险

婚姻不仅是男女双方的事情,更是社会变迁的过程体现。导致离婚的社会风险主要体现在以下五个方面。

其一,离婚手续简化、隐私性更强。2003年《婚姻法》调整后,离婚更加尊重当事人意思表示,办理程序进一步简化,结婚取消了婚前体检、单位证明,离婚少了很多外在的约束。新《婚姻法》规定,男女双方自愿离婚的,准予离婚,婚姻登记机关依据双方自愿签署的

---

① 案例来源于笔者调查访谈。

离婚协议，发放离婚证，办理离婚登记时，婚姻登记员只有审查当事人是否具备离婚条件的权力，调解功能较弱。因此离婚法律手续的简化推动了婚姻快速解体。

其二，社会观念鼓励个性化。当前，年轻人对婚姻质量的期望远远高于父辈，但是婚姻经营的能力与较高需求期望不能匹配，一旦婚后的生活现实与婚前理想的产生较大的差距时，离婚是便捷的解决方式。另外，青年初婚年龄推迟，同居、试婚成为婚前生活常态，部分青年因未婚先孕草率结婚的情况增多，婚前感情不深，双方了解不够，为不稳定的婚姻生活埋下了导火索。笔者曾访谈过一位1995年从事美容行业的小姑娘朱某，她说："我跟前夫认识不到10天就同居了，当时小，啥都不懂，很快就怀孕了，不知道咋办，就去医院流了。后来不到半年又怀上了，想想上次人流太疼了，朋友也说流产对身体不好，我不想再流了，就逼着他给家人说，然后就结婚了。结婚后发现他在家不仅好吃懒做，在网上打牌、赌博，竟然还在网上借贷，追债的电话都打我这了，气死我了，就离婚了，孩子跟着我过。"

其三，导致离婚的外界诱惑太多。经济发展、社会流动，互联网的快捷便利，使很多年轻人面临外界各种诱惑，难以自控，婚内出轨。在农村调研发现，很多外出到深圳、广州打工的年轻人，瞒着老公或老婆，在外与他人同居，返乡后离婚。也有不离婚的，两边欺瞒。还有很多两口子一起外出打工，出去之后就各奔东西了。流动社会，亲密关系的可变性、不确定性大大增强。

其四，科技导致人际沟通的异化。随着互联网渗透生活的每一个角落，手机支付、手机视频、网聊、手游等，互联互通的网络已经成了人们生活的一部分，科技发展结果带来的却是夫妻间缺乏真正的感情沟通和了解，双方感情脆弱，有的在这种感情中动荡摇晃甚至破裂。曾有媒体报道，夫妻吵架离婚的焦点是手机，离婚当事男方喜欢甚至沉迷玩"微信"等聊天软件，不做家务，不管孩子，妻子对此很生气，两人经常为此吵架然后一发不可收拾。新科技除正在改善人们的生活外，还会由于处理不当造成科技的负面作用，如手机影响夫妻双方沟通不畅导致离婚就是明显的例子。

其五,"女比男强"致使天平失衡。随着经济社会发展和妇女解放,女性的经济地位和社会地位也了显著提升,导致一些家庭中出现"女比男强"的现象,这使"男主外女主内"的传统认识发生改变,一方面丈夫继承了传统观念,认为家务事就应该是妻子来做;而另一方面女性也参与了社会就业,是家庭经济基础的一部分,认为家务是和老公共同分担的。在这些"女强人"背后的离婚事件中,男人没有尊严感与认同感是导致离婚最重要的因素,"女强人"背后男人地位的心理落差与社会的认同,导致男方的心理的矛盾煎熬与冲突,如果个体不能很好地"调适"并适度改变双方的行为态度,婚姻的天平容易失去平衡并导致婚姻关系的解体。

四 陕西青年群体离婚对个人、家庭和社会的影响

绝大多数专家认为,看待离婚率要综合考虑文化环境、社会变迁、家庭稳定、个体自由幸福等多层面因素,"离婚的现代性"在不同历史时空、文化背景下并没有统一的离婚评判标准,打着"个体解放和自由旗号"的社会运动并没有充分考虑在个体、家庭和社会等多个层面的影响,也没有考虑到各方接受理解的程度。

(一)调查发现

事实上大家得到的共识是,适度的离婚率对个体、家庭和社会都是有益的,不能笼统地把离婚说成一件坏事,通过离婚男女双方婚姻自由观念提高,女性独立意识增强也反映了社会进步和文明。离婚能够使婚姻当事人从失败的婚姻中解脱出来,重获自由,开始新的生活。但"高离婚率"肯定是有问题的,它会对个人生活造成困扰,带来很多新的问题和痛苦。离婚虽然是一对夫妻的个人行为,但却影响了一个家庭的运转状态,对众多当事人的家庭和子女都会产生较大的影响,也不利于社会良性运行发展。从中国具体的离婚率看,"离婚率过高"已经成为大家的普遍共识,从陕西省情况来看,由于离婚率总体在全国属于中等偏后水平,高离婚率对陕西省造成的影响虽没有北京、上海等发达地区那样明显,但一些负面效应已经显现。

问卷调查发现,在不同年龄段及不同婚姻状况受访者认为离婚可能产生的负面影响的分布情况来看（见表24），80后、90后受访者认为离婚所造成的影响排在第一位的是"孩子心理容易出问题"（分别占比51.49%和47.21%），其他依次为对婚姻不信任（分别占比48.51%、46.28%）、个体挫折感与失败感（分别占比40.96%、40.23%）、孩子容易走上歧途（分别占比39.59%、41.86%）、家庭责任感不足（分别占比29.52%、36.98%）。不同年龄段受访者之间总体没有明显差异，且离婚者相比已婚和未婚受访者，表示对婚姻不信任的比例更高，由此可见，离婚对婚姻本身和对孩子的伤害都非常大。

表24　不同年龄段及不同婚姻状况受访者认为离婚可能产生的负面影响　　单位：%

	年龄段			婚姻状况		
	70后	80后	90后	未婚	已婚	离婚
经济生活困难	18.06	13.73	15.81	14.91	12.35	18.79
个体挫折感与失败感	26.39	40.96	40.23	42.42	36.11	36.24
孩子心理容易出问题	46.53	51.49	47.21	46.27	58.02	42.62
社会风气变坏	20.83	19.68	15.35	16.71	21.30	16.11
孩子容易走上歧途	41.67	39.59	41.86	41.39	47.22	33.22
增加了社会不稳定因素	20.14	14.19	18.84	18.77	16.05	15.77
对婚姻不信任	37.50	48.51	46.28	49.87	42.59	44.63
家庭责任感不足	46.53	29.52	36.98	33.16	37.96	34.56
其他（请注明）	2.78	4.81	1.63	3.34	2.47	3.69
总样本数（个）	144	437	430	389	324	298

（二）离婚的不良社会影响与潜在风险

离婚一定程度上是社会的进步，但过高的离婚率对个体、家庭、社会将带来不良影响，也会对社会发展带来的潜在风险。在个人、家庭和社会三个层面，从问卷情况来看大多数受访者认为离婚对个体和家庭的影响大于对社会的影响（见表25）。

表25 受访者认为离婚对个人和家庭、社会的负面影响程度的分布情况

	对个人和家庭的负面影响		对社会的负面影响	
	频次	百分比（%）	频次	百分比（%）
非常大	233	23.0	104	10.3
比较大	465	45.9	290	28.7
一般	177	17.5	351	34.7
不太大	58	5.7	122	12.1
不大	28	2.8	69	6.8
说不清	53	5.2	76	7.5
总样本数（个）	1014	100.0	1012	100.0

（三）离婚对夫妻双方个人的影响

离婚对夫妻双方来说是一把双刃剑，有的离婚能使双方解脱，开始新的人生旅途；有的冲动离婚会对双方造成很大的伤害，即使复婚，婚姻产生的裂痕也很难完全消除。对于大多数离婚者而言，离婚无论在心理上还是生活中，对双方所造成的伤害都是无法弥补的。

离婚对婚姻双方造成感情伤害。离婚使当事人对婚姻失去信心，产生心理阴影。对于绝大多数离婚者而言，一些年轻人无论多么努力，多么富有和成功，终究无法弥补家庭婚姻的失败。离婚对女方的伤害相对更大。调查对象中65.8%的比例认为离婚对女性的影响更大。研究表明，离婚对于女性造成的创伤要超过丈夫，因为离异男性更容易选择较年轻的女子包括未婚女子为妻，而女性则没有这个优势，离婚女性再婚面临的困难多，选择空间小。因此，离婚给她们带来的挫败感、孤独感、伤痛感持续的时间会更长。离婚对当事人心理健康产生不良影响。近年来青年离婚现象的不断增多，离婚对当事双方心态的影响已经成为社会关注的热点。调查显示在离婚案件中，很多女性在行动上迈出了勇敢的一步，她们冲破了传统婚姻家庭观念的阻力，率先提出离婚，追求人格的独立，重新寻求美满婚姻生活。但大环境的影响，让她们难免会受到自身以及旁人施加的传统道德压力，或多或少把离婚看作自身经历的"污点"，强大的精神压力会阻

碍她们去寻找新的幸福。离婚不仅会给妇女的心理造成创伤，生活带来不良影响，同样也会给男性带来负面影响。男性离婚后心理调适不当，更易于产生酗酒、不思工作、抑郁甚至自杀倾向，严重影响心理健康。青年离婚容易造成生活混乱。青年群体中占56.3%的比例认为离婚是人生最大的一次破产，会让人产生极大的挫败感。调查中31.4%的人群认为离婚会产生个体挫折与失败感。

（四）离异家庭给子女带来的负面影响

父母离异会对未成年子女的身心健康带来极其不利的影响，这是无论当事人还是全社会都非常认同的问题。调查对象中87.2%的比例认为离婚对孩子的影响最大。由美国实验中心、美国婚姻家庭教育联合会、美国价值观研究所共同撰写的报告《为什么婚姻重要——美国社会科学研究的21个结论》指出：在单亲家庭中长大的孩子，后来发生非婚生育和遭遇离婚的可能性高于完整家庭的孩子——在单亲家庭中长大的女孩做未婚妈妈的可能性高3倍，单亲家庭的孩子后来的离婚率高两倍。[①] 美国心理学家麦克尔说过：夫妻离婚给孩子带来的创伤仅次于死亡。

父母离异对子女健康成长会造成严重的影响，这些影响体现在如下方面。父母离异对子女造成的心理障碍。健康的心理对孩子的健康成长至关重要，对孩子的身心发展、甚至整个生命活动起到主导作用，是孩子个性全面发展的基础和关键。调查中显示，一般而言，离婚家庭会给孩子带来一系列问题：一是孩子们对父母的离婚行为很无奈，产生沮丧和怨恨心理。二是父母离异后，分别生活在不同的地方，对孩子的关注减少，容易使孩子蒙上心理阴影，并影响其心理和性格健康发展。家庭的破碎和爱的残缺，使单亲家庭孩子缺乏必要的关心与约束，会出现比如叛逆、散漫、怯懦、高傲、冲动、封闭等不健康心理，对亲人甚至社会产生仇恨心理，容易发生社会失范行为。父母离异对子女造成的学习障碍。在离异家庭中，父母在离婚前的冷

[①]《为什么婚姻重要——美国社会科学研究的21个结论》，http://www.360doc.com/content/17/0417/14/2646494_646288013.shtml。

战、争吵，甚至打骂，以及离婚后双方关系的冷淡，使得孩子忧心忡忡，无法安心学习。离异家庭孩子犯罪现象增多，青少年犯罪率逐年攀升，原生家庭是离异或其他不健全家庭的孩子所占比率较高。英国心理学家波尔特调查后发现："58%的品德不良的少年来自缺损的家庭。"离异家庭的孩子在失去家庭的温暖，被周围人群戴上有色眼镜看待，心灵敏感易受伤害，一旦沾染社会上的不良习气，容易被诱导走上犯罪道路。

（五）离婚所引发的社会问题和治理风险

离婚是个体行为，从积极的方面它反映出人们敢于摆脱不幸婚姻的枷锁，大胆地向往婚姻自由，追求婚姻质量。但离婚作为一种社会现象，当离婚率的上升从数量的变化到质的变化，它不仅会影响家庭的和谐以及子女健康成长，还对社会治理带来潜在的风险。高离婚率容易引发严重的社会问题，如单亲孩子的教育问题、再婚问题、青少年违法犯罪的增加等都与离婚问题有直接或间接的关系，由此造成的家庭不稳定也会给社会带来极其不利的负面影响，不利于和谐社会的建设。

高离婚率导致了社会的不和谐。和谐家庭是和谐社会建设的重要组成部分，家庭和谐是社会和谐的基础。没有家庭的和谐，社会的稳定和发展失去了存在的根基。而婚姻问题会激化家庭内部的矛盾，推向社会，成为社会不稳定的因素。高离婚率问题破坏了家庭制度，与当前社会主义和谐家庭建设所倡导的尊老爱幼、男女平等、夫妻和睦等内容不相适应。青年是社会的主要劳动力群体，如果这一群体的婚姻家庭问题得不到妥善解决，就会衍生出很多社会问题，不利于和谐家庭建设，干扰社会正常运转，阻碍和谐社会的发展进程。

单亲家庭子女教育问题。离婚导致单亲家庭增多。原生家庭环境对孩子的成长影响深远，在同样的社会环境和学校环境中，离异家庭的孩子更容易患心理疾病。完整、健康的家庭，来自父母双方的关爱，是孩子有效社会化、安全感、幸福感的源头。丧失这一安全的环境，孩子受多种不良因素影响容易走向歧途。据有关部门调查：离异家庭的青少年犯罪率比正常家庭青少年犯罪率高2倍以上，这说明离婚所引发的单亲子女教育问题已经成为社会稳定发展的一大难题。研究表明离婚家庭成长起来的孩子成年后的离婚率也比较高，对个体家庭发展的消极影响深远。离婚引发社会治安案件增加，并有可能使部分家庭纠纷上升为刑事案件。很多媒体报道一些婚姻案件双方当事人矛盾比较激烈的时候，还可能引发一些刑事案件，如杀人、伤害、侵占财产，甚至同归于尽等等过激行为，使不良事件最终演变为恶性违法犯罪案件。

再婚家庭的不和谐。虽然离婚是个人生活中的危机，离婚在婚姻解散的同时也会创造新的可能性。由于离婚人口的增多及人均寿命的延长，人的一生中多次婚姻的可能性大大增加。伴随着离婚率的不断提高，再婚家庭的数量也逐渐增多。再婚作为两个家庭的重组并不是一件简单的事情，存在着各种复杂的问题，包括复杂的家庭关系和经济关系。不同家庭的父母出于情感、利益的需要，连同双方子女重新组合成新的家庭。再婚后，本来复杂的家庭与婚姻关系变得更加复杂。而往往继父母与继子女之间的关系、再婚者与前配偶之间的关系是再婚家庭中最难处理的关系。所以再婚家庭的关系比一般家庭敏感、脆弱，抗挫折能力较差。另外再婚容易发生财产纠纷。上一次婚姻遗留下来的经济义务导致了再婚很多复杂的经济问题。如果双方不能妥善处理这些经济问题很容易再度导致家庭不和、再婚婚姻破裂、子女争家产等婚姻家庭问题。

因离婚返贫。尽管国家提倡婚事从简，反对铺张浪费，但现代社会，结婚一般都要花数万元，据媒体报道，陕西省部分农村普遍存在"天价"彩礼的现象，在部分农村地区几十万元的彩礼已经成为约定成俗的规矩，天价彩礼不仅要花掉婚姻当事人及父辈的所有积蓄，有的还为此债台高筑，甚至一些人连结婚的欠账还未还清而婚姻却走到了尽头，使本已经济困难的家庭雪上加霜。外出打工造成的留守孩子、单亲孩子的问题又衍生出很多社会问题。

五　正确引导青年群体婚姻现象的对策建议

离婚率不断攀升，负面影响日益显现，社会各界开始采取有效措增强稳定婚姻,降低离婚率。在一些经济发达国家如韩国政府强制实施"离婚熟虑制";日本把女性结婚法定年龄提高两岁以求稳定婚姻;美国作为世界上离婚率最高的国家之一,为了降低离婚率政府设置了"等候期",时间为6个月;英国设置了"反省期",时间更久,为9个月。离婚问题是非常复杂的社会问题,离婚问题的治理在坚持"离婚自由"精神下,需要通过个体、家庭、社会的多方共同参与,不仅要对个人加强心理调适和疏导,提高处理家庭问题的能力与水平,社会还要加强青年群体的婚姻观宣传与引导,并建立婚姻干预的有效机制与落地途径,强化对婚姻登记机关从单一的婚姻登记扩展对婚姻有效干预,提高婚姻登记工作人员专业化能力,完善婚姻登记机关的职责功能,以有效遏制高离婚率的继续蔓延。主要对策政策有以下五点。

(一)强化婚姻咨询服务机构的"缓冲"功能

目前,中国专门从事婚姻家庭指导与咨询服务的机构较少,大多数人认为离婚是个人的私事,被看作重大个人隐私,一般用自我封闭的心态处理婚姻中出现的变故。事实上,在很多情况下,离婚当事人往往处于孤立无援的状态,因此,相关部门应高度重视并积极开展对婚姻家庭指导工作的研究,组建由专业心理工作者成立的专门婚姻指导机构,对人们的婚姻关系进行有效的指导。在对婚姻当事人进行婚前教育的同时,还要对离婚人员进行指导并加强社区辅导功能。对离婚后如何对待子女的教育问题上,应由离异的双方共同承担责任。通过社会辅导机构对离婚夫妻进行感情调解,让正在准备离婚的夫妻共同参加活动,通过活动寻找过去的感情等,可以有效化解一些夫妻矛盾而减少离婚。充分发挥现有婚姻家庭咨询服务机构的作用,对前来办理离婚的婚姻当事人进行心理疏导,提供夫妻关系调适、家庭关系调解、婆媳关系调适、父母角色教育、亲子教育等全方位婚姻家庭咨询与辅导,及时化解夫妻矛盾、家庭矛盾,使他们能够正确处理婚姻家庭关系,针对冲动型婚姻特别是冲动型离婚的当事人设置缓冲区,减少冲动离婚。对确实无法继续婚姻生活的当事人,引导其正确处理婚姻家庭问题,冷静处理婚姻关系,防止过激行为互相造成伤害,促进家庭和谐、社会稳定。

（二）政府加大投入购买专业化公共服务

婚姻问题从来都不是一个婚姻关系的有无问题，它涉及家庭经济能力提升，家庭角色调整，社会政策干预等多个方面的内容，增强婚姻家庭抵抗外部风险和压力的能力，需要政府和社会的关注和支持。现有婚姻家庭咨询服务机构大多数工作是由志愿者完成的，缺乏可持续性。政府应该加大投入，通过购买服务等手段募集专业的婚姻家庭辅导机构、律师或社会工作师等专业人员，一方面进入社区建立调解婚姻家庭关系的组织，以社区作为婚姻教育和服务的实践空间，进行和谐家庭建设的宣传教育，消除婚姻中不稳定因素，提高夫妻双方互爱的能力和婚姻经营能力。另一方面关口前移，在婚姻登记处做实做牢结婚前的婚姻家庭指导服务，增加和谐家庭的基础。同时定期对婚姻登记员进行业务培训和经验交流，弥补现有人员不足与素质不高的问题，提高专业服务能力，使工作人员从离婚登记规范化工作，到提升离婚干预能力，把高离婚率带来的负面影响降到社会和个人可接受的范围。

（三）加强正确婚恋观与家庭观的教育与引导

加强婚恋观和家庭观教育，有组织有计划使其进入社区，进行和谐家庭建设的宣传教育。尤其要加强关注低龄化青少年婚恋观的教育，聘请专业的婚姻家庭咨询师进入中学分阶段进行宣讲，帮助中学生树立正确的婚恋观，提高情感调适能力；同时在全省大学设置婚姻家庭选修课程，针对当前青年婚姻观念淡薄、家庭责任感差、道德评价模糊等问题常态化开展婚前教育和辅导，引导其树立"忠诚守信、平等互敬、宽容礼让、齐家兼爱"的婚姻道德观念，帮助青年人树立科学健康的婚姻家庭观，学习妥善处理婚姻矛盾的态度方法。

（四）增强婚姻家庭抵抗外部风险和压力的能力

青年群体的高离婚率是社会转型时期婚姻家庭关系变化的缩影和集中反映。青年群体高离婚率的背后蕴含作为社会细胞的家庭的高不稳定性，在此过程中，需要重塑组织以及文化等社会约束机制。在当今时代变革的背景下，政府、社会应高度关注和支持家庭建设，通过舆论宣传的引导作用，引起政府、社会以及青年群体自身对离婚率攀升的足够重视。首先，提升家庭发展能力，实践家庭教育，建设和谐家庭为宗旨，婚姻稳定为取向的家庭发展政策；其次，增强青年群体的社会和家庭责任感，增进婚姻主体的福利和满足，努力提高婚姻生活质量，增强家庭本身抵抗外部风险和压力的能力；最后，政府与社会通过多种手段为提高婚姻质量提供具体的指导或创造支持性的条件，让这一群体从婚姻生活的内部去发现提高婚姻质量、稳定婚姻的有效途径，满足更多人实现婚姻及幸福生活的需要，增强婚姻的高稳定性。

（五）加强婚姻登记机关标准化配置建设

要健全婚姻登记机构，改善婚姻登记机关办公环境，按照国家《婚姻登记机关等级评定标准》设立婚姻登记候登区、结婚登记区、离婚登记室、婚姻家庭咨询室、结婚办证大厅、档案室等登记服务区域。在现有事业单位人员招募的基础上，增设婚姻登记人员招募类型和数量。优先录取有婚姻家庭培训资格的社区工作人员进入婚姻登记机构。建立市、区县两级婚姻登记人员定期培训制度，定期对婚姻登记员进行业务培训和经验交流，不断更新业务知识，提升执法水平和业务能力，提高服务质量。

据实地了解，有些离婚登记处设在政务大厅保护当事人隐私不够，部分地区结婚、离婚登记处都设在政务大厅，结婚、离婚在一起办理，当事人的隐私透明化，意见较大，也不利于开展婚姻调解工作。对于部分冲动型离婚的当事人，也没有条件开展调解工作。同时，一些地区由于婚姻登记地离居住地太远不方便，而将婚姻登记下放到乡镇，不仅增加了婚姻登记规范化管理的难度，同时这些地方大多不符合离婚调解的条件环境，导致难以保护离婚当事人的隐私。建议对目前设在政务大厅不利于保护当事人婚姻隐私的登记机关，及时协调争取多方支持，保证婚姻登记机关有一个相对独立的办公场所，最大限度保护婚姻当事人个人隐私，为群众提供温馨和谐的登记氛围。

综上所述，青年离婚率随着经济、社会的高速发展在一个较长时期内可能还会继续增长，这一方面与青年群体的成长经历和生活环境息息相关；另一方面也与经济社会发展进程中婚姻家庭文化的变迁紧密相连。婚姻家庭是一个多维度的综合体，其健康发展需要家庭及其每个成员共同建设，同样也需要政府、社会等的多方参与，探索在当前和谐家庭建设背景下提高家庭处理问题的能力，稳定婚姻、建设新的婚姻家庭文化与和谐家庭的有效干预路径，以有效解决因离婚而产生的各类社会问题，维护家庭与社会的和谐、有序发展。

第三节　结论：青年高离婚率背后的影响因素

通过青年离婚人口的全国性统计数据、民政部关于离婚情况的统计公报、2019年全国青年婚恋情况数据以及陕西省80、90后青年离婚问题调查数据，研究发现，改革开放40多年以来，全国离婚率不断攀升，80、90后离婚风险不断增加，从离婚人口的年龄结构看80后是离婚的高风险人群，90后由于年龄的原因，最大的刚步入而立之年，最小的才刚20岁，对于其中的男性还不到法定结婚的年龄，加上青年初婚年龄的推迟，故90后群体离婚率低于70、80后。但是未来90后将可能是潜在的离婚高风险群体。影响离婚的因素较多，综合各种观点来看性格不合、兴趣差异、生活方式差异、家事暴力、一方的不良嗜好、结婚草率等是青年离婚的直接原因，这也与改革开放以来80、90后青年性格的突出特点密切相关。从间接原因看，社会支持度、配偶同质性、积极互动方式、婚龄时间、初婚年龄、文化程度等都对婚姻稳定有显著的影响。

一　影响青年高离婚率的主要因素

面对中国总体离婚水平的上升，一些学者们开始注意从个人或微观的角度去识别高离婚风险的人口群体。这里，我们将从人口的自然属性、婚姻特征以及其他社会面貌等方面，对离婚人口进行结构分析，进一步推断中国已婚人口中未来可能的离婚者，即确认所谓的高离婚风险的人口群体。

首先，从人口自然属性分析。性别和年龄是人口最主要的自然属性，离婚率的性别差异和年龄区别是人口社会学家关注的热点。从性别来看，中国已婚女性人口表示愿意中止现存婚姻关系的比例远远高于男性。最高人民法院提供的资料显示，20世纪80年代以来，经法院系统审理的全国离婚案件中，由女方提出离婚的约占全部离婚案的70%左右。由此可见，对现存婚姻表示不满的主要是妻子方面，她们已经从传统的"从一而终"社会伦理观念摆脱出来，并用离婚的权利去追求幸福的婚姻。另一方面，中国离婚人口出现低龄化。1986年全国离婚案例中，离婚当事人的年龄在26—35岁之间的占60%以上。① 上海、西安、天津、广东湛江和湖北黄陂等地举行专门抽查表明，35岁以下离婚者约占离婚总对数的2/3。② 不过，第四次人口普查资料显示，中国离婚人口似乎正从低龄向中龄过渡，年龄在35岁以下的若干组离婚人数只占离婚总数的31.6%，而年龄为35—44岁的两组离婚人口已占24.5%，离婚的高峰年龄组也移至35—39岁，该组的比重达到13.6%。最近一项离婚研究也发现，中国男女离婚时平均年龄分别从20世纪80年代初的34.4岁和31.2岁上升为90年代初的35.8岁和33.2岁，分别提高了1.4岁和2岁。③ 以上统计资料说明，如不考虑人口的其他特征，已婚的青年女性人口一般具有较高的离婚风险。

其次，从离婚者的婚姻维系年龄和结婚状态观察。据了解，全国各地约有70%离婚者的婚姻都是在5年以内破裂的，④ 来自辽宁、陕西、上海、安徽等省份的1980年及以后出生的1932位流动人口青年监测数据，采用多项Logistic Regression分析模型，因变量为是否有离婚想法，自变量包括人口变量、流动迁移变量、家庭经济变量、建构婚姻路径等19个变量，研究认为"闪婚"以及与长辈同住家庭对离

---

① 徐安琪、叶文振：《中国离婚率的地区差异分析》，《人口研究》2002年第4期。
② 张敏杰：《中国当前的离婚态势》，《人口研究》1997年第6期。
③ 曾毅等：《中国80年代离婚研究》，北京大学出版社1995年版，第16、20、92页。
④ 沙吉才等：《改革开放中的人口问题研究》，北京大学出版社1994年版，第434—449页。

婚意愿有显著影响。① 从初婚时间观察，（CFPS2010）有效研究样本为25853个，其中初婚后离婚的样本数量为743人。采用Cox比例风险模型开展研究，因变量为是否有初婚后解体史（二分变量）以及初婚后解体持续时间（连续变量），自变量为双方教育、户籍、初婚年龄差、时间周期、孩子数量、婚前同居史、与父母同住等。研究表明，历史进程影响着婚姻稳定性，尤其是改革开放以来婚姻稳定性风险不断加剧，初婚存续时间周期不断缩短；与传统文化习俗与认知的异质性越强的婚姻组成稳定性越低；生育子女有利于婚姻的稳定性，而与长辈同住显著加剧离婚风险。②

再次，从夫妇双方的文化程度观察。文化程度是个人社会面貌的重要标志，和离婚风险有十分紧密的联系。从文化程度来看，中国离婚率呈U字形分布，即具有大学文化程度的人口和文盲半文盲人口的离婚率都比较高，而中等文化水平人口的离婚率则比较低。但是，当分男女考察离婚人口的文化程度分布时，女性人口离婚率与文化程度呈正相关，即文化程度越高的已婚女性，其离婚概率越大，相反，男性人口离婚率则与文化程度呈负相关，即文化程度越低的已婚男性，越容易成为离婚者。以1990年为例，文盲半文盲的男、女性人口的离婚率分别为1.76%和0.28%，而具有大学文化程度的男女离婚率分别为0.52%和0.8%，高知识水平女性的离婚率比同级学历的男性超出0.28%。③ 2018年全国青年婚恋状况调查结果显示，18—35岁的女青年中受教育程度为大学本科和研究生的比例为58.9%，本科及以上的已婚青年女性比大专及以下女性对待离婚的态度更宽容。在大专及以下群体中，完全赞同和有点赞同"为了孩子永远不该离婚"观念的比例为34.4%，比本科及以上群体的认同比例高出18.3个百

---

① 郭永昌、丁金宏：《带眷青年的婚姻稳定性研究》，《中国青年研究》2015年第5期。

② 彭大松、陈友华：《初婚解体风险变化趋势及其影响因素》，《人口与社会》2016年第3期。

③ 李荣时：《1992年中国婚姻登记状况分析》，《中国人口年鉴》，中国统计出版社1993年版，第231页。

分点。本科及以上群体77.1%完全不赞同和不太赞同"为了孩子永远不该离婚"观念，比大专以下及以上群体的比例高出16.4个百分点。① 教育水平极大地推进了青年婚恋观的改变。

最后，从人口流动情况分析，国家卫生计划生育委员会2014年开展的全国流动人口动态监测研究结果表明，人口流动挤压了互动空间、降低了婚姻质量、强化了婚姻风险，对婚姻稳定性呈显著正向相关，而且城镇流动人口影响程度超过农村人口。② 2017年江苏省流动人口动态监测和补充部分，有效样本为2609份。采取Cox比例风险模型进行分析，因变量为离婚史，自变量为初婚时段、流动类别、婚姻匹配程度，以及性别、民族、户籍、受教育程度、月平均收入等人口变量。研究结论：流动人口离婚模式及其代际差异与社会变迁和社会转型的背景关系密切相关，流动人口特别是2010年后整体婚姻稳定性风险不断增强，但婚后夫妻共同流动、抚养小孩和核心型流动家庭等可以减弱离婚风险。③

二 80、90后群体特征对婚姻稳定的影响

婚姻观是指人们对于男女两性的婚姻关系的基本观点和看法，包括人们对爱情的基本观点、人们对爱人的期望、人们对各种婚姻形式及其变异的看法、人们对性行为的态度等方面的内容。④ 婚姻观作为个人基本观念的一个侧面，直接受个人价值观的影响。因此，对80、90后青年群体的婚姻观分析，可以从其群体特点入手。

（一）后物质主义

后物质主义是罗纳德·英格尔哈特提出的，从宏观社会变迁视角解释代际差异的理论体系，他认为随着社会进入发达工业社会，长期

---

① 刘汶蓉：《当代青年离婚率变动趋势分析报告》，《中国青年发展报告：当代青年婚恋状况、关联政策和服务供给研究》，社会科学文献出版社2020年版，第212页。
② 马忠东、石智雷：《流动过程影响婚姻稳定性研究》，《人口研究》2017年第1期。
③ 彭大松、刘越：《流动人口的离婚风险：代际差异与影响因素》，《人口学刊》2019年第2期。
④ 纪秋发：《北京青年的婚姻观——一项实证调查分析》，《青年研究》1995年第7期。

的政治稳定、经济繁荣和福利政策，促使人们的最优先的价值追求由前工业社会的生存与安全向个人主观幸福及自我表现和政治参与转变，基于这一理论，李春玲对80、90后青年的后物质主义价值观进行了分析，并认为80、90后青年持有的价值观念是中国开启后物质主义转型的起点①；魏莉莉从经济、政治、社会三个维度对80、90后青年的代际价值观转变进行了研究，认为90后相比80后有更强的后物质主义价值倾向，表现在对金钱更低的重视度、自我表达的更高需要以及利他行为的更高参与度②。

从80、90后青年的群体特征分析来看，后物质主义是这一群体突出的价值观表征，从对婚姻观的影响角度具体来看，后物质主义注重个人幸福、自我表达的基本价值观念，理论上会使得这一群体在配偶选择方面更加注重双方的生活方式、基本观念的搭配，婚姻内的性别不平等减弱，而对金钱更低的重视度，会使得这一群体在婚姻选择问题上，更少关注双方的经济问题。目前尚未发现可靠的经验研究在这几个方面对80、90后群体做单独分析，但有一些经验研究从部分侧面印证了可能存在的群体差异。宋健在对青年婚姻和主观幸福的研究中，发现婚姻状态对于主观幸福感的影响在青年（18—44岁）和中老年群体间存在显著差异③，这种差异从理论上讲有两种可能来源，其一是婚姻持续时间差异对主观幸福感的影响；其二是青年在婚姻选择上对个人幸福的强调。钱铭怡等在对中国女性的择偶标准变化的研究中，发现女性择偶对对方修养、人品的要求呈上升趋势，但社会经济地位仍然是择偶中最为关注的条件，且社会经济地位中财产、事业的要求有所上升④，但这一研究并不针对80、90后青年，结果可能受

---

① 李春玲：《静悄悄的革命是否临近？——从80后和90后的价值观转变看年轻一代的先行性》，《河北学刊》2015年第3期。
② 魏莉莉：《青年群体的代际价值观转变：基于90后与80后的比较》，《中国青年研究》2016年第10期。
③ 宋健、王记文：《中国青年的婚姻状态与主观幸福感》，《中国青年研究》2016年第9期。
④ 钱铭怡、王易平、章晓云、朱松：《十五年来中国女性择偶标准的变化》，《北京大学学报》（哲学社会科学版）2003年第5期。

群体差异影响。有一部分研究认为，青年人在择偶时较少关注对方的家庭背景而更重视对方的个人素质，且青年人、文化或职业层次较高者考虑感情因素的概率更高些[1]，这显然支持了青年人具有较强后物质主义倾向的结论。

（二）突出的代际差异[2]

80、90后青年的代际差异体现在两方面，一方面是80、90后与其他代际群体的差异，另一个是80、90后内部的代际差异。就与其他群体的代际差异来讲，由于80、90后青年的成长环境处于中国社会发生大变革的20世纪末，使得80、90后群体相对于其他代际群体来讲，社会化环境的变化最大、最迅速，而群体特征也最明显，突出表现在：社会环境的迅速变化造就了80、90后青年极强的适应能力和接受能力，对于一些反传统、非主流的价值观、态度和行为的容忍度、接受度更高；改革开放以来西方文化对80、90后青年的影响明显更大，它造就了这一群体相对来说更加明显的现代人特征具体表现为：对信息技术设备的更高适应度、对隐私更加重视、更加看重规则而非关系以及更加开放的文化观念等。

80、90后青年内部的代际差异相对较小但客观存在，这种差异来源于其成长所经历的具体社会变迁过程和变迁速度的不同。从社会信息技术发展来看，90后在成长期经历了比80后更加迅速的网络技术的推广和普及过程，因此对网络的接受度和认可度来说，90后应该高于80后。从就业环境和物质生活水平来看，90后面临着比80后更加严峻的就业形势，但由于社会经济水平的发展，90后的物质生活却是有保障的，这种保障来自上代人财富的积累以及越来越完善的社会保障体系。

从80、90后青年代际差异特点的表现来看，80、90后青年对多元化社会的接受度更高，其群体本身也具有更明显的多元化特

---

[1] 徐安琪：《择偶标准：五十年变迁及其原因分析》，《社会学研究》2000年第6期。
[2] 李春玲：《当代青年婚恋模式出现新趋势》，《北京日报》2017年7月10日第14版。

质,这使得这一群体在婚姻态度、性观念等方面具有更为多样化的表征。同时,从经验研究证据来看,社会现代化程度越高,人们的性态度越开放[1],基于80、90后青年更具有现代性特质的价值,我们可以认为80、90后青年群体相对于较年长年龄群体具有更为开放的性观念。这两点有较多的经验研究提供支持,肖武对中国青年婚姻观的研究发现,青年对婚姻基本观念(择偶标准、理论的结婚年龄、同性婚姻问题、对婚姻目的的认知、对特定婚姻现象和观念的认知)的认识存在多样性,且男性与女性的选择存在显著差异[2];卢淑华在对婚姻观的研究中发现,在对性行为是否应以结婚为前提的传统看法上,存在着代际差别,其中青年趋于开放,老年人最为保守,且从纵向变迁来看,代际观念差异逐步缩小[3];纪秋发在对北京青年婚姻观的研究中发现,性禁忌在迅速变迁的社会中已经越来越淡化[4]。

(三)阶层分化和强烈的相对剥夺感

改革开放以来,中国的社会结构经历了非常迅速且巨大的变化,阶层地位逐步明确、阶层边界逐步清晰、阶层利益更加凸显[5],社会精英阶层逐步实现了阶层再生产,非精英阶层向精英阶层的流动性降低[6],精英阶层通过给予子代更多的经济资本投入以提升子代的人力资本水平,非精英阶层个体凭自身努力实现阶层跨越的可能性降低。除了客观上的阶层差距逐步拉大,互联网和媒体的发展,使得精英阶层的生活方式更容易被非精英阶层探知,进一步扩

---

[1] 刘汶蓉:《婚前性行为和同居观念的现状及影响因素:对现代性解释框架的验证》,《社会主义与中国现代化 政治·法律与社会:上海市社会科学界第七届学术年会文集(2009年度)政治·法律·社会学科卷》,上海市社会科学界联合会,2009年。

[2] 肖武:《中国青年婚姻观调查》,《中国青年研究》2016年第6期。

[3] 卢淑华:《婚姻观的统计分析与变迁研究》,《社会学研究》1997年第2期。

[4] 纪秋发:《北京青年的婚姻观——一项实证调查分析》,《青年研究》1995年第7期。

[5] 李路路:《社会结构阶层化和利益关系市场化——中国社会管理面临的新挑战》,《社会学研究》2012年第2期。

[6] 郑辉、李路路:《中国城市的精英代际转化与阶层再生产》,《社会学研究》2009年第6期。

大了社会个体对于阶层差异的主观认知，加强了非精英阶层的相对剥夺感。

这种阶层分化和相对剥夺感在80、90后青年身上体现得更为明显，80、90后青年中最为庞大的两个子群体——青年农民工和大学毕业生是阶层分化的客观表现。虽然在已有文献中并未发现有可靠的实证调查数据支持80、90后青年相对剥夺感较强的结论，但2016年在大学生社交网络中引起普遍关注的《一名非典型985毕业生的大学简史》《我上了985、211，才发现自己一无所有》等①，从一个侧面反映了这种相对剥夺感在这一群体中的普遍性程度。

阶层分化和强烈的相对剥夺感对80、90后青年婚姻观的影响，目前尚未发现经验研究关注这一问题，从理论上讲，中国的男孩生育偏好以及"男高女低"的传统婚配模式造成了男性婚姻挤压，而严重的阶层分化则进一步加剧了这种婚姻挤压现象，使得社会经济地位较低的男性和社会经济地位较高的女性的婚姻选择范围缩小，在中国这一问题突出表现为农村男性所面临的婚姻挤压态势②，因此，80、90后青年最大的两个子群体——大学生和青年农民工所面对的婚姻市场理论上是有差异的，而这种差异在很大程度上会影响两类子群体的婚姻观念，而目前尚没有研究关注这一方面的问题。相较于第一代农民工，新生代农民工受市场经济和网络影响大，对土地和乡土文明的依存度低。2015年全国1%人口抽样调查（见表26），20—40岁之间，城镇男性的离婚率1.9%高于城市男性的1.3%；城镇女性的离婚率2.0%高于城市女性的1.6%；乡村整体离婚比为1.9%，高于城镇的1.7%和城市的1.4%。离婚人口中的青年人比重乡村合计47%，城镇42.9%，都远远高于城市的28.5%。这从侧面反映了流动外出务工的青年较高的离婚率。

---

① 《一名非典型985毕业生的大学简史》，https：//www.douban.com/group/topic/92568857/；《我上了985、211，才发现自己一无所有》，https：//www.sohu.com/a/117969448_503555。

② 果臻等：《中国男性婚姻挤压模式研究》，《中国人口科学》2016年第3期。

表26　20—40岁青年人口的婚姻状况及离婚水平的城乡差异（%）

		城市			城镇			乡村		
		小计	男	女	小计	男	女	小计	男	女
青年人口婚姻状况	离婚	1.4	1.3	1.6	1.7	1.9	2.0	1.9	2.5	1.3
	未婚	37.1	40.9	33.2	27.6	32.4	22.6	28.1	35.0	21.0
	有配偶	61.4	57.8	65.0	70.5	65.6	75.6	69.7	62.3	77.3
	丧偶	0.1	0.0	0.2	0.2	0.1	0.3	0.3	0.2	0.4
总体人口中的离婚者比重		2.3	2.1	2.5	1.6	1.8	1.4	1.4	1.9	0.8
离婚人口中的青年人比重		28.5	28.2	28.8	42.9	43.4	42.26	47.0	44.1	54.4

注：总体人口指15岁及以上人口；离婚人口指15岁以上所有离婚人口。

数据来源：2015年全国1%人口抽样调查。

第四章　质性解读：访谈资料研判

四十多年来社会的发展变迁，中国已经融入了全球一体化的发展轨迹，社会价值观念发生了翻天覆地的变化。这一时代背景下成长起来的 80、90 后青年的幸福观、婚姻观、家庭观都发生了翻天覆地的变化。通过访谈资料的研判，对 80、90 后青年婚姻的社会认知、传统与现代理念影响下婚姻稳定与不稳定交织发展以及青年眼中的婚姻质量进行质性解读。

第一节　青年婚姻的社会认知

社会转型变迁下青年的价值观念逐渐多元化，在就业、金钱、成才、成功方面形成了自己独特的标准和多种不同的模式，婚姻价值也不断变化，随着互联网、大数据等新科技的广泛使用，这一代青年同时生活在现实与网络建构的"虚拟"空间之中，在这种特殊时空里青年建构起新的亚文化在青年流行语、婚恋流行词、青年家庭多元生活形态等众多方面对婚姻有了新的认知。

一　社会转型变迁下婚姻价值的变化

改革开放以来，在社会变迁加剧背景下，受经济体制转型和现代性因素渗透的影响，青年的婚姻关系发生了巨大的变化。从婚姻的外在形式上看，它逐步从传统包办婚姻向自主型转变，当事人的婚姻自由权利意识的崛起，婚姻的传统价值受到冲击，人们的婚姻观念、婚姻行为以及婚姻价值发生巨大变化。这不仅为结婚自由提供了条件，而且也为离婚自由创造了宽松的环境。青年在择偶、婚姻模式、家庭制度以及婚姻行为方面不断发生变化。

现代性和全球化增强了80、90后的自主精神,社会阶层之间的流动性持续增加,社会复杂性增加了家庭生活的多样性,新环境、新文化极大地开阔了视野,从一个地方迁移到另一个地方,双方都需要适应,如果双方适应能力不平衡的话感情就会遇到挑战。而个性化世界中的青年,尊重自我感受,追求生活幸福感和主观满意度就为成为第一选择。安东尼·吉登斯认为有越来越多的人正在寻求他所谓的"纯关系"。在这些亲密接触的关系中,参与者很少考虑或者根本就不考虑社区的规范或他人的期望。[①]

笔者调查过这样一个案例:90后LQM(男)和FH(女)在深圳打工时认识,后来自然发展成了恋爱关系,然后就租房子同居生活在一起了。两个人开始都没打算结婚,觉得在深圳这个地方自己能养活自己就不错了。FH说两人一起生活了3年多,中间怀孕的时候自己有个结婚的念头,但是男方不想,说再攒点钱,回老家买房结婚去,就先把孩子流掉了。后来单位的一个领导追求我,我知道他老家有媳妇,但是他说喜欢我,会照顾我生活,老家的媳妇早晚会离婚。其实他离不离婚我也不关心,我也没打算长久跟他在一起,就想换个环境,当LQM让我把第二个孩子流掉的时候,已经彻底把我们的感情流掉了。

批判社会学家们认为家庭是内在取向的。他们认为,一个社会如果强调家庭的价值倾向于将个人利益置于一个较高的优先地位,并将其凌驾于公众利益之上,当个体被鼓励将其他家庭成员的利益摆在第一位时,那么他们就不得不用诚实、公平、宽容的态度来对待那些属于他们家庭中的人,然而,他们或许并不认为应该用同样的方法和态度来对待那些位于他们家庭之外的人。结果,公共道德遭到破坏,社区几乎没有能力去解决社会问题。独立的核心家庭只对其成员履行功能,而它对于社会而言则是机能失调。

[①] [英]安东尼·吉登斯:《社会学》,赵旭东等译,北京大学出版社2003年版。

第四章 质性解读:访谈资料研判

笔者调查过这样一个案例:1985年出生的小田,是一名医生,跟男朋友在一起五六年了,除了没领"那张纸"外,其他与正常夫妻生活状态一般。她说:"我爸跟我妈在我10岁的时候离婚了,我妈要带着我生活,我爸死活不同意,最后打官司争夺我的抚养权。没过两年我爸再婚了,我成了后妈眼里的'拖油瓶'。后来他们又生了一个儿子,这时候我爸觉得压力太大,不想养我了,又把我还给我妈。我妈也再婚了,得亏她没再生孩子,征得继父同意后,把我'回收'了,但在哪我都有点多余的感觉。这辈子我再也不想见到我亲爸,他不光抛弃了我,还摧毁了我对婚姻的信任,我跟男朋友商量好了不要孩子,不负责任的父母太多,我不想再多我一个。没有孩子,结婚证那张纸更没有啥意义,万一以后过不下去了,我也算没有离婚史。"

婚姻价值的演变与整个社会的多元化发展密不可分,也对青年的婚恋行为产生了影响。在这种注重自我发展的价值观下,人们积极尝试各种婚恋方式来提高婚姻生活的幸福感和满意度,于是也就出现了各具特色的婚姻生活新事象。越来越多的人为了满足他们不断变化的需要和期望而拥有了更多的短期关系,家庭关系的正式结构与个人关系的主观内容相比已经变得不那么重要了。这种变化是社会变迁在婚姻领域的投射。

婚姻、结合或成双成对的本质在过去几十年中发生了根本性的改变。我们在使用婚姻一词来描述各种可能发生的成双成对、对偶结合状况时,非常忐忑。决定是否进入政府认可的关系,对很多建立了亲密关系的人来讲,是一个非常重要的选择。有些人在婚前就会生活在一起,而有些人则不断地在更换伴侣。某段关系可能会产生孩子,但也有可能没有孩子。在一段新的关系建立之前,年轻人往往都会离开自己的原生家庭。[①] 婚恋观作为人生观和价值观的重要组成部分,与青年群体的生存状态、生活态度和价值理念息息相关。其形成过程中不可避免地受到各个时代特定社会经济发展状况的影响,而呈现不同

[①] [加]唐纳德·柯林斯等:《家庭社会工作》(第四版),刘梦译,中国人民大学出版社2018年版,第112页。

的特征和变化趋势。现代人有着太多的选择空间,随着婚姻自由度的增加,这一代年轻人在对待婚姻的态度上,要比上一代人更多一些理性和冷静。他们对婚姻,既充满着浪漫的想象,也能抱以一种实用主义。

同居和婚前性行为的普遍发生被视作第二次人口转变的主要特征。[①] 中国人民大学性社会学研究所开展的"中国人的性行为与性关系"调查显示,在全国18—61岁的未婚人口中,同居比例已从2000年的21.4%上升到了2015年的31.4%,变化显著。[②] 平斯夫指出,同居使得两个人有机会"彼此检验对方"。[③] "变异"家庭户快速增长,再构家庭、单亲家庭、丁克家庭、同性恋家庭也在社会生活形式中占据相当比例并呈继续增长的趋势。即使不结婚,人们也不会认为自己的生命目标没有得到实现。在超过半数的婚姻中,人们会选择在正式仪式之前就生活在一起。网络约会可能也会走向同居或结婚,这种形式在年轻人中也越来越流行,而在过去是闻所未闻的。"婚姻"一词现在成了一个文化和政治术语,它更多的指法律对家庭内容的定义。

二 80、90后青年群体的婚姻认知

改革开放四十多年和市场经济的深入发展,中国的婚姻价值逐渐背离了传统的婚姻伦理和价值观念,尤其是80、90后青年群体在婚恋观、家庭观、离异观等方面更加开放理性、自我独立、注重个人生活质量,对离婚、同居等多元婚姻形态理解与包容,在他们看来,离婚是可以接受的中性社会行为。

(一) 恋爱观日益开放宽容

恋爱作为"婚姻演习"的前期形式,是青年群体生命历程中的重

[①] Van de Kaa, D. J., *Europe's Second Demographic Transition*, Population Bulletin, 1987, pp. 1 – 57.

[②] 张楠、潘绥铭:《性关系的核心结构及其意义——非婚同居与婚姻的实证比较研究》,《学术界》2016年第6期。

[③] 参见[加]唐纳德·柯林斯等《家庭社会工作》(第4版),刘梦译,中国人民大学出版社2018年版。

要环节。个体的恋爱经历和恋爱观将显著地影响个体的择偶过程和婚姻生活，正确的恋爱观既是形成理性婚姻观的基础，也是引导个体顺利成长、成熟的有力保障。

当恋爱已经成为校园里的一种时尚和潮流时，我们调查发现，约有60%的在校大学生有过恋爱经历；而在毕业生中，这一比例已经超过80%。因此，在当代大学在校生和毕业生中，恋爱已然成为一种主流的行为和重要的生活方式。恋爱观是个体对于爱情的认知和理解，对于恋爱的态度、看法及行为倾向，是个体价值观的一个重要组成部分。恋爱观可以是多维的，西方文化的引入和传播，对中国传统婚恋观念造成冲击的同时，也逐渐与其融合，因此社会和学界都普遍认为，改革开放后出生的年轻人，在恋爱与婚姻方面，观念更为开放和前卫。[1] 吴鲁平在20世纪90年代初完成的调查表明，对于恋人之间的婚前性行为持明确反对态度的占55.7%，即有近一半的青年对婚前性与婚姻的分离现象持赞成（11.5%）或说不清（32.8%）的态度。而对于婚后性与婚姻相分离的婚外恋现象，青年中表示有条件理解或同情的占32%，说不清的占30.1%，明确表示应谴责（23.3%）和惩处（14.6%）的占37.9%。[2] 2019年青年婚恋状况调查数据显示，对婚前性行为的认可度在44.3%，婚前同居的认可度为45.4%。[3] 整体而言，青年一代性观念发生了很大变化，在西方"性自由、性开放"的观念影响下性开放程度明显加大。对婚前性行为、婚前同居的态度逐渐默认甚至肯定。

（二）择偶观趋于理性多元

择偶标准是男女选择结婚对象的条件或要求，择偶标准随着社会变迁进程不断变化。中国传统社会的择偶标准讲究"门当户对"，1949年后关注政治面貌、阶级成分，改革开放后崇尚知识文化，再到今天部分追求物化的"金钱至上"，在这个转变过程中，80、90后青年人已经陆

---

[1] 李春玲等：《境遇、态度与社会转型》，社会科学文献出版社2014年版，第295页。
[2] 吴鲁平：《中国青年性开放度调查研究》，《青年研究》1993年第11期。
[3] 陈光金主编：《中国青年发展报告：当代青年婚恋状况、关联政策和服务供给研究》，社会科学文献出版社2020年版，第46页。

续进入婚姻生活,他们在选择伴侣的过程中,遵循怎样的标准,对于不同标准的重要性又持怎样的态度?首先,选择配偶和选择恋人是相互独立的两个环节,许多80后说,恋爱必须找我爱的人,结婚对象最好是我爱的也爱我的人,如果两者统一达不到,退一步,结婚对象要选择爱我的人。90后普遍认为恋爱对象肯定是我爱的人,结婚对象最好是我爱的、也爱我的人,如果遇不到合适的人选宁缺毋滥,可以不用结婚。新时代青年尤其是知识青年,选择配偶和选择恋人是相互独立的两个环节,他们普遍认为恋爱可以冲动,但恋爱观的开放性在传导到选择配偶进入婚姻的环节是理性而慎重的。通常认为出生越晚的群体,越可能成长在一个更加开放和宽松的社会环境中,其各方面的价值观也更有可能倾向于开放和现代。

(三)传统与现代理念融合下的婚姻家庭观

80、90后青年的婚恋观不可避免地由传统和现代两种力量交织作用,社会历史的不同发展阶段,婚恋观也呈现差异性的变化。传统观念与现代理性交互影响,塑造了他们有别于其他年代群体的独特婚姻家庭观。早恋、早婚与晚婚、不婚现象在青年群体中共存。1990年以后出生的人口年龄最大的已经步入而立之年,最小的也已经进入适婚年龄。调查发现他们的婚姻状态处于两极分化,部分刚进入适婚年龄的青年会选择早早结婚,其中普遍晚婚的多为80后、95前知识精英,他们中间大部分人尚未结婚,但是对于未来婚姻和家庭关系的处理方面自己独特的观念和见解。

其一,随着80、90后步入结婚年龄,不少人发现了早结婚的好处,纷纷步入结婚礼堂。青年的婚姻观一直在随着社会发展进行着变化。90后一代在婚姻选择上呈现出了"早婚"与"晚婚"两种态势。难以找寻优势资源匹配的职业女性,给很多90后男性增加了婚恋中的忧患意识;很多年纪小,刚进入婚龄的女性90后,早早地就先把自己嫁出去。大学里不少女研究生读书期间结婚、生孩子两不误,这样毕业找工作就可以消除用人单位对其工作后马上结婚生子,不予接纳的顾虑。这一代年轻人最大的优势,结婚的所需资源父母都可以及时提供,并且双方父母都还算年轻,有足够的精力帮忙带孩子,减少了很多后顾之忧。相比之下，90后的恋爱环境更为宽松，大学期间谈恋爱为常态，部分人刚到适婚年龄就早早结婚，恋人修成正果的比例也大大提高。但是结婚越早，适应婚姻生活的难度就越大，以后离婚的可能性也就越高，按照麦戈德里克的说法，晚婚好过早婚。在亲密关系中生孩子越早，夫妻双方彼此适应的机会就越少。[①]

其二，工业化迅速发展的现实下，青年对职业发展的高要求与他们的爱情、婚姻成了一对矛盾。在大龄未婚青年中，女性的比例明显高于男性。北京、上海、广州等地出现了父母为子女相亲的现象，由于青年工作忙，交际圈狭窄，越来越多的知识精英不愿意在感情中付出时间和精力。为此社会涌现出"父母为子女相亲交流场所"的新景象，这种目的性明确的相识方式，让许多现代意识较强的当事人非常不满，为敷衍家人出现了过节"租男、女朋友"回家交差的现象。

其三，在两性关系方面，对恋爱和结婚对象往往具有双重标准。性观念是婚恋观中传统与现代分野最清晰的一个领域，很多相关研究都表明，改革开放以来国民的性观念呈现更加宽容和开放的趋势。[②] 在中国道德和法律双重导向婚内性行为的前提下，"性伴侣"一词可以说并不可能存在于中国的话语体系中，是一个纯粹的外来概念，因为在已婚状态下，合理合法的性伴侣就是配偶，是唯一的，如果婚姻存续期间有其他的性伴侣，是法律所不容，是对国民道德底线的挑战。2020年某网红主播被微博控诉插足他人家庭事件迅速发酵，网民集体讨伐"小三"。在传统道德观念的引导和现行法律的约束下，即使婚恋观念更加开放、前卫，但婚内出轨依然是国民普遍不能认可的道德底线。即使在非婚阶段，在恋爱期间，两性也要坚持彼此的忠诚度，否则将为道德、舆论所诟病。

（四）普婚社会的价值主流是婚内生育

延续后代是婚姻接续家庭传承的重要功能，中国传统观念将生育子

---

① 参见［加］唐纳德·柯林斯等《家庭社会工作》（第四版），刘梦译，中国人民大学出版社2018年版，第112页。

② 刘汶蓉：《婚前性行为和同居观念的现状及影响因素：现代性解释框架的经验验证》，《青年研究》2010年第2期。

女与对长辈的孝道联系在一起，民间有言"不孝有三，无后为大"给生育行为赋予了重要的家族传承意义。陕西陕北地区男子传承家族血缘的思想还是非常浓厚的。笔者调研中，榆林一位1981年出来工作的女性政府公职人员说："我们那时候计划生育政策严格，只能生一个孩子，家里只有一个女儿，唉，都给老公家'断后了'。前些年计划生育太严，超生，我和老公的公职都会被开除的。现在政策放开了，高龄怀不上了。以前人家好多农村人偷着生几个，也要把儿子生下来。"现在国家三孩政策都放开了，然而青年一代的生育观念发生了极大转变，加上生育、教育、医疗成本大幅度的上涨。年轻人大呼"生不起，养不起"，很多人甚至选择"丁克家庭"，不要孩子。虽然现代社会"丁克"家庭日益增多，青年一代对中国由来已久的婚姻传统日趋淡化，趋向于自我的个人主义取向也在深化发展，但婚内生育的传统观念仍然是主流。

三 多样态的离婚问题

随着互联网深入发展渗透人们的生活，现实世界中交往的空间缩小，人们过着现实与虚拟空间交织的生活。网络婚恋交友在青年婚恋生活中逐渐占据较大的位置，它打破了时空的界限，提供了更加灵活、便利的沟通途径。越来越多的青年通过"网恋"来确定恋爱对象，甚至结婚对象。"这种网络婚恋交友方式不仅开启了网络时代所特有的男女恋爱交往游戏规则，使人的社会性得到了前所未有的延伸和发展，并已深深影响到了现代人的婚恋情感表达模式。"[1] 网络婚恋交友服务，使青年可以利用碎片时间扩大交友圈，低成本维系网上各种人际关系，有更多机会寻找到合适的伴侣。[2] 使用市场化的网络婚恋交友服务的人群集中在26—34岁。[3]

---

[1] 黄鹤：《关于我国婚恋网站网络交友的研究——以世纪佳缘为例》，硕士学位论文，华中师范大学，2011年。

[2] 白日：《2018婚恋交友平台排行榜》，《互联网周刊》2018年第18期。

[3] 艾瑞咨询：《中国网络婚恋交友行业研究报告2019年》，《艾瑞咨询系列研究报告》2019年第2期。

艾瑞咨询中国网络婚恋交友行业的分析报告指出，网络婚恋行业在整体婚恋市场中的渗透率，从2013年的26.9%增长到2018年的49.10%，预计未来市场渗透率将进一步提升，将在2020年达到59.20%。① 也就是说，到了2020年，将近六成的婚恋交友服务是通过网络实现的。虽然共青团中央网络影视中心调查发现，青年对于"网恋"持谨慎的态度，但是这并不意味着网络婚恋交友模式不受欢迎，因为实际上网络婚恋交友服务更多是线上和线下服务相结合。网络婚恋交友服务提供交友的平台，男女互动在"虚拟网络空间"之外，更多的是现实世界的交往。

80、90后青年对婚姻质量有较高的要求，但夫妻双方缺乏经营和改善婚姻问题的能力。当今社会，家庭生活发生了很多的复杂变化，主要是环境的多样性和文化多样性。很多持有相同价值观的人们因生活在不同的环境之下产生了不同的家庭实践。当有多种家庭生活模式存在时候，文化多样性存在其中。

（一）闪离

"闪离"即闪电离婚，是指夫妻双方在很短的结婚时间内就办理了离婚的婚姻现象。它通常对应的是上文中的"闪婚"。但现实情况中也有恋爱时间很长、但婚姻时间很短就离婚的现象，这些也都属于"闪离"。② 离婚者年龄越来越小，青年婚姻维持时间越来越短，从常说的"七年之痒"蜕变到"一年之痒"乃至"数十天之痒"。大量数据表明，中国现在的年轻人草率结婚又轻率离婚的人数持续走高。这些年轻的独生子女为何成为离婚的高发人群，是婚姻管理部门、婚姻家庭专家和社会学家共同关注的社会问题。一组数据让人触目惊心：2016年，45.5%的离婚人群的婚姻关系维持不到3年；2017年，48.1%的夫妻在结婚5年内离婚，结婚不到1年就离婚的占11.3%。③

---

① 艾瑞咨询：《中国网络婚恋交友行业研究报告219年》，《艾瑞咨询系列研究报告》2019年第2期。
② 梁景和主编：《新时期婚姻伦理与生活质量研究》，中国社会科学出版社2018年版，第234页。
③ 陕西省民政厅婚姻登记处：《陕西省民政厅2016、2017年离婚统计数据》。

对于"闪婚闪离"族来说，他们观念开放，可以认识不到几天感情冲动的闪电结婚，也会结婚没到几天又草率的闪电离婚。

笔者曾调查过这样一个案例：27岁的王先生和26岁的妻子在朋友的婚礼上相识一个多月，两人就领证，建立了婚姻。王先生说："我对她一见钟情，我非常喜欢她的性格，热情，开朗，我一直在寻找结婚对象，感觉她就是我等的那个人，然后认识一个月多我们一拍即合就去领证了。没想到过了不到一个月就吵着要离婚。在一起之后，才发现很多观念差异很大。女同志爱购物，也是正常的，但是网上天天买，花光工资还要透支信用卡，我觉得不太好，劝她控制一下，不需要的东西少买点。她说我小气，舍不得为她花钱，刚结婚就想约束她，经常为此吵架。"最终他们的婚姻以相识一个多月"闪婚"，维系两个多月以"闪离"告终。

婚姻登记处的工作人员向笔者反映过他办理最快的离婚手续，第一天领结婚证，第二天领离婚证。24岁的韩女士是个年轻漂亮的时尚姑娘。她老公也是很精神的一个帅小伙，23岁，比她小一岁。两人谈了半年恋爱，两边家人都支持早点结婚。于是他俩先把结婚证一领，准备预订酒席过几个月举办结婚仪式，宴请宾客。第二天两个人一起去看酒店预订宴席。女孩希望找个高级酒店，办得风风光光，有面子；男孩说，差不多就行了，在酒店上花太多钱没必要。两个人争执不下，后来男孩说，我家婚宴是有预算的，你想高级，有面子，超出预算的费用你家出吧。女孩一下子火了，才刚领证，婚还没结完呢，就这么抠搜，以后肯定没好日子过。两人大吵一架，直接就来领离婚证了。工作人员问明缘由，再三劝诫，回去冷静想想，跟家人商量商量再说。男孩还有犹豫，女孩坚称想清楚了，一定要离。最后工作人员没办法，只好给两人办了手续，直言现在的孩子太胡闹。

"闪离"从表面原因看，是年轻男女的感情冲动的结果。80、90后作为媒体关注的青年新生代，某些特立独行的离婚行为往往被夸大渲染，深层原因是因为该群体受市场经济和西方自由化思想影响深刻，强调个人需求和感情自主性。从生产力进步获取的经济发展，利益为个人自主提供了可能。两性都可以独立自主地选择跟谁结婚、跟谁生活。而个人自主性偏好的增加及个体自主能力的提高的一个重要的后果就是离婚率增高。故改革开放以来,中国离婚率逐渐提高,并在2010年以后达到一个新的高度,这与伴随着改革开放与计划生育政策同时成长的80、90后逐步成年,建立婚姻的发展历程密切相关。80、90后群体价值的多元性,个性的自主性,使他们对待婚姻少了很多顾虑,"合则聚,不合则散",不需要去勉强。

(二)新时代青年的"中国式离婚"

"中国式离婚"一词源于2004年热播的同名电视剧——《中国式离婚》,指的是中国大量的没有爱情却不愿和不敢离婚的婚姻伦理现象。夫妻在婚姻里相互不满,却很少沟通,只剩下责任,双方相互折磨,只剩下法律上的名分。[①]《中国式离婚》展示给观众一种困境,婚姻破碎,"不死不活的"却苦苦挣扎维系着外在"稳定"的一种困境。它更多展示了那个时代年轻人从离婚痛苦到潇洒离婚的巨大的文化嬗变。这种困境早已不在,如今80后、90后青年创造了新时代"中国式离婚"——"无理由离婚"。从字面意义上说是,不需要理由,合不来就离婚。事实上离婚不是没有理由,而是坚定了要离婚的信心。婚姻中的感情的麻木不仁会加剧夫妻双方的距离感,从而会导致过不下去,一拍两散,婚姻死亡。婚姻结合与解散在过去几十年内发生了根本性的改变。笔者在四川乐山市访谈了一位1984年的"辣妹子",性格爽利,说话又快又急,典型的能干利索的川妹子。她说自己离婚两年了,离婚具体缘由也记不清了,主要是跟前夫性格不合,处不到一块。两人一商量就离了。她说:"我觉得现在挺好的,想干啥干啥,想怎么玩怎么玩,没啥负担。""我刚处了一个90后的男朋友,我俩说话挺合得来,玩也能玩到一起,很开心,暂时没考虑过再结婚。""离婚在我们四川挺正常的,年轻人离婚也挺多的。我有四个闺蜜,加上我,三个人都离婚了。还有一个年纪小些,90后还没结婚,我们三个经常跟她说,你看我们三个人,结婚都离婚了,

---

① 牟岭:《北美日知录》,上海三联书店2013年版,第243页。

你干脆就别结了,省的再离婚麻烦。"

21世纪初青年的离婚观表现出了极大的自主性与随意性的特点。青年对婚姻的期望值不断提高,个人自由度增加,离异观发生了翻天覆地的变化,对生活依赖的程度不断降低,情感认同在婚姻生活中占据较高的比例。只有感觉不幸福,离婚不需要过多的理由。

笔者访谈过这样一个案例:2009年结婚的小杨,今年刚40岁。刚结婚时,与丈夫感情还好。但是女方生育过程比较艰辛,曾经流产过一次,第二次成功生下一个男孩。在和公婆共同照顾孩子的过程中,婆媳矛盾增大。终于有一次彻底激化。她说:"我孩子住院病愈刚回家,临近春节,婆婆提出要回老家,丈夫也欣然同意,居然跟着一起回了。于是所有人都走了,留下女方和不到一岁且生病还未完全康复的孩子。"自此女方心灰意冷,坚决要求离婚,主动放弃抚养权,她不要孩子,只要求每周末和孩子团聚,孩子现在已经快八岁。问是否有再婚的打算,她说目前暂时没有,一方面是有固定的工作(高校教师比较稳定),同时周末照顾孩子,觉得生活挺充实。另一方面,认为自己没有能力处理相对复杂的家庭关系。听说男方再婚后又一次离婚。

家庭责任的运作是建立在使家庭成员之间的合作和他们之间正面情感最大化的基础。离婚的增加关系家庭优先权利的变化,与离婚同时出现的还有实际生活的重新调整和情感的调整。其实大部分时候青年离婚的决定并非一时兴起做出的。相反,这是一个经历了若干阶段的过程:做出决定、宣布、分解家庭。默里将这个过程分解成了七个阶段:情感上的离异、法律上的离异、经济上的离异、抚育关系上的离异、监护权问题、离婚后的解脱、心灵上的离异和宗教上的离异。[①]很显然,当代80、90后青年一代可能更多地经历了情感上的离异和法律上的离异。实际上,导致夫妻离异的主要原因,不是他们争论什么,而是他们用什么方式来争论。一般来讲,是由一方提出离婚的。这一方可能就这个决定纠结了很长时间。决定离婚的人(通常是妇

[①] 参见[加]唐纳德·柯林斯等《家庭社会工作》(第4版),刘梦译,中国人民大学出版社2018年版。

女）往往对婚姻的不满意不断强化，再加上越来越多的证据证明自己的离婚决定是正确的。这样一方会逐步在情感上脱离婚姻。有时出现了一个危机，为宣布离婚决定提供了契机。

（三）"试离婚"

"试离婚"，是指在双方都同意离婚的情况下，暂时不从法律上履行离婚手续，先分居一段时间，在生活上先"离"，给双方一个缓冲区，使双方在远离婚姻生活的环境下，各自冷静地反思婚姻。"试离婚"情况一般而言，双方还有一些感情，希望通过试着"离"看最终是结束还是挽回感情。"试离婚"的目的或者让彼此适应不在一起生活后的感受，或者检验一下夫妻双方是否真的已经无爱、无性无法继续一起生活。"试离婚"本质上双方一个过渡期，相当于夫妻双方自发的"离婚冷静期"，是对婚姻关系的有效调整。当然也有很多人在"试离婚"之后，更加坚定了离婚的想法。

也有人听说"试离婚"说法，想尝试一下希望增进夫妻感情。没想到，差点弄巧成拙。笔者曾调查过这样一个案例：据1986年出生的宋女士说，丈夫黄先生是一个特别理性的人，工作很勤奋，觉得结婚了就按部就班过日子就行了。结婚两年了，他们商量先不要孩子，黄先生想等双方工作都上一个台阶再计划。时间久了，宋女士觉得生活索然无味，老公完全没有浪漫细胞，生活一板一眼完全程序化。她偶然看到了"试离婚"的说法，跟老公商量想试一下，增加婚姻生活新鲜感，老公特别生气，骂她无聊。她刚好借吵架的机会搬到另一个房子里。一个多月，不接老公电话，也不联系。刚开始觉得很爽，很放松，下班后可以出去和朋友逛街、喝茶、看电影，几次之后发现朋友都有家庭，只能偶尔出来一次，还要卡着点回去接孩子。不到两周就觉得没意思了，勉强撑到第三周，就回家找老公去了，结果回家老公冷漠地说："别试离婚了，还是真离了吧。"她后来被父母骂了一顿，诚恳跟老公道歉才被原谅。朋友后来都笑话她"闲的，作"。

（四）"蜗婚族"

"蜗婚族"是指离婚后迫于住房压力依然住在一起的人群。"蜗婚族"一词于 2010 年 4 月初最早在网络上出现，有人在论坛上发表帖子《俺是比"蜗居族"更惨的 80 后"蜗婚族"》，[①] 自曝自己与妻子离婚后因为住房压力，只得选择与前妻和情敌"同处一室"的悲惨生活。帖子发出后，引起了一些媒体的关注，并对这一现象进行了报道，于是"蜗婚族"就成为了当代的又一个"新族群"。

笔者访谈过这样一个案例：32 岁的晶晶（女），与老家一起过来深圳打工的小向（男），两年多来一直互相照顾，日久生情，后来顺理成章地领证结婚。然后两人共同在郊区首付 50 万元，贷款买了一套一室一厅的二手房。结婚后，二人发现性格不合，生活冲突较大，经常吵架。因深圳住房成本太高，二人勉强维系。同室内分居一年后终于离婚了。但是那时深圳的房价比刚买的时候近乎涨了三分之一。二人想卖房，又担心卖了之后，还完银行贷款，价钱平分之后，没有能力再买房。两人只能离婚不离家，一个住客厅，一个住卧室，继续在一起生活。尴尬的是，女方不久又有了新的男友，并且时常一起回来。小向说："虽然离婚了，可看到前妻和男友在家里晃来晃去，还是觉得很别扭。"但是房子没有分配清楚，他还不能离开，非常无奈。"离婚不离家"，甚至因各种原因"假离婚"后的共同居住在一起的行为，法律并没有禁止的条款。《婚姻法》仅明文规定，禁止有配偶者与他人同居。"蜗婚"是 80 后面临高房价压力，衍生出的一种畸形的社会写照，房子成为束缚双方生活的沉重枷锁，也会产生诸多的新问题、新矛盾。

（五）出轨离婚

笔者曾访谈过一个 1980 年出生的女性小杨，印象非常深刻。她是另外一位访谈对象小王的朋友，40 岁的小杨，现在已经再婚 5 年了。她不介意去谈以前的事情。她跟前夫是大学同学，毕业后一起在一所职业学院任教。小杨说：前夫英俊，爱玩，独生子。2006 年结婚，婚后前夫没有家庭责任心表现得淋漓尽致，整天在外面跟人一起各种玩，K 歌，打麻将，蹦迪，孩子生病也不关心，照样出去玩。最

---

① 《离婚揭"蜗婚"悲剧，堪比"蜗居"更悲惨》，《扬子晚报》2010 年 3 月 27 日。

后和同事出轨被人发现，被学校传得纷纷扬扬。在前夫第一次出轨后，我特别难过，但考虑孩子才3岁，还是想挽回家庭，在他及家人的恳求下选择了原谅。但是没想到他恶习不改，第二次竟然与学生出轨，于是我果断要求离婚，孩子我来抚养。离婚2年后本来没打算再婚。后来也是缘分，遇到一位比我大十来岁的男性，一直追求，对方非常尊重我，也很会照顾人，对我的孩子也很好，后来就自然地组建了新家庭，现在生活挺幸福的。"小王最后非常不忿地说："我们大家都觉得她这么漂亮，性格这么好，他前夫真是渣的不能再渣了，一再出轨！"

"闪离"体现的是随意的离婚态度，"试离婚"呈现出慎重的离婚态度，"蜗婚族"的生活则是现代青年高房价下的无奈，出轨则是对婚姻不尊重的态度，但离婚或者家庭解体的其他形式都成为家庭景观的重要组成部分，从这些时代流行词背后可以看出当代青年婚姻伦理观、离异观以及生活质量观的变化。

第二节 稳定与不稳定
——新冠肺炎疫情期间结婚、离婚事件的日常生活叙事分析

一 疫情隔离：风险社会的婚姻与家庭

突如其来、不期而至的新冠肺炎疫情再次提醒人们，现代社会是一个充满各种不确定性的高风险社会。不管喜欢与否，在我们个人与感情生活中都必须接受这个世界所呈送给我们的机遇与风险。2020年春节期间突然暴发的"新冠肺炎"迅速蔓延，打乱了人们的日常生活秩序。疫情背景下，历来最繁忙、最需要社交的日子变得安静、冷清，人与人之间形成了历史上前所未有的"自我隔离"。长时间的居家隔离，个体生活被压缩在家庭场域中，性别秩序、亲密关系、家庭互动等受到日常生活事件的极大挑战。

2020年2月2日，因为数字为"20200202"，被网友称为"千年一遇对称日"，无数青年男女希冀在这寓意特殊的好日子走进婚姻殿堂。为此，甚至网上集体请愿，呼吁婚姻登记部门周日加班。一时，

北京、西安、成都等地相继表态，将在2月2日周日破例为市民办理结婚登记。然而，随着新冠肺炎疫情的扩散，这一天成了疫情中普通封闭的一天。严峻的形势、沉重的隔离，让人们每天持续关注着疫情确诊、治疗与死亡的情况。对于大多数民众来说，待在家里不聚集就是配合应对疫情，也有许多适龄90后青年延迟婚礼、逆行奔赴抗疫一线，成为抗疫队伍中的重要力量。"疫情一结束，我们就结婚"成为2020年感动朋友圈的"抗疫"约定。各地民政局刚刚复工，首当其冲登上热搜的竟然是：离婚预约爆了。西安17个婚姻登记处在2020年3月2日正常上班后，离婚人数爆满，且已经开始预约，带来了一波"离婚潮"。2月3日至3月6日，疫情期间，湖南全省共有13422对夫妻离婚。四川达州因复工后离婚而上了热搜，夫妻离婚共88对；深圳、上海等地离婚预约排到下月；等等。[1] 离婚被戏称为复工后的"报复性反弹行业"，离婚数量激增成为疫情风险下，婚姻家庭领域的焦点议题。

  发生在新冠肺炎疫情期间的婚期推迟和离婚热潮完全不同于平时的偶然、个别现象，有必要从微观视角对日常生活叙事进行分析和解释。贝克从风险理论个体化视角探讨了婚姻家庭的日常现实中，男性和女性之间的主题和冲突[2]；布迪厄则用婚姻和亲属关系来解释实践逻辑，探讨了个体日常婚姻生活的实践意义和婚姻策略[3]；吉登斯强调行动者日常行动意识对理解个人与社会、行动与结构之间的关联有富有启示的新见解[4]。这些研究对认识日常生活中婚姻领域的各种决策与家庭发展具有深远的影响。人们通过婚姻建立家庭这一最重要的社会存在归属。家庭系统要生存、发挥其功能、发展和成长，就需要稳定、秩序和一致性。这种维持现状和获得地位的努力就是所谓的

---

[1]《全国多地离婚预约爆满！疫情之下，多少婚姻败在这件事上》，https://m.thepaper.cn/newsDetail_forward_6570413。
[2] [德]乌尔里希·贝克：《风险社会：新的现代性之路》，张文杰、何博闻译，译林出版社，2018年版。
[3] 参见高宣扬《布迪厄的社会理论》，同济大学出版社2004年版。
[4] [英]安东尼·吉登斯：《现代性的后果》，田禾译，译林出版社2011年版。

"内衡"①。家庭的内衡是家庭在持续变化条件下保持高效、协调功能的重要手段②。为获得能量,使日常生活充满活力,家庭需要维护稳定性,婚姻稳定是家庭稳定的关键因素,面对不断变化的外部环境,为满足成员的多样需求、维护家庭稳定,家庭也在不断发生变化。本书选取疫情隔离期"强制"回归家庭的特殊情境,通过博客、微信等网络文字记录和相关的统计数据,从微观视角下的家庭叙事分析日常生活中家庭成员之间的互动情形,思考疫情特殊情境下婚姻家庭如何受到生活时空的影响产生关系的平衡与变化,并在风险与变动中探寻婚姻家庭关系的"内衡"。

二 结婚:"终身大事"彰显家国情怀

(一)情感与价值追求仍然是当代青年建立婚姻关系的"硬核"

婚姻是男女两性依一定的法律、伦理和风俗的规定建立起来的夫妇关系,它是家庭成立的标志和基础。③ 以婚姻为契约建立的家庭是个体与社会的中间桥梁。家庭是在婚姻血缘基础上产生的,是社会关系中最为深刻、最为亲密的一层。④ 在新时代的婚姻关系中,性别权力的分化和价值追求多元化不断塑造人们看待婚姻家庭的观念,青年非常重视两个人之间婚姻关系,缔结婚姻、建立家庭的动机也具有鲜明的时代特点。据2019年青年婚恋调查数据显示,约70%的男性在择偶时关注"体贴人、关心人"和"志同道合"两个因素;女性择偶对这个因素的关注程度比例更高,约达85%。⑤ 情感认同成为当代青年婚姻缔结和家庭生活领域的核心要素。当两个人结婚时,他们彼此便成为对方的"亲属",社会生活中的爱情、亲情、友情三个重要

---

① 参见[加]唐纳德·柯林斯等《家庭社会工作》(第4版),刘梦译,中国人民大学出版社2018年版。
② 参见[加]唐纳德·柯林斯等《家庭社会工作》(第4版),刘梦译,中国人民大学出版社2018年版。
③ 佟新:《人口社会学》第4版,北京大学出版社2006年版,第226页。
④ 潘允康:《婚姻家庭社会学》,北京大学出版社2018年版,第189页。
⑤ 数据来源于《2019年青年婚恋状况调查》,转引自陈科等《当代青年的婚恋观念》,《中国青年发展报告》,社会科学文献出版社2019年版,第41页。

层面在家庭得以维系,信任感、安全感依附家庭,在社会得以延伸。"情感是个人和集体经验的交集,人们通过自我情感和集体情感结构,来融入社会和人群之中。"① 新冠肺炎疫情期间,一线工作人员奋不顾身,积极抗疫,让人更加珍视健康、自由;疫情中人们深层次的不安持续地影响着日常生活,对国家的认知、家庭的情感、日常行为的一致性在自我统一性的建构中具有至关重要的意义。

新冠肺炎疫情中出现了一些特色婚礼。云婚礼:在抗击疫情的战场上,一位白衣天使和一名消防战士,用视频连线的方式,举办了一场特别的"云婚礼"。5分钟完成了整个婚礼仪式。既没有耽误工作,也没错失他们选定的良辰吉日。② 直播婚礼:在一小区90平方米的新房里,传出喜庆的气氛,新郎小王和新娘小李正在举行婚礼,这场特殊的婚礼除新郎新娘外只有三人参加——新娘的公公婆婆,还有新娘的弟弟。婚礼仪式上,婆婆当主持人,新娘的弟弟进行现场直播。先从一个卧室接亲,接着到客厅举行婚礼仪式,再向公公婆婆敬改口茶,最后送入洞房。③

婚姻关系作为一种有效的社会契约,仪式是两性社会关系得到社会认可的不成文的文化规范。新冠肺炎疫情期间特别的仪式,体现了大数据时代青年个性化的婚姻生活方式。每一代人的情感结构,都会产生一系列独特的身体风格和行为举止,时尚和情感潮流。④ "云婚礼""直播婚礼"下新家庭的诞生仪式,在周围的人物、地点和事件等有限条件下选择,基于"情、理、法"的形式建构,跨越时空,向社会宣告双方婚姻关系的确立,实现了个人的角色转变与家庭形成的集体认同。特殊情境下情感认同和价值共识成为当代青年建构婚姻

---

① [加]戴尔·斯宾塞等编:《情感社会学》,张军、周志浩译,江苏凤凰教育出版社2015年版,第139页。
② 《2020感动朋友圈的爱情:"疫情一结束,我们就结婚"》,腾讯网,2020年2月11日,https://new.qq.com/omn/20200211/20200211A0BADA00.html。
③ 《网络直播婚礼,疫情期的微型婚礼》,腾讯网,2020年2月19日,https://new.qq.com/omn/20200219/20200219A0AWX000.html。
④ [加]戴尔·斯宾塞等编:《情感社会学》,张军、周志浩译,江苏凤凰教育出版社2015年版,第138页。

关系的硬核，两性之间紧密的共有、合作关系，促进了个人成长，提升了当事人对婚姻家庭的归属感和责任感。

（二）婚姻关系依然是接续传统家庭秩序的重要"策略"

当今社会正经历着急剧的转型，社会变迁的洪流冲击着社会的每一个角落，婚姻家庭作为社会的细胞，也不可避免。社会转型变迁使青年婚姻生活从内容、结构、形式上都发生了巨大变化。来势汹汹的新冠肺炎疫情与个体生命息息相关，发生在社会，扩展到家庭之中，灾难之下人们重新反思生存的职责、家庭的意义和婚姻的价值，也唤醒了人们内心对婚姻家庭亲密情感、安全感、稳定性的向往。

网上有这样一则报道：王雪和爱人精挑细选了2020年2月20日这天，作为两人领取结婚证的好日子。王雪是天津市肿瘤医院放射科护士，2020年除夕夜，收到武汉支援新冠肺炎疫情一线的通知后，她毫不犹豫地报了名。王雪说，这场没有硝烟的战争不仅是武汉的，不仅是湖北，而是全国的，身为年轻党员，身为医护人员，她都有责任有义务参加到这场战"疫"中去。这让两人计划已久的领结婚证大事被搁置。采访中，这位性格开朗的姑娘，隔空对远在天津的爱人喊话："不要再费心计划了，等我回到天津那一天，就是我们正式领证的好日子！哪天凯旋，哪天就是我们生命中最值得庆贺的好日子！"[1]

社会是由多个场域的构成，婚姻正是其中之一。"在场域之内运作的婚姻策略关系到经济、教育和文化等诸多方面的因素，同时又反作用于这些系统，形成新的特定结构和秩序，它是整个社会秩序的"再生策略"。[2] 在社会充满风险的今天，婚姻场域是男女的实践空间，双方作为互补性的结构存在，寻找可交流、可沟通的共同性，同时又保持自身的自主性。只有这样，婚姻才能持续下去，否则会出现

---

[1] 《我的前线：春风十里，不及凯旋领证之期》，《每日新报》，http://tj.sina.com.cn/news/s/2020-03-04/detail-iimxxstf6240069.shtml?from=tj_cnxh，2020年3月4日。

[2] 徐佳：《布迪厄"婚姻策略"概念评析——一种新的社会学理论视角》，《长春理工大学学报》（社会科学版）2015年第10期。

冲突与断裂。新冠肺炎疫情下形成的婚姻场域，青年充满着力量与激情，在不同时空展开竞争，适时调整行动策略，并且把个体行动嵌入到社会系统中，接续情感中所珍视的家庭秩序，将其与国家使命、社会担当、家庭责任连接在一起，不断重塑个体婚姻策略。

（三）疫情激发青年终身大事的个性张扬与集体主义精神融合

网上有一则报道：90 后青年刘芬，湖北利川人，是重庆江北区新冠肺炎疫情防控流调组的一名成员。刘芬的未婚夫是重庆市疾控中心的一名工作人员。原本计划 1 月 26 日举行婚礼。疫情来袭，他们坚决地留在岗位上抗疫，婚期从一月推迟到三月，从三月推迟到五月……刘芬和未婚夫达成了共识，先顾大家，再顾小家，等疫情结束了，再举行婚礼更有意义！[1]

婚姻是家庭的起点，二者融合可以透视多面的核心议题。疫情情境下激发了青年的社会责任和情感共识，"先顾大家，再顾小家"。在特定情境下建构的亲密结合、社会认同，为内部成员提供了巨大的物质支持和精神支持，"等你回来我们就结婚"，是新冠肺炎疫情一线青年工作者彼此的承诺和期待，也体现了婚姻和亲属关系具体的习性和实践意义。布迪厄指出，社会行动者的特质，包含着一种所谓的"完型结构与建构中的结构"。"完型结构"是通过一个人的过去和当下处境达成，比如家庭出身和教育经验。"建构中的结构"是指一个人的习性帮助他塑造了他当下的与未来的实践。[2] 婚姻中个人的经验是独一无二的，但是它却被一系列结构所塑造，这其中包含职业、价值观、国家意识等。这种社会性的力量，作为一种"集体意识"依据所处的环境，通过个体生活方式的选择得以表达出来。疫情中的终身大事，由行动者的物质条件所带来的完型结构，同时依据自身的结构生成实践共识、信仰和指导规范，将身体性与认识性的倾向，在张扬的态度中表达，成为一种特定的行事方式。

---

[1] 《疫情结束再办婚礼，更有意义》，《江北报》，https://www.cqcb.com/county/jiangbeiqu/jiangbeiquxinwen/2020－03－11/2248484_ pc. html, 2020 年 3 月 11 日。

[2] ［英］迈克尔·格伦菲尔编：《布迪厄：关键概念》，林云柯译，重庆大学出版社 2018 年版，第 63 页。

《揭阳在线》报道：广州市白云区一对"90"后新婚夫妇，郑晋谋和妻子方晓玲，原计划年后举办婚礼，随着疫情形势加急，婚礼只能延期。持续关注着疫情发展的小夫妇萌生了一个想法，反正酒席办不了，不如把50万元的预算捐给抗疫一线的人，这样更有纪念意义。[1]

　　新冠肺炎疫情这一风险背景重塑了个体婚姻行为的习性，婚礼预算捐献升华了情感中的道德内涵，将个体的婚姻行为能力赋予了新的价值意义。任何一个人结婚的社会议题会带来什么样的社会后果，这依赖于社会整体中一系列的个人条件及其身处的语境状况。[2] 当代青年见证了中国经济高速发展、物质富裕、科技进步，享受着现代物质文明的丰硕成果，也遭遇到社会变迁加剧，价值观念多元等困境。他们性格独立，自我张扬，是社会转型中个体化与多元化交织孕育的颇具争议的群体。在新冠肺炎疫情重大灾难面前，90后青年群体以特有的风貌异军突起，在抗疫中用实际行动回应了社会刻板印象，"崇尚个人主义，缺乏集体主义，垮掉的一代"等负面误读。他们在抗疫中展现出的积极、乐观的姿态，表现出的对国家的认同和责任意识，是家庭责任感、社会义务感和爱国主义的重要体现，家庭成员通过合作、支持，共同面对逆境，激发抵抗力，构建了集体凝聚力与个体适应性之间的平衡。当终身大事嵌入家国情怀，行动者个体行为的选择，无论是理论的考量还是情感的驱使，这种自发性都与集体性融为一体。青年以自己的青春、智慧，用行动反哺社会，实现个性张扬与集体主义精神的辩证融合，形塑了真实的自我认同与形象，并非"垮掉的一代"，而是有情怀、有担当的一代，是国家栋梁和家庭的希望所在。

三　离婚：脆弱婚姻加速关系失衡

　　婚姻家庭总是处在不断变化之中，某种程度上稳定与变化的共生

---

[1]《90后新婚夫妻，把50万婚礼钱捐献给抗疫一线》，揭阳在线，https://www.sohu.com/a/376906831698126，2020年3月2日。

[2]［英］迈克尔·格伦菲尔编：《布迪厄：关键概念》，林云柯译，重庆大学出版社2018年版，第54页。

是可能出现的状况。当面临危机改变或适应时，新的家庭功能模式会逐步形成，这种模式可以是建构新家庭，也可能会导致家庭系统的中断，如离婚、分居等。①改革开放以来剧烈的社会变迁，极大地改变了人们的生活状态以及思想观念，也对中国的婚姻家庭及其稳定性产生巨大的影响。尤其是不同的婚姻家庭文化价值观、以自我为中心的生活方式等对处于转型时期中国婚姻家庭的稳定性产生了不小的冲击。据民政部社会服务发展统计公报显示，离婚登记人数从2003年的133.1万对，上升到2018年的446.1万对，离婚率连续15年上涨，由2003年的2.1‰上升为2018年的3.2‰。②十余年来中国的离婚率不断升高，是不争的事实，离婚成为婚姻家庭中不可规避的风险。

（一）隔离期亲密关系脆弱性增强

隔离期间家庭生活中众多微观叙事显示，离婚起因多不是由剧烈的事件导致，而是在婚姻的日常琐碎里激发的。新冠肺炎疫情暴发后，不少人被迫回归家庭隔离，局促空间下夫妻之间的矛盾没有了缓冲地带，在面对面的日常生活中无所遁形。布迪厄曾经指出，为了理解人们之间的错综往来，或是解释一个实践，又或是某种社会现象，仅仅关注人们说了什么，仅仅关注所发生的事情是不够大，真正必要的是对这些互动、事务和所发生的事件之中所蕴含的社会空间进行考察。③疫情风险下强制回归、居家隔离给夫妻创造了朝夕相处的机会，平时隐藏在生活中被忽略的问题，慢慢显现；压抑已久的矛盾，在压力情境下、狭窄的空间里被浓缩放大，亲密关系的脆弱之处更加敏感。

网友分享了这样一个事件："2020年过年前几天，我们都在上海上班。我老公第一时间给公婆家买口罩。第一，没给我家买（那时不

---

① [加]唐纳德·柯林斯等：《家庭社会工作》（第四版），刘梦译，中国人民大学出版社2018年版，第79页。

② 民政部社会服务发展统计公报 http://www.mca.gov.cn/article/sj/tjgb/。

③ [法]皮埃尔·布迪厄：《实践与反思：反思社会学导引》，李猛、李康译，中央编译出版社1998年版。

限购）我觉得妥当，没毛病。各管各家嘛。第二，没有提醒我一下给我爸妈买。第三，咱宝宝也在我爸妈家，大人口罩不买也不提醒就算了。起码可以给小孩子买口罩吧，那时候小孩口罩还能买到。总结：危险来临时，老公只会记着自家爸妈姐姐和自己。"①

新冠肺炎疫情紧张时期，口罩被列为医护人员和普通民众的防护标配，全国上下"一罩难求"，口罩成为防疫中加剧婚姻敏感关系的重要因素。网上有被口罩修复的婚姻，也有被几个口罩断送的婚姻。中国古语有言："夫妻本是同林鸟，巴到天明各自飞。"两性关系在面对利害关系时的困境与抉择，在当代人的婚姻经营中依然面临挑战。中国社会发展到现阶段，经济等多元利益与情感之间的平衡，对个体的行为能力以及婚姻、家庭生活秩序产生深远影响，它们既是维系婚姻关系的基本，也是家庭秩序能否有序运行的遵循。疫情风险放大了成员之间的扶持功能，隔离空间也凸显了婚姻关系的潜在脆弱性，婚姻关系不断发生变化，家庭获得平衡，是一个艰难的过程，在需要秩序和必须改变之间的边缘地带，有些家庭具备了更多的缓冲因素，能够协助个体和家庭克服某个事件的负面效果，反之，有些家庭在逆境或危机下，当婚姻支持不能满足双方的情感、利益需求，个体会逐渐脱离家庭团结的形式与义务，以破裂的方式对"家"进行重新划界。

（二）封闭的"场域"下家庭冲突的集中放大

新冠肺炎疫情隔离对家庭的最大影响就是形成了一个暂时封闭的地理空间，很多人只能待在家里通过网络与外界交流。微博上一条热搜话题"疫情结束前不要和家人吵架，因为吵架之后没办法离家出走"，引发了4万网友的热议。封闭的家庭"场域"下，人们暂时被"禁足"，以往发生矛盾离家出走，用时间化解矛盾的方式失效；婚姻存续期间隐而不彰的矛盾、纠纷，两性关系私下的归咎和失望成为显现的重大冲突，在面对面的局促空间里集中爆发。

---

① 《疫情下，口罩引发的婚姻问题》，知乎，https://www.zhihu.com/question/371008590，2020年2月13日。

结婚 3 年的网友悠悠分享了自己在隔离期间与配偶之间的一些矛盾:"疫情期间,我们把吵架打架变成了日常。""厕所你怎么又不冲啊?""抹布用完也不洗干净!""你连碗都不会洗吗?""都说了我在打游戏时别烦我,你怎么就是不听呢?""天天看手机,要么是躺在床上看,要么躺沙发上看,看着就心烦。""我们在家相处的每一天,都不停地为这些小事争吵,本来脾气温和的两个人,因为面临失业,没有经济收入,暴躁情绪不停加重。""终于在濒临崩溃的时候互相动了手,从此后一发不可收拾,一点点小矛盾都能引发战争,每次吵完家里一片狼藉。""我当时看着地上破碎的水杯,心里一片绝望,我难道要和这样的人过一辈子吗?"①

互联网技术下的开放网络空间渗透社会生活的方方面面,它不仅提供了社会交往的全新可能性,也改变了人们的生产和生活方式,对价值认同、婚姻稳定提出了新的挑战。在各类媒介的帮助下,人们过着空间和社会意义的双重生活,我们既在此地,也在别处。② 人们待在家里封闭的地理"场域",通过开放的网络空间与世界互联共通。发生在此地的事件,可能会受到那些与本地域相距甚远的因素影响,婚姻家庭变得"对生活的大问题来说太小,对生活的小问题来说太大"③ 将家庭日常生活的微观活动置于宏观的风险背景下,婚姻危机会破坏家庭的内衡。疫情中外部经济、文化等环境因素的改变导致外部市场、就业与社会融入等方面的压力不可避免反映到个人层面,焦虑、不安负面情绪冲击婚姻、家庭、性别角色,"在一个家庭中,任何人在改变时,他们的情感输入和回应方式也都会发生改变,这样就会中断过去可预测的循环"④。封闭的地理"场域"与开放的网络空间中,

---

① 《深圳离婚预约爆满》,网易,https://3g.163.com/news/article_cambrian/F82UNAV20524AE1D.html,2020 年 3 月 19 日。
② [德]乌尔里希·贝克:《风险社会新的现代性之路》,张文杰等译,译林出版社 2018 年版,138 页。
③ [美]丹尼尔·贝尔:《二零一三年的世界与美国》,《代达罗斯》(Daedalus) 1987 年刊,第 116 页。
④ [加]唐纳德·柯林斯等:《家庭社会工作》(第 4 版),刘梦译,中国人民大学出版社 2018 年版。

新的意识与旧的处境混合在一起，两性冲突不确定性支配着日常生活的方方面面，矛盾一旦爆发，体现出高于平时的双重分裂威力。

（三）集中回归无力改变家庭理想的重新塑造

家庭中的婚姻维系是两个人的责任，每个人既是权利的受益者，也是风险的承担者。婚姻中任何一方角色失范，权利、义务的错位，形成的不平衡、不对等的关系都会对原本面临多元挑战的家庭系统，造成更大的冲击，隔离期的集中回归无力改变性别关系的变化和家庭理想的重新塑造。

传统社会核心家庭性别特征是"男主外，女主内"的分工模式，洗衣做饭、承担家务等后台工作传统上都由女性来承担，男性的主要家庭职责是就业与家庭的经济支持，两性在此基础上形成紧密的家庭"合作社"的组织模式。面对现代力量的冲击，市场经济理性地打破了权利义务的平衡，传统生活模式逐渐丧失在个体家庭生活方面的影响力。"传统家庭衰落产生的对立主要发生私人关系内部，这种对立的争论场所是厨房、卧室和幼儿房。其中主要的内容：持续不断的婚姻关系的讨论或冷战，对突然变得难以理解的伴侣失去信任，为那一小片自己的生活而斗争，在日常生活的细枝末节中寻找压迫的踪迹。"① 夫妻双方从需求共同体变成一种选择关系，这种选择不可避免地受周围环境的影响，但更多地取决于自身家庭理想的塑造。现代女性经济、精神的独立增强了自身独立面对风险的能力。教育、就业、社会保障体系赋予了女性更多的自主和经济地位，情感、幸福感满足越来越表现出更高的期待。2018年年初，中国最高人民法院发布《离婚纠纷司法大数据专题报告》数据显示：在全国离婚纠纷一审结案件中，73.4%的案件原告性别为女性，全国离婚纠纷一审结案件中，婚后2年至7年为婚姻破裂的高发期。② 在婚姻的维系上，个体化等多种因素使家庭关系与共同生活的形式变得松

---

① ［德］乌尔里希·贝克：《风险社会新的现代性之路》，张文杰等译，译林出版社2018年版，第126页。

② 《最高人民法院今年公布〈司法大数据专题报告之离婚纠纷〉》，https://www.sohu.com/a/272075407_99916953。

散和不稳定,现代女性对婚姻质量的要求不断提升,女性个体权力和自由提升到重要位置,在各种风险力量交织中主动建构人生所占的比例逐渐增大。家庭分工的失衡与当代男女角色、权力地位的变化之间的矛盾,以及原来婚姻生活中各种潜在的问题,在隔离期集中回归家庭全面显现,对具有潜在破裂风险的家庭,是积极的推动还是消极的阻碍,不是仅仅依靠浓缩在一起的时间和空间所能调和的,更多的在于当事人幸福生活的标准、理想家庭的追求以及风险变化中个体的选择。

有人说,"疫情过后,就要离婚",其实大部分离婚往往经历一个较长的冲突和酝酿期,双方感情逐步破裂,最终走向离婚。风险迫使每个人都在为自己决策,个人需求越来越占据主导地位。隔离期两性处境的对立,家庭只是发生的场所,不是原因。新冠肺炎疫情期间人们长期回归家庭,将时间结构融入密封的空间实践活动,将感情上的对立、紧张、疏远或松散集中聚焦,使得原有日常生活空间上的近与远连接起来,形成暂时的连续在场。原本依靠时空分离解决的问题,现在全面嵌入日常生活情境,行为持续可见,思维极具透明,男女两性及其积累的矛盾,加深了疫情前原本存在于情感空间的裂痕。具有潜在破裂风险的家庭,一旦日常生活的物理空间与情感表达空间不能有效融合,人们会选择按照自己的方式重塑家庭理想,用离婚的权利去追求属于自己的生活。

四 结论与启示

内衡是维持家庭内部关系平衡的方式,家庭需要内衡来维持稳定的秩序和延续性。[1] 在家庭生命周期的运行过程中,家庭生活充满不确定性和压力,在某些危机情境下,存在的矛盾使婚姻家庭一方面要回应需求,维护稳定,确保延续;另一方面在不断改变、适应,甚至中断或重建。透视新冠肺炎疫情期间青年人的婚姻家庭现象,无论结婚还是离婚,都是在风险社会下现代理念和传统观念融合过程中发展

---

[1] [加]唐纳德·柯林斯等:《家庭社会工作》(第四版),刘梦译,中国人民大学出版社2018年版,第98页。

第四章　质性解读：访谈资料研判　　157

的结果。它既有传统家庭结构、功能的接续融合，也有社会转型、风险情境下的中断与失衡。疫情风险下，婚姻家庭与社会关系的互构共建、交互建塑，推进了个体多元地选择自己的生活方式，也促使婚姻家庭系统在稳定与变化之间寻求平衡（如图4所示）。

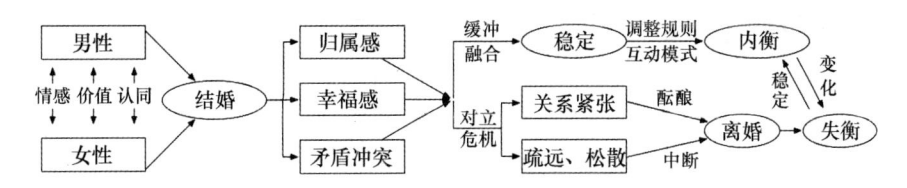

图4　婚姻家庭稳定与变化关系框架图

其一，家庭是一个复杂的、不断变化的综合系统。家庭是一个处于家庭系统中的大的个体集合体，内部有多重系统构成，其中包含婚姻子系统、父母子系统、子女子系统。每个系统都是一个完整的系统，有其独特的运作方式。[1]婚姻子系统是家庭关系建构的中轴，以婚姻为基础的核心家庭的传统，是惯例。虽然今天家庭结构发生很大的变化，但是人们潜意识对"家"的依恋，内心对传统的尊重、崇敬依然根深蒂固。新冠肺炎疫情隔离期间建立或拟建立婚姻的许多成员彼此之间的情感联结，需要依靠家庭集合凝聚力，疫情下"家"的概念依然在中国人心中引发感动，不可预测的风险下家庭依然是人们最重要的身心归属、情感依赖。但是稳定的家庭秩序与离散的情境在家庭内部，是动态转化的，故婚姻的变动也是不可避免的。疫情期间、疫情之后婚姻面临着情感利益的纠结、分裂与冲突，这种分裂与冲突更多缘于自我不断变化的需求和期望难以得到有效满足。在今天的"离婚文化"中，离婚被视为一种逃离那种不能满足夫妻双方任何一方目标的婚姻的方式。[2]离婚的原因不断发生变化，因为结婚的

---

[1] ［加］唐纳德·柯林斯等：《家庭社会工作》（第四版），刘梦译，中国人民大学出版社2018年版，第85页。

[2] 参见［加］唐纳德·柯林斯等《家庭社会工作》（第4版），刘梦译，中国人民大学出版社2018年版。

原因也在不断改变，我们对所谓"美好"婚姻的决定因素的标准近年来也在稳步提高。① 男性和女性在生活中追求婚姻质量、享受幸福能力的期望不断提高，家庭的活动也随着成员的需要和发展目标的不同而发生变化。

其二，婚姻家庭系统在稳定与变化之间寻求平衡。结婚，与他人建立亲密关系，在共同生活中"彼此检验对方"，并长久发展是婚姻延续的一种相对稳定的状态。稳定使日常生活充满活力，可以预测，但是稳定的状态下仍然需要回应一些难以预测的需求。婚姻或家庭系统在面临情境性和发展性的压力时，会改变其权力结构、角色关系、关系规则。近十年来，中国社会中的离婚率逐渐增高，离婚或者家庭解体的其他形式都已经成为改变家庭关系结构的因素之一。危机、风险等难以预料的不确定性因素会破坏家庭的内衡，动荡的危机下两性关系经受巨大的紧张与压力，会为宣布结婚或离婚提供契机。总之，婚姻家庭会不断调整自己的规则、行为、互动等模式，形成自己的节奏，面对压力改变或适应，形成一种变化了的平衡状态。

其三，保持家庭内衡需要以满足人们对爱、舒适和安全的需要为目标。人们生活在以婚姻为基础建立的核心家庭中，离婚、分居、单亲等家庭结构的多元形式，都存在于特定的社会文化环境，生活方式、主流价值、角色期望、性别关系等都会影响婚姻家庭形态。不同形式的婚姻状态存在于"服从于自身的规则以及将其自身的信息铭刻进人们的期望、焦虑和行为模式之中"②。贝克夫妇认为，在不确定和充满风险的世界中，人们结婚是为了爱，离婚也是为了爱，一方面两性关系高度紧张，但同时人们对找到真爱和归属怀着深切的希望和理念。③ 新型家庭制度下青年家庭生活更加注重夫妻双方的个人幸福和情感满足，他们建立的稳定的家庭关系更多依赖于家庭成员之间的合作、交流和彼此之间正面情感的最大化，未来这一功能还将大大加

---

① 参见［加］唐纳德·柯林斯等《家庭社会工作》（第4版），刘梦译，中国人民大学出版社2018年版。
② ［英］安东尼·吉登斯：《社会学》，赵旭东等译，北京大学出版社2003年版。
③ ［英］安东尼·吉登斯：《社会学》，赵旭东等译，北京大学出版社2003年版。

强,情感在维系家庭关系中的比重不断增加。如何重新整合、接续情感关系中所珍视的婚姻、家庭关系,维护婚姻家庭长期稳定发展是需要面对与认真反思的问题。

其四,新冠肺炎疫情之后,国家应把家庭建设作为社会建设的重心。不论时代发生多大变化,不论生活格局发生多大变化,我们都要重视家庭建设,促进家庭和睦。家庭的变化既是个体选择,也是社会变迁的结果,婚姻家庭的变动很大程度上取决于制度环境和社会发展状况。疫情对社会、经济、文化的冲击和不确定感,影响了青年的婚姻和家庭行为,也将会对福利、保障、家庭发展等方面提出新的要求。家庭作为社会的基本组织,无法独立地承担集体性风险的重担,它必须从社会获得支持和资源。家庭生活的公共规则是建立在某种具有影响力的意识形态系统之上,这种意识形态的潮流通常是由公共领域,包括政府、法律、教育、大众传媒等来领导。[①] 疫情之后,国家应把家庭和谐发展作为社会建设的重心,出台相应的社会政策,建立社会支持系统,维护家庭内衡,保障家庭健康有序发展,努力实现使千千万万个家庭成为国家发展、民族进步、社会和谐的重要基点的目标。

第三节 何为婚姻质量

从多样化的离婚问题、风险社会婚姻与家庭的均衡发展,可以看出当代青年一直在努力追求并竭力调适婚姻生活的状态,提高婚姻家庭生活质量。何为青年认可的高质量的婚姻?婚姻质量与婚姻稳定的正相关关系何以呈现?

一 关于婚姻质量的研究概况

20世纪50年代与80年代新《婚姻法》颁布后,中国两度兴起

---

① [加]大卫·切尔:《家庭生活的社会学》,彭铟旎译,中华书局2005年版,第173页。

了离婚热潮。这股热潮到了 90 年代,不但没有减弱,反而愈演愈烈。"1986 年全国离婚人数才突破 50 万对;1989 年迅速上升到 75.3 万对;到了 1995 年,则已经突破百万大关。"[①] 婚姻稳定性的下降引起了人们的担心,对于以往将"从一而终"作为婚姻理想的中国人来说,大规模的离婚现象很可能引发一系列社会道德问题。人们开始关注衡量婚姻稳定性的重要指标:婚姻生活质量。婚姻生活质量即婚姻质量,它的概念在学术界还没有统一的界定。卢淑华、文国峰将婚姻质量定义为与社会发展一致条件下的人们对自身婚姻的主观感受和总体评价,认为"从婚姻主体的角度看,婚姻质量的好坏取决于婚姻当事人对自己婚姻的评价与心理感受。这种以主体意识为核心的价值取向,不仅是现代社会发展的主流,其中也必然包括婚姻评价的价值观念"[②]。徐安琪、叶文振认为婚姻质量为"夫妻的情感生活、物质生活、余暇生活、性生活、夫妻双方的凝聚力在某一时期的综合状况"[③]。另外,蒋青的《城镇居民生活质量及其影响因素》[④],黄立清、邢占军的《国外有关主观幸福感影响因素的研究》[⑤],董淑芬的《幸福感、幸福取向:和谐社会的主体动力、终极目标与深层战略——以南京为例》[⑥],这些文章把婚姻作为生活质量的一项指标进行研究,探索了婚姻对生活质量的重要作用。林南等的《生活质量的结构与指标:1985 年天津千户户卷调查资料分析》[⑦],卢淑华的《中国城市婚

[①] 刘崇顺:《爱情与婚姻质量》,《社会》1999 年第 3 期。
[②] 卢淑华、文国峰:《婚姻质量的模型研究》,《妇女研究论丛》1999 年第 2 期。
[③] 徐安琪、叶文振:《婚姻质量:婚姻稳定性的主要预测指标》,《上海社会科学院学术季刊》2002 年第 4 期。
[④] 蒋青:《城镇居民生活质量及其影响因素》,《财经科学》2004 年第 1 期。
[⑤] 黄立清、邢占军:《国外有关主观幸福感影响因素的研究》,《国外社会科学》2005 年第 3 期。
[⑥] 董淑芬等:《幸福感、幸福取向:和谐社会的主体动力、终极目标与深层战略——以南京为例》,《南京社会科学》2008 年第 1 期。
[⑦] 林南等:《生活质量的结构与指标——1985 年天津千户户卷调查资料分析》,《社会学研究》1987 年第 6 期。

姻与家庭生活质量分析——根据北京、西安等地的调查》①，风笑天、易松国的《城市居民家庭生活质量：指标及其结构》②，等等；文章认为婚姻满意度是研究生活质量的一个重要向度，阐述了婚姻满意度与生活质量的关系。综上所述，判断婚姻生活质量高低既包括夫妻对其婚姻生活的主观感受，其主要指标是婚姻幸福感、满意度；也包括客观生活条件下婚姻与生活质量的互动。

社会学家相信，"婚姻质量和稳定性之间存在着正相关关系，即婚姻质量越高，婚姻的稳定性越好"③。婚姻生活质量非常注重人们对自身婚姻生活的感受，其高低主要通过已婚者对婚姻生活的满意度和幸福感表现出来。"高质量的婚姻表现为当事人对配偶及其相互关系的高满意度，具有充分的感情和性的交流，夫妻冲突少及无离异意向。"④ 由徐安琪、叶文振主持的"中国婚姻质量研究""中国社会转型期的离婚研究"等课题，否定了中国婚姻"低质量、高稳定"的流行观点，但同时也印证了中国目前的夫妻关系远未达到高质量的水平。

"一千个人心中有一千个哈姆雷特"，不同的人由于生活环境、个人经历和价值观的不同，所以对幸福的理解也是不同的。有些人在婚姻生活中看重物质生活的满足，有感情更好，没有也并不重要；有些年轻人不介意物质生活条件差一些，但在婚姻生活中结婚的两人一定要有爱情，婚姻中要有高质量的情感生活；新时代的80、90后青年，尤其是城市青年从小就生活在物质比较优渥的环境，对生活幸福要求比较高，既要有优越的物质生活条件，更要有相爱的另一半，最好再有简单的婆媳关系……这种源于个体主观感受的幸福感，很难有一个统一的标准。

---

① 卢淑华：《中国城市婚姻与家庭生活质量分析——根据北京、西安等地的调查》，《社会学研究》1992年第4期。

② 风笑天、易松国：《城市居民家庭生活质量：指标及其结构》，《社会学研究》2000年第4期。

③ 徐安琪、叶文振：《婚姻质量：婚姻稳定性的主要预测指标》，《上海社会科学院学术季刊》2002年第4期。

④ 徐安琪：《婚姻质量：度量指标及其影响因素》，《中国社会科学》1998年第1期。

但是在同一地域、社会、文化环境中，同一时代的人们在观念上总会有共性。幸福的婚姻有着公认的衡量要素，在通过对大量夫妻的深入访谈后，我们发现一些衡量大众婚姻生活水平的关键因素，不一定是绝对的，但基本能够反映出大部分青年夫妻对幸福婚姻的期望。

二 衡量婚姻质量的关键因素

当今社会正经历着前所未有的深刻转型，婚姻家庭作为社会的细胞，也不可避免。社会转型变迁使青年婚姻生活无论是从结构、观念，还是内容、形式上都发生了巨大变化。青年尤其是90后青年婚恋双方除了考虑社会、经济方面的原因，更注重考虑婚姻生活质量、幸福感等因素。婚姻生活质量的高低主要依靠已婚者自身的感受和评价，这种感受和评价不可避免受到不同时代的婚姻观念的影响。

从理论上讲，幸福的婚姻的理想状态包含爱情、宽容、责任的共存，但现实中的婚姻是一对对性格迥异的男女结成的夫妻关系，组合方式多种多样。尤其是在80、90后青年群体中这三种要素在不同的婚姻中形成不同的形态。有的婚姻幸福美满，有的关系失调，最后解体。通过对80、90后青年的婚姻调查研究。研究发现主要有以下几个方面影响着青年的婚姻生活质量。

（一）青年择偶的婚前感情基础

徐安琪在"中国转型期的婚姻质量"课题调查中发现，婚前因素中"对未婚夫（妻）缺点的了解"对婚姻质量的影响最大，结婚时双方的感情深度无疑具有基石作用。[1] 当今社会青年崇尚自由恋爱，笔者调查中发现，26.1%的青年恋爱对象是自己生活工作中结识的，22.5%通过同学同事介绍，16%的通过亲朋好友介绍。自己相识以及熟人群体的介绍在青年择偶中占多数的比例。但是当今的介绍型婚姻与昔日的包办型介绍有本质的不同，它实质上仍然是，亲戚朋友提供一个结识的渠道，双方有意愿的话，认识后自由交往，自主决定是否确立关系进一步发展。很多访谈的对象都提到，自己选择与现在的伴

---

[1] 徐安琪：《婚姻质量：度量指标及其影响因素》，《中国社会科学》1998年第1期。

侣结婚是出于感情上互相喜欢。婚前良好的感情基础，是保证婚姻生活的质量基础。

在1991年关于北京的婚姻与家庭的调查中发现，自己相识而结合的家庭会更美满。因为这样的情侣在婚前交往密切，彼此之间的感情更深。与自己相识的伴侣结婚时有近80%的人是全心相爱的，比经人介绍的高出16.5个百分点，而且自己相识的伴侣在婚前的感情基础要比经人介绍的好一些。同时，在婚后生活中，对目前婚姻"非常满意"的约占50%，其中自己相识而结婚的择偶者所占的比例更高一些。[1] 这说明了90年代人们对婚前感情基础已经非常重视，认为它对婚姻生活质量有重要的影响。2019年共青团中央关于《青年婚恋状况的调查》显示，未婚青年择偶时重视的因素中，发现无论男女，都非常重视"体贴、关心人"和"志同道合"两个因素。这从侧面说明了新时代青年对感情因素的重视，对婚姻生活质量有较高的要求。对于青年夫妻而言，在各种社会因素快速变动的环境下，婚前良好的感情基础在婚后抵御压力、风险等方面会发挥积极的作用。

（二）婚后两性关系的权力结构和内部分工

首先，家庭"合作社"功能弱化。传统社会核心家庭性别特征是"男主外，女主内"的分工模式，生儿育女、洗衣做饭、承担家务等后台工作传统上都由女性来承担，男性的主要家庭职责是就业与家庭的经济支持，两性在此基础上形成紧密的家庭"合作社"的组织模式。面对着现代力量的冲击，市场经济理性地打破了权利义务的平衡，个体传统的婚姻价值观念发生转变，个人主义盛行。个体化动力不断向家庭扩展，个体化等多种因素使家庭关系与共同生活的形式变得松散和不稳定，人们从家庭婚姻中得到的支持和保障正在降低，在家庭内部，男女两性都承担着婚姻的风险。[2] 从需求共同体变成一种

---

[1] 崔凤垣：《北京市已婚女性人口的婚姻与择偶》，《人口与经济》1994年第3期。
[2] 薛红：《在个体化浪潮之中的性别身份和婚姻家庭——贝克的〈风险社会〉中的性别和婚姻家庭分析》，《国外社会科学》2001年第3期。

选择关系,家庭的角色模式逐渐趋向于以夫妻双方的具体情况为依据。

笔者调查过这样一个案例:2008年自由恋爱结婚的文文,刚结婚时,丈夫在西安某电脑城上班,销售电子设备,女方在一家大型房地产公司上班,女方比男方收入高。因为女方工作性质,相对较忙,所以怀孕生完孩子之后将自己的父母接来一起生活,照顾孩子。慢慢地,男方销售业绩不是很好,就辞职了,没有找到合适的工作就赋闲在家,不干家务也没耐心照顾孩子,还经常与丈母娘争吵。女方房地产销售工作强度大,后来又升职了,收入丰厚,后来连周末都非常忙碌,但是回到家中非但得不到丈夫的关心,还要受到丈夫的冷嘲热讽,不久就闹到了离婚这一步,由女方首先提出,为顺利离婚她支付给了男方一笔费用。后来女方再婚,老公经济实力较好,和第二任老公又生育了一个女儿,女方辞了工作专心在家照顾孩子,也避免了因为工作忙碌而忽略家庭。直到孩子一岁多,才出来继续工作。她觉得自己这才是正常的生活状态。

在新时代的婚姻关系中,"个体不再只是屈从于家庭的需要,而是将个体的需要带入家庭。一旦个体的需要得不到满足,家庭就有濒临破裂的危险","家庭共同利益和男女两性间不同的利益需求存在着明显的张力","社会制度提供了可预测性、资源和技术,使个体能够发展出独特的生活方式"。制度赋予了个体选择的可能,当今青年被迫承担绘制自己人生道路的责任,青年婚姻家庭生活实践,逐渐打破了传统的伦理规范与标准化行为模式,弱化了传统家庭性别角色的刻板期望,两性的人生轨迹中逐渐出现个人设计的逻辑,家庭团结的义务进一步瓦解。

其次,女性经济、精神的独立。社会是由两个不同的生活领域构成的,一个是公共领域,一个是家庭私人领域。① 私人领域与公共领域并不能完全脱离,公共领域的状况与决策不停地在向私人层面转化、延伸,成为个体化私人生活的重要组成部分,但它几乎不会顾及

---

① [加]大卫·切尔:《家庭生活的社会学》,彭铟旎译,中华书局2005年版,第111页。

私人生活所遭受的后果。①公共政策对私人领域的渗透降低了对发生在家庭内部冲突的容忍度；男女角色的分工，传统的核心家庭典型的工作与生活模式，全面的工业化和现代化的冲击下与新的家庭形式与角色形成互斥。当今社会个体权利的崛起，家庭"合作社"功能弱化，使性别分工失调，现代社会女性经济的自主增强了抗风险能力。婚姻中任何一方角色规范的退化，权利、义务的错位，形成的不平衡、不对等的关系都会影响两性婚姻生活质量，冲击家庭系统的稳定性。

（三）青年性生活满意度

婚姻生活中非常重要的一部分便是夫妻性生活。在中国传统观念中，不论是对合法的还是非法的性行为，都是不予言说的。但是今天在青年同居、试婚等婚前行为过程中，"同居和婚前性行为的普遍发生被视作第二次人口转变的主要特征"②。性生活是婚姻生活中不可或缺的一部分，性生活的满意度已经成为衡量未来婚姻幸福与否的重要指标，它直接影响着婚姻生活质量高低。现代夫妻关系首先是情感伙伴，然后是合法的性伙伴，再然后才是别的关系伙伴。③情感维系是现代夫妻关系的基础之一，而性生活满意度与夫妻间的情感状况存在着互为因果的关系。性生活虽然仅仅是婚姻生活中一个组成部分，然而它却是婚姻关系的黏合剂。和谐的性生活会产生对彼此的信任感，这种信任感能促进夫妻间的亲密关系，构成夫妇间推心置腹的相互依赖性。④笔者调查发现，离婚的80、90后群体中，虽然大部分离婚理由都是"感情不和，感情破裂"，但其中性生活不满意导致的离婚占一定的比例。有因性生活不满意出轨的，有因无性婚姻离异的。性生活满意度已经成为当代青年婚姻质量高低的一个重要影响因素。

---

① ［德］乌尔里希·贝克：《风险社会新的现代性之路》，张文杰等译，译林出版社2018年版，第163页。

② Van de Kaa, D. J., *Europe's' Second Demographic Transition*, Population Bulletin, 1987, pp. 1–57.

③ 房启英：《性生活不和谐会危及婚姻》，《新农村研究论丛》2000年第2期。

④ 王存同：《中国婚姻满意度水平及影响因素的实证分析》，《妇女研究论丛》2013年第1期。

（四）物质生活满意度

中国有句古话说"贫贱夫妻百事哀"，婚姻不同于恋爱时的风花雪月，婚后柴米油盐的日常开销、生养教育子女的支出、人际交往等各项活动都需要经济开支。大量研究表明，如果家庭因为收入较低、不稳定、住房压力等，给生活带来了困难时，对夫妻双方来说是一种慢性压力，时间久了，就会产生沮丧、不满和抑郁的情绪。家庭经济困难会导致夫妻对于钱财管理和使用的冲突，引发夫妻愤怒、情绪爆发以及夫妻冲突的行为。[1] 这些消极的互动内容（如互相批评、指责、缺乏彼此关注和退缩）和消极的情感表达（如生气和威胁性的身体姿势）自然会影响夫妻关系的和谐[2]，进而降低生活幸福指数。客观上说，这种情况在农村80、90后青年中表现较为突出，城市80、90后青年多为独生子女，即使自身经济能力不足，婚前双方家庭的资助，经济压力可以得到缓解，在城市青年婚姻危机中经济问题往往不是主要原因。

笔者调查过这样一个案例：

LGX（男）1988年出生于陕西安康某镇。2014年在西安打工，经同学介绍认识了1990年出生的LJ（女），陕西安康人，两人在短暂的相处后，便确立了恋爱关系。LGX全家当时住在哥哥修的三层小洋房里，当时有小轿车一辆，这样的配置在农村算是中等偏上的家庭了，LJ误以为房子是LGX的，觉得LGX家境不错，相处起来也没有不适，不能说感情有多深，但起码日子能过下去，然后就同意结婚了，殊不知LGX外债已经有好几万元，这也为后来的离婚埋下了隐患。结婚之后，LGX就外出打工，而LJ则留在农村家里和LGX的父母一起生活。婚后半年，LJ生下一男孩，这个孩子的到来使全家乐开了花，LGX父母很是高兴，一家人其乐融融。但孩子由于是早产，必须在医院的保温箱里待段时间，为了付住院开销，LGX只好把车变

---

[1] 张会平、聂晶、曾杰雯：《城市家庭管钱方式的特点及其对女性婚姻质量的影响》，《中国临床心理学杂志》2012年第2期。

[2] 张锦涛：《夫妻对沟通模式感知差异与双方婚姻质量的关系》，《中国临床心理学杂志》2011年第3期。

卖来负担医疗费。LJ发现丈夫这么多年来其实并没有多少积蓄,本以为可以过着轻松自在的美好生活的幻想打破,LJ态度发生了很大转变,但因为孩子还小,她就经常因为一些孩子用钱、生活开销的小事情吵吵闹闹,LGX以为这是产后情绪低落的正常现象,并没有太多在意。后来,LJ再次怀孕,生下了一名男婴,一家人很高兴,但也非常的无奈,因为生活的负担太重了。LGX从结婚加上有了孩子后多了份责任感。为了能让妻儿过上幸福的生活,也是时常在外奔波寻找各种能挣钱的活干,最后决定和他人合伙承包了一个工程,由于能力有限,结果辛辛苦苦干了大半年,一分钱没挣到,还欠了一屁股债,过年期间要债的追到了家里,这更是激起了LJ的不满,和LGX大吵了一架。吵架归吵架,生活还得过下去,LJ就给丈夫提议,办一家装修公司,两人商量决议后,LJ带着两个孩子和LGX在西安办了一家装修公司,起初没有地方居住,借住进了丈夫哥哥在西安的房子里,女方自己家生活和哥嫂的生活形成了鲜明的对比,再加上公司根本不赚钱,又欠了十几万元的外债。婚后种种现实生活抨击下,LJ美好生活梦想一次次破碎,她果断地选择了离婚。丈夫不同意离婚,但是她坚决离婚,而且一个孩子都不想带走,她愿意每个月给两个孩子抚养费,最终将6岁和4岁的两个孩子都留在了男方家,LGX在生意上失利,婚姻失败双重打击下痛苦不已。LJ狠心外出打工,两人在分居两年后通过法庭判决结束了婚姻。

尽管20世纪90年代以来,已婚女性进入劳动力市场的比例越来越高,但传统社会中仍然认为家庭经济状况与丈夫的养家角色密切相关。如果家庭收入较低,那么妻子极有可能认为丈夫没有完成他应承担的工具性职能,容易产生对整个婚姻关系的失望和不信任,认为自己做了错误的决定,不应该嫁给这样的男人,进而影响妻子的婚姻幸福。[1] 家庭的物质生活条件对妻子的婚姻满意度的影响尤为明显[2],

---

[1] 张会平:《家庭收入对女性婚姻幸福感的影响夫妻积极情感表达的中介作用》,《中国临床心理学杂志》2013年第2期。
[2] 童杰辉、张慧:《社会经济地位对婚姻关系的影响》,《广西社会科学》2015年第9期。

一旦妻子丧失了对丈夫及家庭的信心，家庭解散的可能性增大。

三 小结

青年的婚姻行为、态度与婚姻生活质量的要求密不可分。此外，婚姻生活质量还会受到时代变迁中其他因素的影响。纵观改革开放四十多年来，社会急剧转型，市场经济深入发展，人口的大规模流动，价值多元化，大众传媒、娱乐生活的多样化，青年的婚姻生活质量受到了不同程度的影响。婚姻质量的高目标希冀与自身能力不足之间往往产生较大的落差。

今天，在许多国家中一个很重要的趋势所谓的"习俗的衰落"。越来越多的男女和家庭打破了人们所惯常的自然法则，在情愿或不情愿的状况下体验着离婚后另一种新的家庭组合形式。我们该如何理解这种新型恋爱或家庭关系？曾经紧密相连的三个生存条件地域、婚姻、孩子已经被相互割裂开，认为家庭只能依附于婚姻这种看法逐渐被打破。爱、性、婚姻与家庭的是非观矛盾同时又不同步中并存、撞击着。

通过众多案例研究发现，家庭是传统、近代和现代等不同生活轨迹紧密交织在一起的混合体，各种复杂的因素影响了人们对婚姻生活幸福感的判断。婚姻生活质量不再单纯地受某一因素的制约，它们的高低是社会变迁中多种社会因素综合作用的结果。但是我们不能认为哪些社会因素的变迁提高了婚姻生活质量，哪些因素降低了人们的婚姻满意度。这些社会因素的变迁只是一种客观存在，它们到底起的是积极推动作用还是消极阻碍作用，还要看婚姻当事人心目中幸福婚姻生活的标准、个体的自身感受，以及在社会变迁中个体所做的自我选择。

第五章　典型个案：价值与选择

对80、90后青年离婚问题的研究，最深刻的感受就是"无理由离婚"是当代青年简单、高效的解散婚姻的快捷方式，不是没有理由，是太多的理由，不想言说。网上流行90后青年离婚的一种说法，"一别两宽，各生欢喜"总要好过"虽然不幸，但我认命"。每一个婚姻解体背后都有一个异常复杂的故事，尤其是不同地域、城乡之间、高层次知识分子与文化程度较低的青年群体，差异高度可见，理解这种差异、复杂、多样性是如何产生的，对解释青年高离婚率问题尤为重要。研究通过翔实的个案呈现，从情感、利益、关系角度探讨，丰富、深入对新时代青年离婚问题的理解。

第一节　情感：角色规范的变迁

家庭是由具有亲密关系的人所组成的群体，这种亲密关系被认为是经历了较长时间并且跨越了代际。家庭社会学研究强调对个人理解，即理解我们和其他家庭成员所度过的那段时光是如何对我们产生影响的。这里强调的是个人的活动以及人格特点是如何受到人们生活的环境以及与人们进行互动的他人的影响。[①] 不同的地方、不同类型的家庭会产生不同的结果，不管是在我们自己的经历中，还是那些生活在我们周围的其他人的经历中，围绕情感、角色主题的家庭生活不

[①] [加]大卫·切尔：《家庭生活的社会学》，彭铟旎等译，中华书局2005年版，第2页。

断发生变化，一方面是变化和可选择的生活方式；另一方面是家庭的瓦解和重组，这些都会让我们遭遇一些复杂多样的，我们所不熟悉的生活方式。所以，对于每个个案的理解都不能离开其发生的背景和情境。本节选取了笔者调查的城市80、90后青年精英的离婚个案、农村新生代80、90后的离婚个案、流动到城市的文化程度不高的青年婚姻解散的个案，说明情感变化过程中个体的角色变迁与认同。

一 我的老公是隐性"精神疾病患者"

一位女性朋友小丁给我打电话说："我协议离婚了。"

小丁是1986年出生的独生女，四川大学研究生毕业后在西安考入了公务员系统。爸妈都是高级知识分子，妈妈在她择偶方面干预过多，总是希望自己的女儿能找一个各方面都非常优秀的男孩子，所以她一直帮她严格把关。女儿在川大上学的时候谈过一个男朋友，因为男方家是四川的，她不想女儿留在外地工作，就没同意，小丁回西安工作后，两人就不了了之了。她妈妈拜托了周围很多朋友给女儿介绍男朋友。之前也给笔者说过帮忙留意同事中间性格好、个子高、家庭环境合适的青年。选来选去，拖到了快34岁了，妈妈这下着急了，觉得女儿快进入大龄剩女了，后面选择范围会更加有限。

恰好这时，她妈妈的朋友给介绍了一个各方面都比较优秀的男生，1985年的，家里独生子，是一位大学老师。小丁的妈妈见过之后，比较满意，小丁自己感觉两人相处得不错，两人谈了半年多的恋爱，水到渠成地走进了婚姻，生活一直比较幸福，结婚第二年就生了一个儿子。

问题出现在孩子一岁多的时候，她发现老公有一段时间脾气非常暴躁，一点小事就摔东西。孩子吓哭了，他不但不哄，还气得使劲砸墙。她觉得不对劲，哄着老公去医院后，才发现老公及家人在婚前隐瞒了他以往的精神疾病史。虽然他们家人一再说是已经治愈，但医生说不能受大的刺激，还是需要药物巩固，并且不能保证不再复发。

她整个人如坠冰窟，一下子傻了，不知道如何去面对这个现实。结婚三年才发现老公隐瞒了精神疾病史，虽然说是已经基本治愈，但是她觉得隐瞒本身就是对她的不尊重。小丁的妈妈非常不能接受,狠狠地批评了她老公父母隐瞒病史的不道德行为,她觉得女儿未来的生活存在很大的安全隐患。

自从这个事情被发现之后,她说她老公就像变了一个人,阴沉寡言,要么不在家,回来就是长时间沉默不语。她觉得老公在她面前有了沉重的自卑感,可能也有内疚吧。之前她们一家3口住在新房里,婆婆不时过来帮下忙,现在她婆婆搬过来跟他们一起住,帮忙照顾孙子,也顺便照顾儿子,但是她对婆婆很难再有以前的亲昵感。日子浑浑噩噩地拖了几个月,小丁觉得很累,她确定两人无法再回到最初的信任状态。

她说即使我心无芥蒂,老公也已经对我的言语敏感多疑了,我再不能像以前一样跟他开玩笑说"你神经啊",何况她内心也有很大的担忧。夫妻关系、婆媳关系都变得很僵硬。她冷静地考虑了几天,跟老公商量签署了离婚协议。老公很平静地同意了,似乎一直在等她开口。她搬回了自己的妈妈家里,妈妈是无条件支持她的。她说,房子是老公父母买的,婚后工资各花各的,现在只是重新换个证,各回各家,没有任何利益牵扯,她自嘲说离婚比结婚简单多了。

笔者问她孩子怎么安排的。她冷静地说:"孩子指望老公肯定不行了,我问婆婆,孩子你要带,我就留下,你照顾不了,我就带走,我来照顾他。"后来,她婆婆恳求留下孩子,她定期去探望孩子。

在中国这样一个"普婚制"社会,婚姻是构成家庭的基础。社会学上家庭的定义是与社会环境及文化环境相关联的,这其中包含了人们如何思考家庭、人们如何谈论家庭以及他们所进行的日常生活。呈现在80、90后青年个体上的矛盾是,婚姻关系一部分建立在情感之上,一部分建立在他们相互间所进行的、值得交换的具有实际意义的帮助之上。在家庭内部,个体之间情感、责任分配时,通常会考虑幸福生活的标准、理想家庭的追求,以及两性关系的质量。个案中的小丁,婚后发现丈夫隐瞒了隐形的精神疾病,两个人的感情一下子降落到冰点,她觉得此事之后,不管她还是她老公,两个人在一起生活总会障碍,她说,以前习惯开玩笑的时候说"你神经啊",如今,再也不敢随便说话，两个人已经心有隔阂，而且她与她妈妈对现在共同生活的环境中的丈夫的精神疾病的隐患，是非常担忧的，勉强生活在一起大家都不开心。逃避可能导致情绪恶劣的不良婚姻环境，是她选择解散婚姻的重要原因。

婚姻生活的变化很大程度上受到角色进入和家庭角色退出的影响。家庭有序的运作是建立在家庭成员之间情感合作和他们之间正面情感最大化的基础之上，在高质量的婚姻关系中，婚姻当事人应当以夫妻地位平等为基础，建立一个相互尊重、相互关爱的婚姻家庭环境，当其中一方或是双方都失去对方的感情或信任，婚姻关系就面临崩溃，婚姻生活质量也就无从谈起了。在笔者 2018 年陕西青年离婚问题调查中，80 后、90 后离婚的首要原因都是性格差异大，分别占比 61.9%、68.6%，青年日益关注婚姻生活的质量，婚姻的取舍更多地以个人感受为出发点。

二　传说中"同性恋"竟然出现在我的家庭

这是离婚登记处的一位中年女性工作人员讲述的一个案例。因为男方当事人填写了我们留在登记处的问卷，我电话联系过他，他拒绝见面访谈，电话里聊了一会，他说大概过程跟工作人员说的差不多，给我补充说明了一些情况，同意我们使用这个案例，但一定要匿名。1992 年出生的小伙陈某，我没有见过，但工作人员说，看一眼很难忘记，可帅气了。

笔者访谈时陈某说："我不歧视同性恋，但是希望他们（她们）只在自己的圈里混，还是别祸害无辜了。离婚后，我现在都不敢再交女朋友，遇到女生我不自觉地就会想，不知道她是不是同性恋？我自己都觉得自己有点变态了。"

工作人员说："女方人也很好，漂亮、时尚。与陈某两个人看上去郎才女貌，特别般配。那天下午快下班的时候，他们过来，我当时还以为是要结婚的走错地方了呢，因为我们结婚、离婚办公的地方，在进门走廊两侧。他们说来办离婚的，我非常惊讶，还想把他们劝走，告诉他们快下班了，让他们回去再考虑考虑，改天再过来。女方看了男方一眼，没说话。男方说'下班还有半个多小时呢，我之前了解过情况，证件都带齐全了，办起来也快'。没办法，只好按程序办理。两人都是90后，结婚还不到一年，没孩子，已经商量好了一切，真正办起来也就10分钟。手续办好了，女方说了一句'对不起，我先走了'。小伙子没吱声，还是静静地坐着。那天下午天气不好，有点阴天，要下雨的样子。快下班了，也没有别人。他一直呆呆地坐在柜台边，一动不动。我就说，小伙子，早点回家吧。他一下子反应过来说：'家，我还有家吗？阿姨，你看我俩是不是特别般配？所有的人都觉得我俩般配，我恨死这种般配了。就因为我喜欢她，我俩看上去般配，她就祸害我，凭什么呀？阿姨，你看不出来吧，她是同性恋，她永远都不会喜欢我，她跟我结婚，就是要给她的父母一个交代。可是我不是同性恋啊，因为我倒霉喜欢上她了，她就跟我结婚，凭什么这么害人啊？你说这日子我怎么过！'"

工作人员说，她当时非常惊讶，各种各样的离婚事件看多了，这种情况还真是第一次遇到。小伙子特别难过，也许是对着知情的陌生人，他终于可以发泄情绪了，说着说着，就泪流满面了。

笔者采访陈某时，陈某说："她跟我说，女方父母都是国家干部，性格严谨古板，肯定接受不了她的性取向，她本来不打算结婚，可是她是独生女，去年她妈妈得了重病，希望她找个合适的男朋友，早点成家。那个时候刚好认识了我，我喜欢她，又一直追求她，她父母都喜欢我，对我很满意。她说，当时只想跟我先谈恋爱，应付一下父母，后来再慢慢给我说明实情。可是我那时对她一见钟情，被爱情冲昏了头脑，她父母也喜欢我，暗示我们以后结婚后，孩子交给他们带，我们什么不用操心。我突然在她父母面前求婚，她措手不及但也没有理由拒绝。后来没有说明是因为她说她突然觉得这样结婚生活也挺好，她想改过来。订婚后半年就结婚了，也许她也努力过，婚后半年的生活平和、幸福，直到她原来的'恋人'找过来。可笑吧，我见过那个女生，以为她们是闺蜜，还请过她吃饭。后来平静被打破了，她开始魂不守舍，总是发呆。最后终于给我坦白了，说，对不起，虽然她一直压抑自己，但再见到她的'恋人'，她就知道性取向改不过来,她还是爱'她'。你看像不像现实版的小说,传说中的同性恋居然被我遇上了,还成了我的妻子?她给我道歉,但不想离婚,觉得既然已经结婚了,请求我帮她再应付一下她的父母,我们各自生活,互不干涉。你听听,自私不?什么叫各自生活,分明是她要自由生活,还拿我当挡箭牌?自从知道了真实情况,我见到她就觉得恶心,一天都过不下去了。我冤枉死了,凭什么要这样毁我!憋屈死我啦,她不愿意说的话,双方父母我是谁都不会给说的,我自己难受就够了,何必再打击老人家,以后知道离婚了,也只能说感情不合。"

改革开放后,政府对同性恋的政策逐渐宽松,社会尤其是青年对同性恋态度变得比较包容,同性恋者也逐渐认识同性恋是个人的私事,自身无罪,没有不道德,可以自由地选择自己的生活方式。有男同性恋者认为自己"我觉得除了性对象跟常人不一样,没觉得和其他男人有什么不同。正常的男人也会有点女性心理。我有比较敏感、脆弱的一面,我觉得这纯属个人性格,跟同性恋无关"①。"同性恋纯粹是个人爱好问题……同性恋与正常人相比,只是某些恋者性方式不一样,性关系的对象不一样,其他一切都没有什么不同……人与人之间的私生活问题,我以为社会全无必要硬性干涉和强制别人,应当的是多内些理解和宽容,让人类活得轻松自在点。"②

但是,社会总体对同性恋还是异样的眼光,传统控制的思维依然存在。大多数同性恋者挣扎在苦闷、自责与掩盖性倾向的生活中。据调查,试图改变自己性取向的同性恋者占被调查者的31%,例如一位男同性恋者说:"最使我痛苦的是经常想找一个健美的小伙子和我做伴……我吃下过雄激素,也吃过雌激素,但没有什么效果,我精神折磨很厉害;简直受不了。"③大多数同性恋者迫于压力和异性结婚扮演"双面人"角色,有90%以上的成年男同性恋进入婚姻状态。④

---

① 李银河:《同性恋亚文化》,内蒙古大学出版社2009年版,第354页。
② 李银河:《同性恋亚文化》,内蒙古大学出版社2009年版,第355页。
③ 金玛:《同性恋》,《祝您健康》1985年第3期。
④ 房先平:《隐忧与希望——中国社会年报(2001年版)》,兰州大学出版社2001年版,第293页。

他们试图用"正常人"的生活方式来掩饰自己。传统观念中同性恋这种反主流规范的现象仍为道德规范不能接受。案例中的陈某的妻子因为迫于父母家庭伦理的压力,与"非同"丈夫结婚,导致了一段家庭悲剧。不管社会如何看待同性恋现象,自由选择生活方式是个人的权利,但应该有边界感,在自己的同类群体的圈内可以合理地行为,在他人不知情的情况下盲目与别人成立家庭,伤害到他人是有违道德的。

三 原生家庭的殇,我该如何经营我的婚姻

在谈论80、90后离婚问题时,原生家庭的影响是不可逃避的问题。研究发现,离异家庭长大的孩子,成年后婚姻更容易出现问题。

古悦(化名)1985年出生,一个乐观、爽朗的四川女性。2009年四川大学管理学硕士毕业后,聘任到西安一所高校当大学教师。我们早期在四川调研的时候,她还是四川大学的研究生,给我们做访问员偶然认识,后来她到西安工作后一直保持联系,刚好在她工作的大学里,古悦与笔者的一位同学是同事。所以后来大家就成了更为熟悉的朋友,笔者也见证了小古工作后恋爱、结婚、生子、离婚近10年的整个生活历程。

古悦是个基督徒,她从上大学就信仰基督教,工作之后,只要有时间,她每周会去教会做礼拜。笔者与她熟悉了之后每次一起吃饭,她都会默默地先做一个饭前祷告。笔者不明白她为何如此虔诚,直到后来,笔者才明白那是她曾经灰暗人生的精神寄托。

后来她知道笔者在做离婚的课题。她主动跟笔者交流,她说:"那是2013年,我还在谈恋爱,还没结婚。咱们是在四川认识的,但我在河南长大。我妈妈是四川人,爸爸是河南人。我的妈妈是一个可悲的不能再可悲的老式女人,已经生病去世了,我现在连恨她都恨不到。她没文化,结过三次婚,第一次婚姻在四川农村,父母之命、媒妁之言,在农村办了婚礼,都没领证。山区太穷了,她也不喜欢那个男人,生了一个女儿之后,自己偷偷跑出来打工了。可是不幸的是她被人贩子骗了,卖到河南,我爸买了做媳妇。我爸是河南农村老实巴

交的农民，比我妈大十几岁呢，家里穷，娶不上媳妇，就借了几千块钱把我妈买回来了。我妈在河南生活了几年，生了我和我妹，在我6岁、我妹妹3岁的时候，她跟四川的家人联系上了，想回老家看看父母，我爸怕她走了不回来，不同意。她就天天在家哭闹，后来爸爸没办法只能让她回去了，但只让她自己走，不能带孩子，我爸想着家里有两个孩子呢，她舍不得肯定会回来的。后来妈妈从四川老家回来了，但是回来跟我爸办离婚的，那时四川家里条件已经好很多了，她还是喜欢老家的生活，四川人会吃，再穷，吃的都很可口的。她厌烦了河南的馒头、面条，也受够了跟着老汉刨土种地紧巴巴的生活。她威胁我爸，她是从人贩子那被买来的，不同意离婚就去告他。我爸没办法，只能离婚了。那时我才6岁，什么都不懂，我妈要了我，带着我回四川了，我妹跟着我爸在河南生活。我在当地农村上了几年小学，她一个没文化的老式妇女，身体又不好，勉强在外面打了几年工养活我俩，离了婚，除了再嫁人还能干啥。后来外公这边亲戚又给她找了一户经济状况还不错的男人，她带着我嫁过去了，那时我大概9岁了，上三年级。继父挺不待见我这个拖油瓶，经常打骂我，生气的时候会把我妈一起打骂。放学之后，家里洗衣、做饭、喂猪啥都让我干，我老老实实地听话，干活，生怕他不让我去上学。我上五年级的时候，妈妈又生了个弟弟，继父说女孩子上完小学行了，家里活多，让我辍学回家看弟弟。我妈妈什么都没说，似乎觉得不上学也没啥。那是我第一次没听他们的话，坚持说我要上学，放学回来，家里的活我都干。继父似乎终于找到了借口，狠狠地把我打了一顿，饿我一天不许吃饭。我记得我妈只是弱弱地说了一句'别打了'，甚至都没敢拉一把，晚上她悄悄过来给我送了两个馒头，劝我听继父的话。那时我特别憎恨懦弱无能的妈妈。后来五年级上完，继父就不给交学费，不让我再上学了，我只能在家看弟弟。在家待得久了，我发现继父突然看我的眼神很怪异，我抱着弟弟的时候，他过来逗弟弟的时候会摸我的脸，我的身体，我觉得非常害怕。我晚上不敢一个人睡，弟弟快1岁的时候，我总是搂着弟弟一起睡，有一种潜意识的恐惧。我不知道该怎么办，什么都不能给妈妈说，我知道她什么也帮不了我。后来我求她，我说我想爸爸了，想妹妹了，求她让我去河南找爸爸。这是我唯一感激她的地方，不管出于什么考虑，她同意了，辗转跟爸爸联系上，我爸爸过来把我接回了河南，和妹妹一起生活。这时候我生活才重新有了安全感。差不多休学一年多，我在河南开始重新读初一，我发奋地学习，初中、高中成绩都特别好，爸爸高兴，借钱也一直供我读书。村长觉得我争气，看我爸供学生读书可怜，就给我爸帮忙介绍了一份给人帮厨的工作，我爸终于有了田地之外的收入。后来我是村里当时第一个考上重点大学的孩子，村长都觉得有面子。我还没上大学的时候，就听说我妈妈已经去世了。据说是生病死的，回河南之后我再也没见过她，说不上特别难过，就是觉得她终于从可悲的人生解脱了。上大学的时候我也不知道出于什么考虑，选择了川大，也许想到四川，换一个角度了解一下这儿最繁华的城市吧。她在这个世上给我留下了一个同母异父的姐姐，另一个同母异父的弟弟，还有一个亲妹妹。姐姐成家了，弟弟在四川那边打工，偶然有联系，但是没有亲情，也没有信任。妹妹我一直带在身边照顾，我妹妹不好好学习，成绩一般。无论如何，我不能让她待在家里等着嫁人。我在四川上大学的时候，在外面租了房子带着妹妹一起过来住，给她在外面找了临时工，让她自己挣钱维持生活。我自己各种勤工俭学，还有奖学金，上了大学就没有再让爸爸花钱。后来让妹妹在四川上了一个技能学校，毕业后她和家住天津的男友一起去天津工作了。我在川大读完研究生，就找工作到西安了，后面的咱们认识之后的事情，你都知道了。这就是我流浪的前半生。我知道你们都疑惑我为什么信耶稣？曾经阴霾无光的生活，如果不是心中有信仰可以宣泄告慰，我不知道煎熬的心灵会不会自暴自弃，堕落下去。曾经我特别恨我妈妈，她让我整个人生里的母爱一直是缺失的，在这个孤独、迷茫的世界里，只有信仰，能够让我毫不顾忌地祷告、宣泄内心的痛苦、压抑。外表上朋友们都觉得我阳光、开朗，其实内心深入的阴影只有我自己清楚，时常担心会重蹈妈妈的覆辙，我死死地控制心灵的恶，刻苦学习，不学坏，不滥交，努力不让这充满负能量的人生歪曲我的价值观。我害怕走进婚姻，又特别想找到一个不介意我的家庭，理解我、真心爱护我的丈夫,信仰告诫我一定要认真善意地经营婚姻,不能破坏婚姻。我以后一定要很用心地经营我自己的家。"

马克思主义文化历史学家雷蒙德·威廉斯认为,生活经验可以通过转换来探索,这种转换发生在他所谓的捕捉,"就像是实际生活和感觉的意义和价值",以及它们与系统信仰互动的"情感结构"中。① 人们脱离不了社会背景,在具体的、现实的生活中,原生家庭的经验、伤痛,不经意间总有它沉淀的阴影。原生家庭的环境对个人心理成长至关重要,家本该是孩子的安全依赖与坚实后盾,但对于少时的古悦而言,家是痛苦的源头。原生家庭对一个人所起的作用是不可替代的。家庭是社会组织的基本单位,是一个人生活、成长的重要基地。② 家庭氛围和谐与否直接影响到个人身心的健康发展。案例中古悦是一个非常特殊的例子,她儿时原生家庭的生活环境起伏、波折,先是跟亲生父母一起生活,后来母亲离婚后,跟着母亲单独生活一段时间,再后来在继父家看脸色讨生活,最后回到独身的亲生父亲身边。她勤劳、努力,坚强又早熟,兼任着母亲的角色照护着妹妹,可是这都弥补不了从小缺失的和谐的家庭环境以及完整的父爱、母爱,用她话来说"流浪的前半生"。这种复杂的家庭关系和家庭氛围使她幼小的心灵承受了无法愈合的伤害。虽然她努力挣脱,但父母之间的某些行为方式还是会映射到身上。

古悦说,她从工作以来,年纪大的老师听说她没有男朋友,都在热心地给她介绍男朋友。她见了几个人,男方条件都挺好的,但她没什么感觉。总是找不到她想要的安全感。她说她最近谈了一个男朋友,是一个朋友介绍的,年龄跟她相仿,学历没她高,普通大学毕业的理科生,是西安一家私营企业的普通员工。现在觉得还好,有共同的信仰,话题也多,他是宁夏人,性格挺大气,父母都在老家那边,而且他是家里的独生子,是健康家庭长大的孩子,她无论如何不愿意

---

① 参见[加]戴尔·斯宾塞、凯文·沃尔比、艾伦·亨特《情感社会学》,张军、周志浩译,江苏凤凰教育出版社2015年版。
② 刘娜:《原生家庭对大学生心理健康教育的影响》,《中国农村教育》2019年第27期。

第五章 典型个案：价值与选择

再找离异家庭长大的孩子。他们已经相处了2个多月了，感觉还挺喜欢他的，精神和谐，感觉轻松，没有信仰障碍。希望两人都能珍视婚姻。再相处半年看看，如果他能理解她的家庭状况，可能就是他了。

笔者知道那个时候古悦已经在复习，准备报考在职博士。2013年年底，古悦决定结婚了，邀请笔者参加婚礼。2014年年初，古悦怀孕了，这个倔强的姑娘，挺着大肚子参加了当年的博士入学考试、复试，辛苦又顺利地取得了来年读博士的资格。然后待产，后来生了个儿子，婆婆过来帮忙照顾，出了月子，休养一段时间之后，刚好回学校一边工作，一边读书，一边养孩子。大家都赞叹她的勇敢、拼命。

她孩子出生后，我去看过她。她生活得挺幸福的。她老公对她很好，也很顾家。现在住的房子首付是婆家付的，他们一起还贷款，婆婆过来现在跟她们一起住，帮忙照顾孩子，她们相处很好。

她觉得自己从小缺少母爱，婆婆的照料让她非常感恩。她说，对现在的生活状态非常满意。她说："更艰辛的日子都熬过来了，这个我能撑得住。我老公喜欢孩子，我也觉得一个孩子太孤单，等博士毕业，我再生个闺女，儿女双全。"2017年春节的时候，听朋友说，小古老公得了重病，住了半年多的医院了。半年后她老公康复了，在家休养。

从阴霾到阳光，命运似乎总在考验这个姑娘。后来听说文松完全康复了，小古也在忙着写博士论文。等到2019年年初，笔者再听到古悦消息的时候，她竟然离婚了。那个坚强倔强的姑娘，那个与丈夫共同经历了疾病生死的婚姻，发誓要用心经营婚姻的姑娘，竟然离婚了。她的婚姻到底又经历了什么，莫名地为她感到心疼。等到我见到她的时候，她已经释然了。

她说："最近一段时间我一直在沉淀心情，难道这是我的宿命？我从来没想过要离婚，可是我还是离婚了。文松康复后，休养了几个月就去上班了，我也开始忙着写博士论文，生活回到了正常的轨道。经历过这么大的疾病，我们更加珍惜现在的健康生活。我以为生活的磨难已经结束了。婆婆一直在这里帮忙孩子，他从生病好了之后，性格有点变化，人容易急躁、发火。我觉得大病之后，性情不好也能理解，想着他好了，去上班之后应该就好一些了。加上2018年年底这段时间，我忙着写博士毕业论文，对他、孩子难免有所忽视，照顾不周，他有时对我发火，我也没太在意。跟他说，坚持半年，等我把论文写完，等毕业了，就没啥压力，可以好好照顾他和孩子了，让他多担待点，刚好这段时间他在家休养，可以给儿子多启蒙一下功课。他也没说啥，因为我晚上加班太晚，影响大家休息等小事，偶尔发火，我着急忙慌地写论文，也就稍微注意了遮了一下台灯光线，没太上心。文松完全好了也回公司上班了。但是后来我才知道，这期间已经留下了冲突的隐患。2019年年初，我博士论文答辩顺利通过，感觉身上的重担总算卸下来了。然后我发现意外怀孕了，那个时候二胎政策已经放开了，他生病康复，停药也快半年了。孩子的到来让婆婆也非常高兴，之前为老公的病她担惊受怕了很久，我们全家满心欢喜地迎接这个孩子。可是谁也没想到3个月去产检的时候，医生说孩子没有胎心，已经死亡。这简直是晴天霹雳。几家医院确诊都是这样，只能流产了，这可能也加剧文松心灵的崩溃吧，我们都在想主要原因应该是之前他生病期间用药过多，尤其是激素类药物的副作用。他自己应该也是这么想的。他很自责，但是生气发火的时候就怪我，大骂我这半年一天到晚趴在电脑跟前写论文，辐射太大。我在家坐了一个"小月子"，他彻底变了，丝毫不顾及我的身体、心情，整个人阴郁又暴怒，对着儿子也是一点小事就大发脾气。婆婆骂了他几次，他也不听，在家一点小事就生气地摔东西、骂人。我知道流产对身体伤害很大，无论如何，我告诉自己，这一个月我不能生气，自己一定要顾及自己的身体，我们开始分房居住，我每天祷告。可是他变本加厉，浑身带刺，一点小事就骂孩子，有时候还动手打孩子，在家里摔摔打打，儿子看了他就害怕，都不敢跟他说话。终于有一天，在婆婆带儿子下楼玩的时候，我俩彻底爆发了，大吵一架。他说，过不下去了，离婚。我也愤怒地说，离就离。至此我俩开始冷战。生气的时候说的话，我没有当真，我没有真的想离婚，但是那个时候我还在月子里觉得冷战挺好的，至少不用听他阴阳怪气的说话，自己闷在房子里眼不见心不烦。这可能是我们感情破裂开始，或许更早就开始了。好不容易熬出了月子，心里还是挺难过的。那个时候他刚跳槽换了工作，工资比之前少了不少，他心情很糟糕。我觉得生活还得继续，试图跟他好好谈谈，缓解一下现在的局面。他还是坚持离婚，婆婆把他大骂了一顿，他不听，跟老人家大吵，气得婆婆回老家了。那段时间我们除了大吵，就是冷战，这辈子最难听的话估计都说完了。儿子受不了这样的家庭氛围，哭着说'妈妈你们不要这样了，我害怕'。那段时间我也快疯了，心情压抑、难过，还累得要命，每天路上来回3个小时去新校区上课，还要赶着接送孩子上学，他什么都不管，儿子也不愿意跟他在一起。没办法最后只好带着孩子暂时搬到学校的教工单身公寓。孩子学校就在公寓所在的院子里，住在这里孩子上学接送节省很多时间，我坐班车去新校区上课，不用天天匆忙从家里坐公交赶时间了，最重要的是我和孩子需要换个轻松的环境喘口气，也希望彼此冷静一下。这也算是正式分居了。我只要有办法我是真不想离婚的。本来想双方都冷静一段时间再看的，但是他是真铁了心的，一点余地不留，当初也不是这样的人，怎么后来就变得这么冷漠了？分居了一段时间，儿子想他了，给他打电话，他也不来看望。有个周末我们学院办会，需要在外面住宿一晚，我给他打电话，想让他带一下孩子，他直接说'关我啥事？'就把电话挂了。我也真是寒心了。实在过不下去了，就干脆离婚算了，6年的婚姻，经历了'生死'、流产，大半年无休止的争吵、冷战，离了至少心里轻松。征求了孩子的意见，他说'如果妈妈每天都那么难过的话，就分开吧，我想跟着妈妈'。我心酸得不行，这么长时间以来，孩子心里很受伤害。我同意离婚，但是我要求孩子必须跟着我。他可干脆了，他是独子，奶奶、爷爷把孙子宝贝得要命，但是他毫不犹豫地同意孩子跟着我，答应每个月给孩子抚养费，隔一两周过来看孩子。他说房子归他，房子首付是他们家付的，但这么多年房贷是我俩一起还的，他给了6万块钱，我也懒得计较了。结婚后一起买的车，他说我要就开走。对于一个没有驾照，不会开车的人说这话，我也是无语了，就这样离婚了。去年，我妹妹在天津也离婚了，她有一个女儿，跟着孩子的爸爸，她现在一个人生活。我反思了很久，我和妹妹两个人的婚姻里面到底有多少来自原生家庭的阴霾？妹妹美丽、文弱，性格与我截然不同，她一直有不安全感。我个性比较强势，对家人、朋友很付出，但是心底深处一直有坚定的自我保护，一直以来遇到磨难我会下意识地先保护自己。有些事，真是没办法，命运弄人。离婚之后心情好多了，好像卸下了背负很久的重负，我现在每天健身，带孩子一起运动，给孩子做营养餐，最重要的是要保证身体健康，我一个单身妈妈，没有生病的条件。"

原生家庭不幸的家庭生活激发了古悦不懈努力的生命认知。有研究表明，家庭经济状况较好的青年人际关系更好，在与人交往中更主动、更外向；而家庭经济贫困和特困的大学生自卑内向，小心翼翼，在人际交往中显得更被动、更内向。[①] 但是小古恰恰相反，她勤奋、活泼、外向，如果不了解她的话，任谁也看不出她家庭生活环境的艰辛曲折，这从侧面反映出她的坚强、不甘与挣脱。努力学习是她自我救赎、与命运抗争的唯一途径。小古无论在哪个家庭都要承担许多家务劳动，在继父家是一个早熟的孩子，无奈要好好表现；亲生父亲这里她是真心想要承担"母亲"的角色，照顾好爸爸、妹妹。上大学期间她一直把妹妹带在身边，她知道如果女孩子一直生活在农村闭塞的环境里，天天跟家务活打交道，视野会永远局限在这样狭窄的空间里，最后只能待在家里早早嫁人，依靠男人生活，或许会重蹈妈妈的覆辙，这是她坚决不允许的。她一直带着妹妹打工、学习，最后送妹妹去技能学校学技术。她坚定地在外部空间里学习、交流、释放不良情绪，为将来自由、独立的人生创造条件。她挺着大肚子参加博士考试，迅速调适丈夫大病后的心理状态，夜以继日地写博士论文，只为尽早毕业，提升自己工作的实力。她灵魂深处有坚守自我保护，始终觉得自己才是最可靠的，这是在原生家庭不安定、不安全的环境下最坚定的认知。

---

① 李辉山、郭殿声：《家庭环境对"90后"大学生人际关系的影响探析》，《兰州交通大学学报》2011年第5期。

离婚是家庭空间与个体空间的取舍。她的妈妈，没有文化，生活在一个又一个男性主导的家庭里。常年束缚在家务劳动和家庭空间中，在三个不同的家庭里生育了四个孩子，一个都不能给提供健康的生活环境，更谈不上好好教养，她妈妈的人生似乎只是为了活着。小古生活中潜意识里一直在逃避妈妈的阴影，她工作很认真，特别重视经营婚姻，择偶更看重对方的性格、健全的家庭环境以及共同的价值观，客观上男方各方面条件都是略低于自己的，这也说明了内心深处对妈妈造就的复杂家庭形态的芥蒂。小古非常用心经营的婚姻，希望家庭和谐稳定，对家人很付出。但她又是理智、强势的，始终不会放弃自己的权利。她不会为了所谓的家庭完整，做出权利妥协，一旦发现丈夫把自己放置在"他者"不公正、不公平的地位，在家庭空间与个体空间的取舍中，她断然维护个体空间。婚姻解散，家庭在空间的破碎、秩序的打乱后，她迅速调整了状态，投入积极的生活中，她能够理性地找到适合自己的排列组合的方式，坚持实现个人价值，古悦的放弃与坚守，潜意识反映了她一直在与原生家庭抗争。

第二节　利益：对话与博弈

在20世纪中期的几十年中，许多社会学家将家庭视为一种小群体或者说就是核心家庭，核心家庭是一种由一对法律上的已婚夫妇和他们的孩子所组成的家庭。核心家庭被认为是进行家庭生产的最基础的单位。现代社会，如果仅仅把青年"家庭"理解成是由丈夫、妻子和孩子所组成的核心家庭的话，那对于家庭的理解会受到很大的局限。当代部分青年婚恋观发生了颠覆性的扭曲转变，所谓别样的"爱情"形式如出轨、"小三"、婚内与他人同居，由多种因素促成，在婚姻家庭中进行着对话与博弈，自由、平等与爱情三者并不能达成统一。下面将结合笔者访谈的几个案例进行分析。

一　出轨婚姻的"凑合"与抗争

自从20世纪80年代以来中国社会发生了翻天覆地的变化，而且它们还在继续发生变化，从而导致了家庭生活的多样性在不断地增长。最突出的原因在于社会、经济和政治的外界环境已与从前大不相同，根植于传统的很多文化、价值观念受到经济、社会发展的挑战。城镇化使得大规模的农村人口迁到城市，社会阶层之间的流动性持续加强。别样的"爱情"形式闯入普通家庭，打破平静，加剧解体。

案例一：男方婚内出轨"小三"。

JG，男，1985年出生，现在是陕北榆林市靖边县某镇的一名半挂车司机。LY，女，1987年出生于陕北榆林市靖边县，现在靖边县某镇经营一家花店。

两人文化程度不高，都只有初中文化，都是附近的农村人，一直在家旁边的镇上打工。陕北部分农村比较保守，父母授意的相亲模式一直存在，二人结婚前不认识，是在父母之命、媒妁之言下介绍认识的，认识后两人相处了一段时间觉得还行，就按靖边县的习俗定了亲。2008年正式结婚，婚后一年育有一儿。儿子活泼可爱但天生患有手疾，左手手指不能自然弯曲，母亲LY一直陪伴在孩子身边照顾，在医生指导下坚持做手部康复。JG为尽父亲义务，给儿子提供最大程度的康复治疗，辞掉原本的工作，开始从事半挂车司机工作（有一定危险性，但工资相对较高），他常年在外地拉活，而LY婚后一直做全职妈妈照顾孩子，没有再出去工作，没有收入。两人这样的婚姻关系状态大概持续了三年。后来JG在外面认识了离异女人王某，王某离异后带着一个儿子生活。在外期间，王某在生活上对JG悉心照顾，二人产生了感情并在外同居。后来LY察觉老公不对劲，通过翻查他的通话记录及短信发现了丈夫的不忠行为，JG出轨的事情被妻子LY知道后，她在家大闹，经亲戚朋友的好言相劝，JG犹豫之下决定与王某断绝关系，并发誓之后一定对妻子忠诚，而LY为了孩子选择了原谅。

夫妻双方在这段时间关系有所缓和，没过多久，LY再次怀孕。但是JG干活工地的老板破产卷款逃跑，JG白干了半年的活，一分钱都没有拿到，心情也很低落，家庭一下陷入困境。此时王某再次出现并表示愿意资助JG，于是二人联系较之前更为频繁密切，JG答应王某等妻子把孩子生下来就离婚，娶她。当LY二胎生下一个女儿后，听到乡亲们关于丈夫再次出轨的闲言碎语后，对JG彻底失望，她主动提出离婚。加上这段时间她自己的父亲生病住院，压力非常大，由于个人家庭条件不好，LY决定必须要靠自己，为照顾父母和孩子，她借钱在朋友的帮助下开了一家花店，每天起早贪黑工作，挣钱养活父母和子女。在男方父母的阻止下，二人协商离婚一直未有结果，但夫妻感情已完全破裂，开始分居。虽然离婚手续还未办理，但这期间JG已与王某正式同居。2017年年底，JG与LY正式协议离婚，8岁的儿子由JG抚养，3岁的女儿由LY养育。双方家人对两人破碎的婚姻感到遗憾。在其分居准备离婚期间，面对乡亲们的冷眼相待，男方的父母曾劝阻儿子，希望能挽回两人的婚姻，但JG坚决要离婚，LY也表示不会原谅在自己怀孕期间再度出轨的男人。父母没有办法，再也不干涉他们的婚姻，但是感觉在乡亲面前非常丢人，已经与儿子分开居住。男方父母对于王某十分厌恶，称如果JG与王某结婚便与其断绝关系，家里的兄弟姐妹也不欢迎王某。一方面由于王某是一个破坏他人家庭的"第三者"，这在JG农村父母的观念中是深恶痛绝的；另一方面，王某带有一子，跟自家的孙子一起生活会对将来生活产生很大的矛盾、压力，所以男方家里坚决不同意他俩结婚。截至目前，JG与王某仍保持同居关系但未再婚。

  80、90后青年择偶、婚姻问题一直是备受社会、媒体关注的一代，随着改革开放的推进，媒体一直宣传电视、网络、父母代为征婚等新式择偶方式，但是中国城乡发展差距较大，择偶变化在城乡发展差异性较大，新式择偶方式虽受到青年的追崇，但仍不是主流的择偶方式，这些方式在某些落后地区，认可度还比较低。个案中JG与LY经历九年婚姻，二者的婚姻有"包办婚姻"的因素，JG称自己与LY之间并无爱情，当初结婚并不是因为喜欢对方才与其结婚，完全是父母意愿。对此LY非常不认同，她觉得虽然两人是介绍婚，但是后面经人介绍认识后，是自由恋爱的，决定结婚也是两个人共同决定的，并没有人勉强，现在说这话，是给自己出轨找理由。事实上在部分农村父母包办婚姻依然存在，但已经不同于传统意义上的绝对包办，子女服从。父母会让子女参与协商，虽然父母的意见很大程度上影响子女择偶，但是最终决定权还是在年轻人个人意愿。从城乡之间的青年择偶差距可见，农村80后青年人的择偶自由度低于城市，但是90后青年之间的差距在逐步缩小，这与新生代农民工大多是自小就是在城市生活有关，已经基本融入城市生活。

案例中两人离婚的主要原因是男方有第三者，两次出轨。LY第一次知道丈夫出轨的事情在夫家大闹，经亲戚朋友的好言相劝，JG犹豫之下决定与王某断绝关系，并发誓之后一定对妻子忠诚，而LY为了孩子选择了原谅。非过错方在家里大闹，借助父母亲友的力量，给另一方施压，是农村女性经常选择的维护自己家庭利益的方式。结合中国农村复杂的情况看待"凑合婚姻"，在中国这样一个多层次生产力结构、文化结构的社会里，人们对幸福的认识结构不一，情感需求不一，追求的目标也不同。是否称得上"凑合"是相对的，是否感觉凑合也因人而异。一般来说，文化程度低，情感需求相对简单的群体受环境局限会选择"凑合"。案例中LY"凑合"婚姻的原因：第一，为了孩子有一个完整的家庭；第二，自己很久没出去工作了，只有初中文化，出去也找不到合适的工作；第三，过错方在男方，自己原谅他，他应该会悔过对自己更好吧。事实是，在她二胎怀孕期间，男方再度出轨，而且决定等她把孩子生下来就离婚，娶别人。她彻底对男方失望，主动提出离婚，并且决定开个花店自力更生，一旦解决了生计问题，传统农村女性的婚姻伦理道德观念逐渐被突破，流动、开放的社会形态下，离婚不会危及自身的生存，独立的意识被激发，独立的能力增强，女性开始勇敢的抗争。

案例二：互相出轨熟人家庭。

GP，男，1986年出生于陕西省咸阳市淳化县某镇A村，目前在咸阳市一家农业科技有限公司任总经理一职。YL，女，1987年出生于陕西省咸阳市淳化县某镇A村，现在西安市外出务工。

两人是同村人，自由恋爱结婚。婚姻始于2008年，终于2017年，共维系了10年，育有一子。两人离婚的主要原因是男方出轨。当时男方GP跟以前的初中同学张某关系很好，两人为了挣大钱决定合伙修路，双方家庭成员来往频繁，关系十分密切。GP觉得同学张某的妻子王某"美貌与智慧并存"，被深深地吸引，在长期合作的过程中，两人日久生情，感情迅速升温。后来第三者王某给GP发来的一则私密消息，被YL看到，两人的暧昧关系曝光。后来男方家人、亲戚好友多次劝说GP改正错误，回归家庭好好过日子。YL发现丈夫在外的不正当关系后，特别生气，但为了给孩子一个完整的家庭，女方选择了忍气吞声，愿意原谅男方的出轨行为，希望自己的委曲求全可以换来男方的回心转意。但多次协商无果，男方坚决要和王某生活在一起。2016年YL不得已提出了离婚，并且要儿子的抚养权。GP说离婚可以，但儿子必须跟他生活，他认为妻子提出离婚，并争取儿子的抚养权，是想拿孩子威胁他，对待YL的态度更加恶劣，吵架、家庭暴力、冷战等现象时有发生。

YL的家里起初劝解女儿多为孩子着想，自己又没有工作，不要一时冲动，希望其能睁一只眼闭一只眼，原谅男方犯下的错误，凑合着过吧，但后来伴随着过错方男方嚣张态度、吵架、打人等，女方的家人也改变了态度，坚决支持女儿离婚，离开渣男。GP父母对于儿子的出轨行为，而且还是出轨朋友家庭的行为，十分愤怒并觉得很丢脸，多次给儿子做思想工作，教育其认识自己的错误，并向女方及家人赔礼道歉，希望两人能和好如初。但后来发现儿子心意已决，油盐不进，愤怒得不再搭理。

对于孩子的抚养问题，由于YL收入甚微，很难为孩子提供良好的教育和生活条件，更无法提供长期的抚养费用；而GP工作稳定，收入远远高于YL，具有良好的抚养能力和抚养条件，即使走上法庭YL也没有优势。为了尽快达到离婚的目的，GP提出如果女方同意离婚，不用她支付孩子的抚养费用，并承诺赔偿女方六万元。不得已，YL答应了GP的条件，离婚后外出打工去了。此前GP的同学张某一气之下也跟妻子王某离婚，至2017年这两个家庭都支离破碎，以离婚告终。但是CP与同学妻子的王某的出轨，成为这一地区村民的笑谈，村民编了个顺口溜"防虎、防狼、防GP"。没有人愿意再跟GP交朋友，王某更是被骂得一段时间不敢出门，据说离婚后去外地了，两个人离婚后好像也没有在一起。连带交友不慎的张某也被乡邻嘲笑"引狼入室"。

社会舆论对婚姻道德评价的约束依然发挥作用，第一个案例中面对乡亲们的冷眼相待，男方的父母感觉在乡亲面前非常丢人，已经与儿子分开居住，表示划清界限；男方离婚后虽然与王某保持同居关系，但迫于父母压力，没有再婚。

第二个案例中更是人们深恶痛绝的出轨类型，一是双方都有家庭，二是出轨方是熟人朋友。在农村，人们对婚外情当事人曾使用"破鞋"称呼，到20世纪70年代、80年代变为"第三者"，谴责意味明显，后来对"第三者"由谴责为主变为理性和富于人情味的思考，"第三者"的称谓逐渐演变为"婚外恋"，到20世纪90年代变为没有褒贬的"情人""相好""傍家儿"等，可见社会舆论对婚外情的态度日渐宽松。[1] 虽然人们的观念发生了变化，但是这种宽松仍然是有道德边界的，例如《别人的丈夫与你无关》作者潘向黎在文中写道："关于和已婚男人相处，第一，记住对方是别人的丈夫；第二，如果可能陷进去，参见第一条。"[2] 尽管社会伦理对婚外恋的宽容度在增加，但是在以地缘关系为基础的乡土社会，社会舆论和传统的婚恋观对熟人社会的出轨是谴责、鄙视，一旦被发现在周围环境再无信任可言，连带家人、子女都会被有色眼光牵连。

二　出轨、家庭暴力、不良嗜好并存下青年婚姻的破裂

笔者调研中发现，农村、城镇80、90后青年整体文化程度不高，多在本科以下，其中以初中、高中文化程度的居多。离婚的原因多于出轨，家庭暴力和一方有不良嗜好相关，这也与我们问卷调查中反映的离婚情况相符，所不同的是，在农村、城镇不良的婚姻家庭关系中这几种不道德的情况往往并存于家庭行为。

---

[1] 张薇、罗依主编：《国民心态访谈》，中国物资出版社1998年版，第328页。
[2] 《别人的丈夫与你无关——给女孩子》，http：//www.doc88.com/p-0314347937528.html。

案例一：早婚早离——女方逃离的婚姻。

王某（男）1993年出生于延安市甘泉县某镇，为工厂工人，收入还算乐观。黄某（女）1995年出生于延安市志丹县，原来是镇某幼儿园老师。2014年9月王某经由亲戚介绍，在黄某工作地方附近的某酒店相识，迅速建立恋爱关系并同居，于2015年7月在男方家登记结婚。2016年年底生下一个儿子，婚后男方为迁就女方幼儿园的工作，转到甘泉县打工，两人在镇上买房，生活还算幸福。可是令人意想不到的是，婚后王某因常与一些社会上不务正业的人来往，染上了赌博的恶习，经常终日沉迷于赌场，不顾家庭，每次赌红了眼，输光了钱时就想方设法向家里要钱。除好赌外，王某还违法搞传销活动，在接受传销体系的不断"洗脑"后，王某的性格也越发变得偏执和暴躁，经常要求原告及其家人按其传销"洗脑"形成的"理念"去生活，闹得整个家庭鸡犬不宁。后来，黄某发现王某经常夜不归宿，在外面还有了第三者。之前因为王某赌博、搞传销，结交不务正业的朋友，夫妻经常吵架闹矛盾；后来因为王某搞第三者，最终导致夫妻感情彻底破裂，两人经常在争吵与打骂中度日。黄某要离婚，王某坚决不同意，他早就不务正业了，离婚了他就更找不到人要钱了。两人原来家庭虽不是大富大贵，但也称得上丰衣足食，日子过得红红火火。而在王某染上了上述不良嗜好后，整个家庭几近倾家荡产。

有一次，王某向黄某要钱作赌资，黄某不给，王某恼羞成怒，竟把已怀有身孕的黄某反锁拘禁在房间里两天，后来被邻居发现才解救出来，因为关押使黄某过度恐惧、焦虑，导致流产。对此黄某心灰意冷，再也不愿与其共同生活，由于王某坚决不离婚，并且威胁黄某，说如果离婚就要伤害黄某父母，王某现在已经变得像个"二流子"，黄某不敢硬来，不得已悄悄离家外出打工。

黄某离家了，王某也从没过问黄某的情况，双方没有任何联系，夫妻关系名存实亡，分居将近两年后。2019年5月黄某曾到当地民政部门申请办理离婚手续，因为两个人没有同时到场，婚姻登记部门不予受理。后两人多次协调，终于达成共识，儿子归王某抚养，黄某有随时探望的权利，最后2019年7月，这段婚姻才彻底结束。

城乡80、90后青年婚姻问题差异较大。农村青年，尤其是90后青年早结婚现象比较明显。以2015年的全国人口抽样调查为例，在20—40岁的青年离婚人口中，乡村1.90%、城镇1.1%的青年离婚率高于城市青年的1.4%，一个重要的原因就是，农村文化程度较低的青年，较早离开学校，在社会上务工，谈恋爱、结婚的年龄比较早。在农村男女青年谈恋爱后进入同居关系非常普遍。很多时候因为未婚先孕，有了孩子，在自己心智还不成熟，双方还没有深入了解的时候就匆忙进入了婚姻。整体而言城市20—40岁青年的未婚比例总体上高出城镇和乡村青年9个百分点以上，这也从侧面说明了农村低龄青年早婚现象比较明显，而城镇化流动迁移、社会的各种诱惑不断地挑战着青年的婚姻稳定性。

农村青年"早结早离"现象比较突出。据郭永昌、丁金宏的研究分析，2010年中国离婚人口高峰分布从城市到乡村逐次下降，城市女性是49岁，男性是50岁；城镇男女一致，均为40岁；乡村女性是30岁，男性是33岁。[①] 在乡村地区，青年人离婚则是造成离婚人数上升的主要力量。"打工经济"下青年结婚以个人自愿为主，农村青年离婚的原因绝大多数与一方出轨或一方染有恶习（如赌博）有关，以及由此导致的家庭暴力相关。根据《2017陕西省离婚判决大数据分析报告》，在3579份离婚判决书里，因为婚外情而离婚的有173份，还有很多案件无法因婚外情解除婚姻，因为根据现有法律规定"有配偶者与他人同居"的情形可以解除婚姻，但多长时间、什么样程度才符合认定并没有规定，导致配偶一方取证困难且举证责任过重。据相关受访人讲道，农村婚外情的出现已经成为影响婚姻双方的信任的重要因素。离婚案件由女性一方作为原告的情形逐年增多，人口流动、外出就业一定程度上推进了农村女性的经济独立和传统性别分工的改变。案例中过错方王某出轨、家庭暴力、威胁、拒绝离婚的情况下，妻子黄某悄悄离家外出打工，长期分居、淡漠感情，最终

---

① 郭永昌、丁金宏：《中国离婚人口性别比：时期变化与空间差异》，《南方人口》2014年第4期。

达到离婚的目的。

案例二：女强男弱的家庭暴力。

王某（男）1981年出生，现居住在山东济宁新兖镇，某技工学校毕业，看着比较文气，在当地一家造纸厂工作。赵某（女）1982年出生于济宁市兖州镇某村，高中毕业后一直在造纸厂工作，比男方进厂工作早2年。她长得挺漂亮，性格开朗，就是脾气有点火暴。

2003年年初，赵某经朋友介绍认识了刚从技工校毕业进厂工作的小伙子王某。王某当时并没有看上赵某，但是女方经常主动联系他，一起下班、吃饭，在生活上经常主动关心、照顾他。王某很感动，两人便很快建立了恋爱关系，并很快同居。同年年底，女儿小静出生，两人才补办了结婚登记。由于闪婚，婚前感情基础不牢固，这对夫妻经常为琐事吵架。王某文气、内向，每天上班回来，喜欢做家务，照顾女儿。而妻子赵某下班之后迷上了打麻将，一开始玩钱小打小闹，后来竟然玩的金额越来越大，输赢在上千元。有时候甚至通宵打牌不回家，王某一开始好言相劝，给她说："你们下这么大的注，就涉嫌赌博了，是违法的。而且你看，打麻将的大部分都是男同志，你一个女同志成天掺和其中，也不好。"赵某非但不听劝，还破口大骂丈夫："你要有本事，能挣到钱，老娘还用赌吗？我昨晚赢了1000多，你累死累活半个月能挣这么多吗？"

生完孩子后赵某懒惰、火暴的脾气完全一发不可收拾，家务活什么都不干，还成天骂骂咧咧，跟周围的男人混在一起打牌、抽烟，没个样子。面对妻子的蛮横霸道、无理取闹，王某非常后悔，结婚匆忙，识人不清。没办法只能忍让，不搭理她，孩子还这么小！丈夫的忍让，更助长了赵某的气焰，觉得跟别人比，自己的男人窝囊得很。一天下午，王某从幼儿园接女儿回家，正好碰见妻子从外面回来，就问了一句："一大早出去，现在才回来，又打牌去了。"赵某刚输了钱，听到他的话张口就骂："老娘出去傍大款找钱去了，你能怎样，有本事出去找几个钱来给老娘用。"王某一听气得也不忍了，双方越吵越厉害，平时都是赵某骂人，今天见丈夫敢跟她对骂，就顺手拿起桌上的玻璃杯向丈夫砸过去，王某迅速躲开，但是碎裂的玻璃片溅起来还是把他的脸划伤一道口子，鲜血涌满了脸，把女儿吓得哇哇大哭。王某气得离家出走不回来，坚决要跟赵某离婚。赵某自知理亏，见丈夫要离婚，带着女儿主动来找丈夫道歉，保证以后再也不打牌，不随便骂人、打人了。王某看女儿哭着抱着他让他回家，就心软原谅了妻子。后来赵某有所收敛，一家人安稳地过了大半年。

2006年3月，造纸厂由于效益不好，大部分职工买断工龄下岗。王某与赵某双双下岗。为了全家的生计，王某在城里租个摊子卖水果，一开始妻子还跟他一起进货，轮流看摊，但由于没经验，水果一开始不好卖，当天卖不出去的，就要打折，时间久了就烂掉了。他俩成天守在水果摊前也挣不了几个钱。妻子赵某没有耐性了，又开始悄悄地打麻将了。后来王某听别人说妻子又在打麻将，便给她说，家里现在已经够紧张了，不敢再打牌输钱了。赵某一听气不打一处来，骂他乌鸦嘴，说自己输钱都是他咒的，然后上手就要往丈夫嘴上打，王某见状用力一挡，可能用力过大，赵某跌坐在地上了，哭骂着抓起旁边的水果刀就向丈夫刺去，赵某慌忙用手去挡，胳膊划了很大一个口子，鲜血流了一大片，去医院缝了十几针。事后王某直接裹着受伤的胳膊去法院起诉离婚，不接受任何调解。两人最终离婚，女儿归王某抚养。赵某凶名在外，离婚后没有人敢跟她处对象，据说后来去外地打工了。

受传统文化和农村社会结构的影响，农村青年择偶方式仍保留着传统的一方面。"介绍婚"仍占一定的比重。未婚同居、非婚性行为增多，导致的闪婚现象增加。调查案例中农村80、90后青年的家庭生活首先建立在同居的基础之上，王某、赵某认识不到一个月就同居，女儿出生后，才补办结婚。近年来所出现的这种未婚同居、未婚先孕、未婚生育的家庭生活形式在城乡已经非常普遍，并且很大程度上得到了社会的认可，社会道德对私人生活的约束力减弱。甚至很多人认为，现在男女性别比失衡、媳妇不好找的情况下，先定下来再说。虽然在城市同居生活最后未必走向婚姻，但是农村、城镇同居在乡风民俗中基本上已经默认等同于事实婚姻。

闪婚导致双方感情基础不稳固，情感支持缺乏。男女共同生活的所有模式（从结婚之前到离婚之后）一旦价值观念、行为习惯出现大的差异，在家庭生活中，冲突展现出其私下的、个人的那一面。在工作、家务和子女照料上的分工、不良习惯、经济关系等各个层面，两性在相互扶持或相互对立之间博弈。

发展中男女地位的不平等，独特的"女比男强"的女性家庭暴力也是家庭暴力存在形式。据最高人民法院发布的《司法大数据离婚纠纷专题报告》显示，2017年间共受理了140份离婚案件，其中14.86%离婚案件是因为"家庭暴力向法院申请解除婚姻关系"，排在所有离婚原因的第二位，91.43%都是男性对女性的施暴，以殴打为家庭暴力的数量最多，还有一些是打骂、辱骂的家庭暴力行为。[1]案例中女方性格强势，性情暴躁，家暴，辱骂，两次暴力致伤丈夫，直接导致了婚姻的破裂。不良嗜好赌博、不自律行为家暴在农村蔓延扩散成为威胁青年婚姻稳定的重要影响因素，这一定程度上说明了农村、城镇地区文化发展水平滞后于经济发展，教育质量、人民的精神生活水平有待进一步提高。

第三节　关系：不确定与稳定

个人的生活方式，对待爱情、婚姻以及幸福的理解千差万别。"爱情"本身就是一个感性的、变化的、不确定的概念，由这种不确定的情感构成的婚姻、家庭关系稳定性与否也是不确定的。离婚作为爱情的反面出现，与再婚寻找幸福的尝试在不确定与稳定之间寻找平衡。

一　流动对文化低层次的青年婚姻稳定性的冲击

家庭承载着社会的各种矛盾，每一个案例都体现了矛盾的一部分，社会流动中城乡二元分割的反差体验，至今日依然刷新着进城青年的视野。青年人原有的价值观受到很大冲击，青年生活的物理空间

---

[1]《最高人民法院今年公布〈司法大数据专题报告之离婚纠纷〉》，https://www.sohu.com/a/272075407_99916953。

与家庭内外性别空间发生了颠覆性的变化。

　　笔者调查过这样一个案例：王某，男，1990年3月出生于陕西省咸阳市淳化县A村。胡某，女，1991年8月出生于陕西省咸阳市淳化县B村。2011年9月，两人在老家经人介绍相识，在短暂的了解后，确立恋爱关系，2个月后双方父母为儿女举办了订婚宴。2012年春节两人在老家举行了婚礼。元宵节过后，男方王某提出去深圳打工，小夫妻同父母商量后决定一起前往深圳打工。男方的表姐在一家电子厂任销售主管，在表姐的帮助下王某进厂成为普通员工；女方在深圳应聘了好几家工厂，但最后因为各种原因没能找到合适的工作。后来，胡某到一家美容院做学徒。两人在人生地不熟的深圳都找到了工作，这对于新婚小夫妻来说在大城市深圳也算安定下来。可好景不长，王某在厂子天天加班，回家的时间越来越晚，到后来晚了干脆就住在厂里宿舍里晚上不回来了。胡某多次询问，王某均因加班为由，慢慢地胡某也不再过问，两人就这样开始了分居生活。2012年7月胡某告诉王某，自己怀孕了。王某很惊讶，但并不是那种为人父的喜悦，他对待妻子也没有过多的关心。三个月后的一天，王某告诉胡某自己想离婚，当时胡某不敢相信自己的耳朵，好半天才回过神来，这个消息对怀有身孕的胡某来说无疑是晴天霹雳，她怎么都想不明白，他们才出来不到半年，平白无故的王某为什么要跟自己离婚，在胡某苦苦追问下，王某最终承认自己不喜欢她了，在厂里有喜欢的人了。胡某把自己怀孕和王某要离婚的事情告诉公公婆婆，并表明自己坚决不同意离婚，还会坚持生下孩子，公婆也表示会全力帮忙调解，他们也不同意儿子离婚。王某家本就两兄弟，父母没有女儿，对胡某像是亲闺女，经公婆不懈的批评、调解、劝说，儿子王某暂时放弃了离婚的念头。

　　2013年年初胡某提前回老家生产，老公依然在深圳打工。后来生下一个女孩，公公、婆婆特别喜欢，全家其乐融融沉浸在幸福中。孩子满月后，胡某告诉公婆自己想回深圳上班，请公婆帮忙照看孩子。公婆考虑到两孩子长期两地分居也不是个办法，加之以前两人的感情出现过不好的小插曲，所以支持胡某去深圳找丈夫。胡某就这样

第五章 典型个案：价值与选择

又回到了深圳，她本以为可以跟丈夫住在一起，可是王某已经把先前租的房子退了，他告诉胡某自己工作繁忙，经常加班，住在厂里方便，没必要花钱租房子，让她也住在美容院里。胡某无言以对，只好自己一个人重新寻找住处，两个人还是处于分居状态，见面的次数屈指可数。这样的日子持续了大半年，王某再一次提出离婚，亲戚朋友想方设法进行劝解，但他一意孤行，表示自己一定要跟胡某离婚，当即表明自己会抚养孩子成人，不用胡某掏一分钱的抚养费，又道出了与胡某离婚的缘由，二人本都是农村孩子，在城市里工作这么久了，胡某在消费、着装方面还是不讲究，抠门，舍不得花钱，连件像样的衣服都没有，穿的还是那么"土"；他说两人现在三观不同，完全说不到一起、过不到一块了。女方也很生气，两人在外打工收入不高，自己没嫌他挣钱少，精打细算过日子，他嫌给他丢人！可是女儿刚出生，还这么小，她想尽量给孩子一个完整家庭，加上公婆对她像是对待亲女儿一般，胡某还是不愿意离婚。在二人没离婚之前，胡某父母也经常帮忙照看外孙女，还时常劝解女婿，希望他与女儿好好过日子。王某优点还是挺多的，他对岳父母很尊敬，时常给他们家里寄钱寄物，在外面逢年过节经常打电话嘘寒问暖。同样妻子胡某对公婆也很孝顺，别人家所谓的婆媳矛盾她们完全不存在，公婆非常喜欢这个朴实无华、生活节俭、精打细算会过日子的儿媳妇。公婆为了让他们和好，多次苦口婆心地劝解儿子，期盼他能浪子回头。

于是这样的分居的日子又拖了半年，终于一件事后胡某同意离婚。胡某深刻地记得，有一次他们一同回家看望父母、孩子，晚上婆婆逼着儿子让和媳妇胡某同屋住，他当时被逼得没办法只好同意，可是到了夜里他还是把胡某从房子里赶了出来。这时的胡某心灰意冷，发现对方对自己完全没感情了，自己也没有必要热脸贴他的冷屁股。她同意离婚，要求立刻办手续。双方父母看实在无法挽救，只好随他们便。孩子还是像以前协商的那样，由王某抚养，胡某不用付抚养费，可以随时过来探望。就这样，这段维持了3年的婚姻彻底结束。

心理学的分析认为，婚前对婚姻的过高期望、相互吸引的资源枯竭和婚外生活的心理诱惑等都可能影响婚姻的稳定性。[①] 家庭和乡土的分离创造了具有重大差异的生活处境，进入城市打工后，尤其是深圳这种市场经济发达的一线城市，相当于从一个世界跨越到了另一个世界，男性、女性的文化低层次的弊端开始呈现，对问题感性的理解充满生活世界。大城市视觉、情感的感官冲击下，自由、美好，对爱情的向往侵入了家庭、婚姻和亲子关系，青年希望能像城市人一样，跟喜欢的人一起生活，对婚姻质量产生了更高的要求。案例中胡某坚持离婚，道出离婚的缘由，二人本都是农村孩子，在城市里工作这么久了，胡某在消费、着装方面还是不讲究，抠门，连件像样的衣服都不舍得买，穿的还是那么"土"，他说两人现在三观不同，完全说不到一起、过不到一块了。流动扩大了视野，他们不再满足原有的生活状态，婚姻的异质性要求增强，情感满意度增加，流动中的婚姻双方没有同频调试，受到城市化的冲击。婚后面对新的社会环境、文化习俗差异、价值观念发生变化，对原先配偶选择的反省和配偶标准潜意识的调整，会选择放弃眼前的婚姻换取重新选择的机会。这个过程中女性欠缺社会保障的问题更加明显，被迫离婚一定程度上推动妇女就业的广泛性和经济上的真正独立。

二　市场化下青年婚姻中的物质与功利

农民工在城市适应和融合的各个方面遇到了各种障碍，面临半城市化问题。这与个体化进程对两性关系的影响是十分矛盾的。一方面，男性和女性脱离了传统的模式及角色分派，开始追求"属于自己的生活"；另一方面，利己性价值观下的婚姻逐利行为，择偶中逐利倾向导致部分人因追求物质利益因素，忽略薄弱的感情基础草率结婚或离婚。

笔者调查过这样一个案例：

蒋某，男，1984年10月出生于安康市白河县某村，2002年参军

[①] 叶文振、林擎国：《当代中国离婚态势和原因分析》，《人口与经济》1998年第3期。

入伍，2006年退役，目前在西安市某单位任司机一职。张某，女，1986年7月出生于安康市紫阳县某村，后随母亲两次改嫁落户于安康市旬阳县，初中毕业后她去深圳打工，现在自己经营一家服装店。

2006年蒋某选择退役，满腔热血地回到地方，决心要改变家庭生活面貌，可是自己眼高手低，又无一技之长，找工作屡次碰壁，后来应聘到一家公司成为私人助理兼司机。由于工作的原因，他经常出入高级场所，这就导致蒋某的虚荣心日益膨胀，眼看到了谈婚论嫁的年龄，父母又不停地催婚，经人多次介绍蒋某均没有中意的对象。

张某初中毕业后去深圳打工，在深圳认识了社会青年谭某，很快怀孕产下一女，而谭某后因触犯法律入狱，两人就这样不了了之，张某只好带孩子回到老家。一次偶然的机会，蒋某遇见了在路边等车的张某，一番询问得知两人是老乡后，让张某搭了顺风车，彼此留了联系方式。蒋某和张某相识后，两人很快确定恋爱关系，蒋某对张某出手大方、毫不吝啬，但仅靠蒋某打工的那点薪资根本无法支撑两人高额的花销，这时蒋某就开始向父母伸手索要。女方张某抓住了蒋某父母急切催婚的心理，从两三千元到四五万元，逐渐变本加厉，每次都能如愿以偿地得到钱财，蒋某也尽可能地满足张某的物质需求。

2010年年初张某到男方家过年，和其父母商量结婚事宜，但结婚前提是要带着女儿嫁入，蒋某父母对该条件犹豫不决，但又拗不过儿子，最后只能同意两人结婚。2010年5月两人完婚后搬至安康白河县城居住，蒋某还是照常上班。张某在家歇业，做全职太太，张某在深圳打工待过一段时间，自己觉得视野和眼界都很高，不管是衣服还是化妆品，一向追求名牌，这对经济能力有限的蒋某来说难以供给。男方多次劝妻子降低消费水平，找一份工作，勤俭持家，但张某无动于衷、不肯妥协，蒋某只好经常找父母拿钱维持生活。2012年4月中旬，张某告诉丈夫自己已怀孕。但张某心里并不想再生孩子，她觉得养育一个孩子已经很辛苦，不想再生养另一个孩子降低自己的生活水平。一个月之后，张某擅作主张让自己的弟弟带她去医院做人工流产手术，男方知道情况后为时已晚，此时的蒋某无法控制自己的情绪，像疯了一样拿着菜刀怒气冲冲地大闹岳父家，张某的继父当时也不了解事情的来龙去脉，只能耐心地劝说安抚，经不懈的劝说后，蒋某终于冷静了下来。蒋家父母盼孙心切，听到这个消息后母亲大病一场，蒋某不忍心看父母伤心流泪，暗自下定决心要跟张某一刀两断，张某的所作所为点燃了两人离婚的导火索。吵闹了半年多，两人于2013年年初离婚，张某拿出五万元赔偿蒋某，婚姻维系不到3年时间，走向了大结局。

对于这段维持了3年的婚姻，男方父母一开始就不同意两人相处：一是自己的儿子是头婚，女方结过婚带有一个女儿，本就心存芥蒂；二是张某的穿衣打扮比较花哨，不像那种会踏实过日子的女孩。自以为自己大城市回来的，眼高手低看不起人；三是她妈妈改嫁过两次，家庭关系复杂。后来三番五次向父母索要钱物，按蒋家父母的话说女方就是骗钱的，不是实心跟自己的儿子过日子的，再加上张某偷偷打胎就更印证了蒋家父母的说法，所以蒋家父母坚决支持儿子离婚。张某，用周围的人话说，是脑子"缺根弦"的姑娘，好吃懒做、拈轻怕重，还贪图享受，整个过了今天不管明天的人。她母亲的两次改嫁，也不怎么管她，使她对人生没有明确的规划，每次缺钱少物她都以各种理由向亲生父亲和继父索取，两位父亲对她也都是尽量有求必应。这次张某擅自打胎，周围人都觉得她太自私，被离婚活该。

市场化下物化或钱化的条件成为把握婚恋天平的重要筹码。改革开放，现代物质文明快速发展也给婚姻关系带来了挑战，社会交换理论把婚姻关系解释成为市场交换行为，如金钱婚姻、物质功利交换等。正如某些文学作品中极端个人主义化的主角，爱的范畴发生了变化。夸张一些说人们不断索取性、索取爱、索取子女、索取抚养、索取财产的保留与扩大。最重要的是和他/她结合在一起，能否让自己更富有、更荣耀、更光鲜。案例中张某恰恰是极端个人主义的一种类型，她可能是个别的例子，但具有代表性。对婚姻没有生活的态度，对家庭没有应有的责任。她结婚首要的目的不是为了亲密关系和婚姻，更多的是为了索取，离婚的结果可能不是她预期的，但是事情的发展都是她一手造成的，是自己的决定和行为的结果。

三 新旧文化传统混合在新青年家庭空间的强大影响力

改革开放后国家、父母在青年婚姻领域中的干预逐渐弱化，青年爱情意识逐渐高涨，青年们越来越依据自己的意愿追求爱情。但是婚姻与爱情是有差异的。爱情作为情感结构从内在和根本上来说是社会性的，由个体和他人同时占据，以爱情建构的婚姻空间是动态的，会不断发生变化的。威廉斯将情感与社会与结构链接起来，相对于分离个体的情感，他强调群集的多元化情感对个体情感有重要的影响。[①]

笔者曾调查过这样一个案例：

张欢（化名），女，1993年出生，深圳市宝安区人，在深圳一家电子厂打工。2017年在工厂里相识了外地过来打工的同事刘超（化名）。刘超，1992年出生，老家山西农村的。两人一见如故，因在同一家工厂上班，又在同一个车间，同一条生产线上，两人很快就发展成恋人关系。相处半年后，两人从工作的电子厂辞职。张欢跟随刘超回到农村老家。刘超父母见到张欢后，都比较满意。一个月后，双方定下婚约，于2018年春节结婚。

婚后，两人在刘超父母资助下开了一家汽车修理厂，但因经营不善，导致血本无归。经济的拮据导致两人在日常生活中经常因为柴米油盐产生矛盾。最终两人于2019年春节前离婚。两人的婚姻维系了一年，最终在当地民政局办理离婚手续。离婚的原因不只是因为经济问题，最重要的原因是因为生育问题以及家庭矛盾问题。结婚一年来，因刘超母亲的催促，两人一直在备孕当中，但张欢迟迟没有怀孕，经过检查发现张欢没有生育能力，在经过一系列的求医问药后，仍不见好转。因为不育不孕问题，张欢与刘超母亲多次发生口角，矛盾激化，刘超夹在两人中间特别难受，这种状况长期恶化导致两人感情破裂。不久后，刘超提出离婚。张欢在春节前离开刘超家，返回深圳。

在张欢离开之时，刘超朋友曾多次劝张欢先回来，等冷静过后再

[①] 参见［加］戴尔·斯宾塞、凯文·沃尔比、艾伦·亨特《情感社会学》，张军、周志浩译，江苏凤凰教育出版社2015年版。

重新解决问题。张欢回应，她自己也不想走，但因为刘超爸妈的驱赶以及刘超的不挽留，当时的局面是一家有四口人，三口人都希望她走，她失望至极不得不走。在与张欢交谈过程当中，了解到了她当时想的是，只要刘超挽留，哪怕已经回到自己家中，她也愿意为了刘超重新回到他身边，一起想办法解决问题，但刘超没有任何表态，所以她很失望。张欢回到娘家后，冷静下来后，曾多次联系刘超，并表示自己的不育不孕问题由自己的父母负责治疗好后，希望能与刘超重归于好，好好过日子，但是刘超还是没有表态。

在联系刘超交谈后，了解了刘超在张欢走后的内心状态，刘超表示自己也不想赶张欢走，但是自己与父母都十分想要一个孩子，为张欢看病几乎花光了家里所有积蓄，毫无改善。刘超表示自己与张欢相爱两年，她大城市的姑娘都愿意嫁到他家农村这边，两个人肯定是有感情的。不能生育，只是两人离婚的一方面的原因，张欢与自己的父母关系僵化，不是冷战就是大吵，自己夹在中间实在难受，非常无奈。张欢走后，刘超说父母给他介绍对象，他也懒得理，经常沉迷于喝酒，用酒精麻醉自己，每天不喝醉不回家，他表示只有喝醉才能睡着，才能不胡思乱想。后来，两个人就再也没有了联系，彻底从对方的生活里消失。

80、90后青年婚姻价值经历了去传统化过程，走向了现代的自由、解放、平等。但是现代化具有双面性，个体化一方面使两性从旧的角色分派获得解放，寻求新的社会认同；另一方面在某些方面不得不回归传统的角色分派。传统与现代互相融合，不仅互为补充和条件，也互为矛盾。这在女性身上表现得尤为明显，女性可以从家务劳动走向职业生活，可以选择避孕、离婚，但是母亲身份依然是传统女性角色牢固的认同。案例中的刘超和张欢两个90后青年，是从自由恋爱走向婚姻的，直到离婚两个人还有感情，但是因为女方生理上生育障碍与婆家固守的要子孙的观念冲突的不可调和，最终无奈离婚收场。

当代男女角色、权力地位的变化，与旧的文化传统在新青年家庭生活的强大的影响力，使得"生育、孩子"在某些特殊环境下依然是催化加剧家庭内部冲突的重要主题。

四 小结

以上案例中城市80、90后青年精英的离婚故事，农村新生代80、90后的青年出轨婚姻的"凑合"与抗争，流动中文化低层次的青年离婚的案例，呈现出多层次青年群体的同居、出轨、家暴、早婚早离、闪婚闪离等多样化的家庭碎片化形态。家庭问题的多样性、复杂性与迷惑性，远不能用"地理位置的变化""空间的区隔"来简单划分。

婚姻家庭总是处在不断变化之中，某种程度上稳定与变化的共生可能并存出现。当婚姻面临危机改变或适应时，新的家庭功能模式会逐步形成，这种模式可以是建构新家庭，也可能会导致家庭系统的中断，如离婚、分居等。① 在中国的离婚率不断升高的趋势下，青年人的离婚风险也在不断增加，20—40岁的青年中，离婚人口总体比重由1995年的0.73%②上升为2015年的1.66%③，增幅1.27倍，离婚成为青年婚姻家庭中不可规避的风险。这个过程女性不论是主动成长还是被迫成长，市场经济下开放的空间都给他们提供了立足之地。英国社会学家安东尼·吉登斯认为，一旦女性实现经济独立，妻子便开始寻求"纯粹的关系"，这是一种不同于受制于传统的经济社会制约的"自由漂浮"的关系。他认为现代婚姻，越来越转变为一种"因与另一个人的亲密关系而获得情感上的满足"并维持的关系。而当这种情感需求无法被满足，尤其是当婚姻进入困难的时期，人们越发感受到维持婚姻关系也必须寻找到一个合理的理由，不然，离婚就是一个现成的选择。④

80、90后是婚姻不稳定高危群体，在高风险社会稳定与变化受

---

① ［加］唐纳德·柯林斯等：《家庭社会工作》（第四版），刘梦译，中国人民大学出版社2018年版，第79页。
② 数据来源：国家统计局1995年全国1%人口抽样调查资料。
③ 数据来源：国家统计局2015年全国1%人口抽样调查资料。
④ ［英］安东尼·吉登斯：《社会学》，赵旭东等译，北京大学出版社2003年版。

多种因素影响下，流动、地理位置的转变可能带来一段关系内部角色的转换，新的环境中伴侣当初的光彩形象会暗淡很多。种种迹象表明，从一个地方迁移到另一个地方需要双方都具备极强的适应能力。在个人、家庭、社会、社区等生态系统互相作用下，夫妻双方需要重新平衡力量达到和谐。如果无法平衡的话，这段感情会面临严峻的考验，它可能是一段感情的结束，也可能是美好未来的全新开端。

城乡青年离婚人口存在差异性特征，事实上现实生活中所遇到的家庭情况往往没有那么鲜明的特征，很多问题相互交织，不断变化与发展。本章从情感、利益、关系角度对典型案例进行探讨，探寻关系、行为与结构变化的历史和现实之间存在深刻和复杂的内在关联，也许不够全面，但尽量丰富新时代各阶层青年离婚问题的"普遍性"与"个体性"，深入地对离婚时多样的爱情、婚姻、家庭形态进行分析解读。

第六章　稳定性障碍：婚姻的脆弱性

　　近年来离婚率不断攀升的现象，为社会治理和家庭治理敲响了警钟。探讨婚姻稳定性问题，要从全球化、国家、家庭和个体的角度去分析。积极融入全球化的过程，也导致了自我主义泛滥、个体主义盛行的出现，使年轻的80、90后重新对婚姻价值以及个体与婚姻家庭关系进行反思。离婚率升高只是婚姻失衡的表面现象，不婚不育主义兴起才是婚姻稳定性的最大挑战。

第一节　问题：婚姻失衡的表现

　　从上文文献梳理分析发现，影响婚姻稳定性的积极因素包括：家庭子女数量、住房面积、居住环境及其人文环境强化婚姻稳定性；生育子女有利于婚姻的稳定性，养育子女对婚姻稳定性有显著正向影响。消极因素包括：家庭没有孩子，夫妻一方溺于赌博、抽烟和玩网络游戏等行为损害稳定性基础；双方年龄差距显著影响婚姻稳定性；与传统文化习俗与认知的异质性越强的婚姻组成稳定性越低；与长辈同住显著加剧离婚风险；城市化进程以及女性独立增强了离婚的风险；双方价值观念匹配度低与婚姻稳定性；分居、家庭暴力、家庭感情不和、家庭暴力、一方失踪或离家出走、存在不良恶习、重婚或有配偶与他人同居、存在生理缺陷容易引发婚姻稳定性；人均收入水平、互联网普及程度、城镇化水平、GDP增速、受教育程度、女性相对教育水平、互联网社交普及率以及家庭抚养压力、城镇失业率、15岁及以上人口性别比、住房价格等容易激发婚姻稳定性危机；经济债务、避税、分红、购房、房屋拆迁、子女上学、落户、出境等公共政策诱发"假离婚";"闪婚"、与长辈同住家庭、人口流动、农村劳动力外出流动、一方以及双方流动都降低了婚姻稳定性;独生子女的婚姻稳定性与父母的婚姻稳定程度成正比;离婚意向与社会支持度、配偶同质性、积极互动方式、婚龄时间、不良嗜好行为、再婚史以及陌生人社会都容易引发离婚;相亲降低了婚姻满意度,但也降低了离婚的风险;夫妻共同流动、抚养小孩和核心型家庭流动降低婚姻稳定性基础;流动人口的居住环境如居住面积、居住条件、居住区域以及与同乡共同居住等与婚姻稳定性有关。此外个体收入显著影响婚姻稳定性但存在边际效应,女性初婚年龄与婚姻稳定性关系为U形关系;婚前同居对婚姻稳定性有两面性作用;改革开放后年轻群体的同居史与离婚率不存在显著相关;婚姻质量与婚姻稳定性呈显著正向相关;等等,为研究婚姻稳定性影响因素提出了很好的观察视角。从家庭的角度,观察婚姻稳定性表现主要有以下几个方面。

被忽略的"性"。很多离婚案件表明,一方生理缺陷以及对性爱的冷淡容易导致婚姻的不稳定,特别是对于孕育孩子之后对"性"的重新适应。笔者对一位离婚者访谈时她说道:"怀第一个孩子的时候,医生警告孕期最好别同房,小心流产,从怀孕起一直到我坐完月子,我们生生忍了一年没有同房,刚开始的时候我们认为天下的夫妻都是这样的,生完孩子后的夫妻生活没有了,这种状况持续了一年多的时间,期间吵过,日子过得非常委屈,看医生说这是一种心理疾病,后来日子过得磕磕碰碰的,实在忍受不了就离了。"还有一些夫妻是因为生理疾病导致基本没有性生活,笔者访谈的一位将离婚的男性说:"我和老婆曾经很和谐,后来生了孩子之后她得了痛经,每次生理期都非常痛苦,为了治病医生开了一种激素类的药物,副作用很大,还要至少禁欲半年以上,可一年过去了还是一直这样,继续熬吧,也不知道猴年马月,后来我们都死了心,日子过得没盐没味的,离婚只差一张证了。"事实上,有很多夫妻离婚是以"性"的开始,逐渐延伸到家庭生活诸多冲突,导致双方沟通、交流出现障碍后,双方实在过得太累了直到婚姻解体。

不和谐原生家庭延伸。原生家庭的生活状况、父母婚姻关系对其子女的影响很大。一方面父母吵架或不和，会影响孩子自我归因，认为是因为自己做得不够好，也是出现冲突转借现象，使孩子经常陷入自我否定的心理意识当中，也会让孩子逐渐形成自卑的性格。另一方面会影响孩子的婚姻观，父母的言传身教影响着孩子婚姻经营的能力，影响着孩子对未来婚姻的信心与勇气，以及人际关系的处理能力和信任感。上文的文献资料表明，原生家庭夫妻婚姻稳定状况在子女身上具有一定的延续性，父母婚姻关系越好其子女婚姻稳定性越高。

婚姻匹配下的"剩余"。婚恋双方是"主动"还是"被动"组建家庭，是自我选择还是被动选择组建家庭的观念。"剩女""剩男"婚姻稳定性问题，既有人口结构的因素，更多是婚姻选择的盲目性与过高期望的选择结果，相对而言，被动性组建家庭如"剩女""剩男"的稳定性较差。现在中国出生人口性别比失衡，男性人口规模明显比女性人口总量多，导致男性容易出现"婚姻挤压"现象，上一个年龄组的男性匹配下一个年龄组的女性，"同一个年龄组的女性都被上一个年龄组的男性娶走了"，于是城里的到农村寻找配偶，较富裕的到贫困地区寻找配偶，导致贫困地区青年人寻找配偶都是"被动性选择"的结果，缺乏婚姻的良好基础。另外，一些自身条件比较优越的大龄"剩女"，对未来婚姻期望甚高，缺乏清醒认识和自我定位，各个方面都想满足自己的期望要求，对婚姻有着过多的幻想，沉浸在爱情肥皂剧的剧情中，同时还缺乏心理安全感，控制欲较强。

"闪婚"。婚恋双方认识、熟悉、确定恋爱关系以及走进婚姻家庭的实践，反映了婚姻双方的相互融合程度。实证资料表明，相恋时间过短容易引发婚姻稳定性危机。现在社会上流行"闪婚"的怪现象，"一见钟情立马结婚"，不仅经不起时间的检验，也不了解双方家庭背景，缺少恋爱磨合致使结婚后摩擦不断，而且对婚姻后的家庭责任缺乏适应，容易出现夫妻之间的信任危机。

年龄张力过大引发断裂。相关数据表明，"老夫少妻""老妻少夫"的婚姻稳定性较差，婚后夫妻双方会因为性格、爱好、情趣、身体等原因发生冲突，还会因为周围人的不理解与异样眼光，为婚姻埋下破裂的种子。事实上，婚姻过程中男女双方如同"同步跑"，如果双方年龄差距过大，夫妻一方"抢跑"会导致双方在身体功能、兴趣爱好、共同话语、价值观念、婚姻期望等有明显差距，如果大过婚姻的"张力"极其容易导致婚姻解体。

部分地区结婚年龄过早。相关数据表明，女性初婚年龄与稳定性显著相关，女性初婚年龄越小越直接影响着婚姻稳定性。根据国家统计局发布的全国人口普查报告，1990年中国育龄妇女平均初婚年龄为21.4岁，2017年已经推迟到25.7岁，育龄初婚年龄推迟了4.3岁，同时平均初育年龄也提高了3.4岁。[1] 但是，相关实证数据研究表明，女性初婚年龄越小其婚姻稳定性越差，主要是年龄较小的女性其处理家庭事务、婚姻观念态度还不健全，导致家庭冲突时选择不合适的方式而最终走向离婚。

缺乏子女的维系力量。丁克家庭由于缺乏子女维系，婚姻解体的可能性较高。"丁克"是指没有生育能力或不愿意养育孩子的家庭，20世纪80年代传入中国的舶来品，进而成为一些高学历人士的生活方式。根据2017年2月零点调查公司的社会调查显示，"结婚5年以上不要孩子的夫妇，北京家庭占10%，上海占12.4%，深圳占11.8%"[2]。此外，根据中国人口协会、国家计生委联名发布的《中国不孕不育现状调研报告》显示，中国的不孕不育率从20年前的2.5%—3%攀升到12.5%—15%，累计患者人数超过6000万。[3] 由于女性生育能力以及生育意愿不强，导致部分特别是高学历家庭不愿意生育，导致婚姻关系缺乏子女的维系，从而影响家庭的稳定性。

过往离婚高潮的涟漪。实证资料表明，有过婚史的一方再婚后，容易陷入婚姻稳定性危机。访谈了解到，一些受过婚姻伤害的离婚女

---

[1] 《近30年，我国女性初婚年龄推迟4岁多》，《中国妇女报》，https：//baijiahao.baidu.com/s？id=1612097906837410327&wfr=spider&for=pc。

[2] 《多数90后恐婚、不生娃》，https：//baijiahao.baidu.com/s？id=1666178851359576479，2019年5月9日。

[3] 《不孕不育率居高不下》，http：//cq.sina.com.cn/health/jkzx/2019-04-23/detail-ihvhiqax4537572.shtml，2019年4月23日。

性表示，之前对离婚的原因也没有好好反思，总认为是对方的错，是对方不好，投入下一段恋情之后自己的问题依旧没有改变，还有一些离婚女士认为离婚是一种人生失败的象征，否定自己、贬低自己，在婚姻面临危机的时候，心理上"已经对离婚不抗拒了"，"已经离过一次婚了，害怕再离一次！"

不自律行为蔓延扩散。赌博、吸毒以及沉溺网络游戏都是婚姻的"杀手"，基于互联网成长的80、90后年轻人来说，社交网络媒体更是逐渐成为夫妻关系恶化的催化剂。21世纪初，最早的一批80后处于婚恋阶段，很多年轻人有了自己的QQ号，玩BBS贴吧、"同城聊天室"，之后有了微信、陌陌等社交工具。这些社交工具在社会生活中扮演着沟通联系的桥梁，但是人们在不断被社交工具所控制的时候，社交工具对人们社会行为的负面作用不断显现，一些社交工具为一些年轻人、结婚人士提供了婚外情、一夜情的机会，在婚姻关系外寻找刺激和享受。而且，社交工具越来越降低了婚内夫妻面对面沟通，"刷手机"挤占了婚内夫妻的沟通时间，影响了婚内夫妻关系的家庭生活事务。

不受约束的家庭暴力。据最高人民法院发布的《司法大数据离婚纠纷专题报告》显示，2017年间共受理了140份离婚案件，其中14.86%离婚案件是因为"家庭暴力向法院申请解除婚姻关系"，排在所有离婚原因的第二位，广东、贵州、广西、山东的家庭暴力案件数量最多，91.43%都是男性对女性的施暴，以殴打为家庭暴力的数量最多，还有一些是打骂、辱骂的家庭暴力行为。[1] 由于在传统观念当中，"打老婆别人不管""家丑不可外扬"等家庭观念束缚，虽然《反家暴法》已经颁布实施，但是在具体执行过程中还面临许多问题，特别是在大男子主义盛行的地区还有很长的路要走。

婚外滥情社会负能量的扩散。改革开放以来，促进经济发展的同时社会精神文明建设没有紧跟步伐，一批外商、暴发户等传播西方性自由，婚外包小三、包二奶等现象屡禁不止，法律打击力度不够。"有钱

---

[1] 《最高人民法院今年公布〈司法大数据专题报告之离婚纠纷〉》，https://www.sohu.com/a/272075407_99916953。

人包二奶、没钱人婚外情"已经成为婚姻领域的乱象。以往法院判决数据表明,婚外情、第三者插足等是引发夫妻双方婚姻破裂的显著因素。根据《2017年陕西省离婚判决大数据分析报告》,在3579份离婚判决书里,因为婚外情而离婚的有173份,[①] 还有很多案件无法因婚外情解除婚姻,因为根据现有法律规定"有配偶者与他人同居"的情形可以解除婚姻,但多长时间、什么样程度才符合认定并没有规定,导致配偶一方取证困难且举证责任过重。据相关受访了解到,婚外情的出现对婚姻影响非常大,已经成为影响婚姻双方信任的基础。

长期分离造成的疏离。夫妻双方长时间分居或分离容易诱发外部因素介入,从而导致婚姻破裂与解体。改革开放特别是20世纪90年代以来,大量农村富余劳动力从土地解放出来,第一阶段由于乡镇企业的快速发展,形成了"离土不离乡、就地进工厂"的农民工就业方式;第二阶段随着社会主义市场经济的发展以及工业化对劳动力的旺盛需求,形成了"离土又离乡,进城进工厂"的农民工就业方式。随着新时代到来,以人为核心的新型城镇化促进了"提升技能、融入城市"的农民工就业方式。一方面,农民工大规模的转移就业与流动就业,对促进广大农民增收、缩小城乡差距和城市建设发展的提供了充足的人力资源;另一方面,大量农民工从农村转移到城市导致家庭成员之间的长期分离,形成了一大批仍居住在农村的"留守妇女",长期分离造成的情感疏离导致出现离婚高潮。

家庭冲突长辈介入。有资料表明,与长辈同住容易激发家庭矛盾,引发婚姻双方的不稳定关系,而且夫妻双方出现矛盾的时候,原生家庭父母的介入与干预,容易激化和引发更大的家庭矛盾。随着80年代以来的计划生育政策实施,原有混合家庭为主的家庭形态逐步被核心家庭为主的家庭形态所取代,在家庭事务和冲突的处理过程中,原生家庭极其容易卷入到新生家庭当中,特别是婆媳冲突本来是新生家庭面临的重大调整,但当夫妻双方父母对新生家庭介入太多,

---

① 《2017年陕西省离婚判决大数据分析报告》,https://3g.163.com/dy/article/DK6CT5PH0525IKAI.html。

婆媳矛盾往往会演变为两个大家庭的混战。而且，80、90后大多数都是独生子女，宠爱、溺爱的心态比较严重，当家庭矛盾出现的时候，原生家庭养育方式会不自觉介入到新生家庭当中，从而使一些小矛盾演变成为大冲突。

陌生的社区居住环境。夫妻双方居住的环境相对宽绰时，能保留夫妻之间的私人领域，相反居住环境逼仄导致极大压缩夫妻之间的私人生活世界，导致双方之间"喘不过气来"。夫妻双方相互之间社会支持网络重叠高，能为夫妻双方解决冲突提供缓冲、减压，为扭转婚姻失衡提供动力基础。至21世纪以来，全国的农村地区正在经历一场大变化，各地政府通过"拆村并村"、新建集中居住社区等方式，建立起各种各样的农村新型社区，这些农村新型社区一般以多层单元式楼房为主，从原来分散居住的村落住宅搬入集中居住的单元式楼房，农民"上楼"后不但农村村落结构、生活方式会发生剧烈的改变，而且对家庭生产以及家庭关系也会发生巨大转变，最明显的是社区形态从熟悉的生活环境变成了陌生的生活环境，陌生人社会的社区形态打破了原来社区的人文传统，家庭外部的社会支持系统变得松动和破碎，在家庭出现婚姻危机的时候无法提供充分有效支持，特别是家庭夫妻之间出现矛盾的时候，缺乏外部有效的支持与约束。一些农民工转移到城镇的时候，家庭婚姻危机缺乏强有力的外部约束与调解，导致家庭失衡的结构容易走向断裂。

第二节 原因：婚姻失衡的机理

一 "全球化风险"的观察视角

按照社会学家穆勒对婚姻阐释的观点，夫妻双方结婚的主要动机在于三个方面，分别为爱情、子女以及经济，并根据时代不同而发生变化，远古时期的排列顺序为经济、子女和爱情，中古时期为子女、经济和爱情，现代时期为爱情、子女和经济。[①] 由此可见，观察婚姻

---

① 《社会心理学是如何解读婚姻的？》，https：//new.qq.com/omn/20210408/20210408A06GP700.html。

稳定现象的分析视角一直发生着变化。从上文婚姻稳定性因素"再分析"的视角看，当前分析青年人婚姻稳定性的视角，主要是分为性情、恋爱、家庭、社区、政策、文化六大维度26个具体观察指标。然而，准确观察婚姻稳定性和高离婚率现象，需要更宏大的起源于20世纪80、90年代的全球化视角。

（一）全球化的历史进程

当前，社会各界对全球化的关注，主要普遍共识表现在：一是以经济全球化为突出特征，表现在货物贸易、资本投资、技术转移的跨境流动，以及经济活动在全球范围内深度社会分工。二是由于贸易、分工、资本、科技等经济要素巨大整合力量，带动了全球各地区在政治体制、科学技术、意识形态、生活方式、价值观念等相互融合与激烈碰撞。

经济全球化经历了曲折、漫长的发展过程，中国的全球化道路也是经历从被动到主动的发展过程。从1840年"睁开眼睛看世界"开始，大致经历了四个阶段，第一阶段是被动卷入阶段（1840—1949年），在全球化进程中民族觉醒与独立阶段，历经探索诞生了新中国。第二阶段是探索抗争阶段（1949—1978年），在美国为首的布雷顿森林体系和苏联为首的经济互助体系中艰难抗争，坚持了独立自主国家发展道路和最低内循环的经济发展框架，避免了两大经济贸易体系对中国主权的冲击和干预。第三阶段是主动融入阶段（1978—2013年），1978年制定了坚持四项基本原则、坚持改革开放的发展总路线，立足国情走中国特色社会主义道路，主动融入国际经济贸易体系当中，2001年12月11日，中国正式成为世界贸易组织的成员。第四个阶段是自觉引领阶段（2013年至今）。2013年9月，习近平总书记出访中亚和东南亚时，提出了共建"丝绸之路经济带"和"21世纪海上丝绸之路"的"一带一路"伟大倡议，形成了以中国为核心的、不同于美国主导的、主张人类命运共同体的全球化伟大构想。

研究80、90后婚姻稳定性问题，需结合全球化进程分析其发展轨迹。从年龄段来看，现在的80、90后年轻人都是改革开放后出生的，正处于中国全球化的主动融入阶段，在这个阶段最重要的历史事件就是2001年中国正式加入了世界贸易组织，此时最早的一批80后已经恋爱或组建了家庭。因此，深入分析80、90后婚姻稳定性问题，必须与2001年的"入世"事件联系起来，必须与美国主导的、以"华盛顿共识"为指导的全球化结合起来。纵观近30年来美国主导的全球化，在促进中国经济贸易繁荣同时，对中国负面作用也非常明显，主要表现为：一是工业化加速。以追求利润为价值导向的国际资本，大批地向中国等发展中国家转移中低端制造业，一方面，加速了中国工业化和城市化进程，使中国人力资源特别是农村人力资本发生大规模空间转移，大批的农民工从农村转移出来融入城市，撕裂了传统农业社会的旧有秩序；另一方面，国际贸易繁盛催生了大量财富向极少数人群集聚，贫富差距逐渐拉大。二是自由化泛滥。个体极端自由化成为年轻人标榜自我的"思想武器"，个体独立、极端自我、享受生活、不受约束等思想观念被大多数年轻人所接受。三是不稳定常态。以美国主导的经济贸易全球化，国家间的市场竞争和资源争夺激烈尖锐，市场竞争、贸易摩擦、科技争夺以及意识形态争锋此起彼伏，极大地增加了国际政治经济的不稳定性和不确定性，也给企业发展和人口流动带来了非常大的不稳定性。

（二）全球化的不确定性风险

近年来，随着互联网普及、经济贸易、人文交流联系越趋紧密，全球化进程不断加速，生产要素、技术传递以及产品市场的全球化进程不断加快。《世界是平的》书籍的畅销，预示着地球村的认知越发统一，而反对全球化的"逆全球化"也以抗争式的姿势反思了当前全球化的未来。尽管如此，全球化带来的不确定，以及风险社会的危机转介延伸，不可避免地延伸到每个个体以及栖身的家庭。

1. 全球化下的不确定性

经济全球化不仅带来了政治、金融、以及与技术的全球化，也对当前社会形态进行系统化整合，推动人们不由自主地走入风险社会中。

当前，在学术界有关风险社会的界定还没有形成统一共识，现实主义者认为，风险社会容易制造更多、影响更大的不可控因素，如极权主义、民粹主义、种族偏见、贫富差距以及传统文化和民族性缺失，特别是全球性突发事件以及局部的冲突容易引发社会灾难，如金融危机、人道主义灾难、科技应用灾难等。文化学者认为，风险不仅是社会现象,更是一种心理认知结果,不同文化对于风险的认知以及应对都有文化差异,导致形成不同风险文化现象。以贝克、吉登斯等学者从制度主义的角度出发,提出了较为完整的"风险社会"理论与观察视角,认为风险不仅是认知的结果,也是认知的起点,人为不确定性导致风险不断扩散,使现有社会结构、制度以及关系模式更加复杂、裂变以及偶然性,风险社会是现代化、现代性本身的结果。[①]全球化带来的社会不确定风险,主要表现在以下四个方面。

一是全球化促进了风险的全球化,如大规模失业风险、贫困差距拉大风险、生态环境安全风险,以及政策决策风险的全球化、技术路线风险的全球化。

二是全球化还促进了人类社会的开放性、匿名性与流动性,加剧了"人化"与"制度化"风险,从自然风险为主逐渐演变成为人为不确定风险为主,而应对不确定风险的制度解决方案,无论是选择保守还是激进的路线,都有可能出现制度运转失灵的风险。如原子能科学技术研究不断深化,诞生了能够摧毁人类自身的核武器,而核技术作为能源技术路线,也发生过切尔诺贝利核电站灾难。

三是应对全球化危机的不确定性。风险社会与以往传统社会完全不同,一方面风险因素使全球每个人都可能受到影响或冲击;另一方面应对和解决的方案与道路需要全球所有人共同努力,此外应对风险时越来越依赖于专家智库机构,由于知识、话语与技术的垄断,有可能导致一些市场企业、政策制定者以及专家智库组成的联盟,通过设置不同的话语无意或有意转介风险。

四是全球化危机的演化与转介。全球化进程的加速,导致社会结构的重组与重构,导致社会不确定风险加速,同时还会向社会内部转移、不发达地区转移。表现在对社区的解体以及家庭风险的转移,不可避免对家庭组成以及构成方式带来不可确定性危机。

2. 反全球化带来的不确定性

全球化与反全球化相爱相杀、共生共存。虽然全球化的趋势不可

---

① 张广利:《当代西方风险社会理论研究》,华东理工大学出版社2019年版。

避免，但是反全球化的抗争一直存在，自20世纪90年代以来，伴随着全球化的进程，反全球化的声浪也不断涌现，诸如《全球化的十大谎言》《全球化的威胁》《不纯洁的全球化》等著作成为社会畅销书籍，成为抗争全球化的思想武器。

从实际效果看，由西方主导的全球化进程其好处和发展机会仍局限于先发资本主义国家，而且许多不熟悉和无法预测的力量，特别是全球范围内的人口流动，触发了群体的身份认同危机，带来了意识形态、文化观念的冲突，以民主、自由、人权等价值观作为思想武器，引发了社会不确定性与系统性风险。而"逆全球化"思潮的兴起，伴随着全球化运动导致全球治理的原有规则和制度需要改革和重构，而这本身就具有非常大的不确定性。

值得一提的是，全球化下的新型媒体力量也在塑造着不确定性，如中国的微博、微信以及近年来涌现的抖音、快手短视频等社会媒体，使得最底层的阶层也能参与国家治理，大大改变了传统政治生态方式，加剧了社会共识的分化与群体分裂，冲击着传统国家治理的方式与权利界限，陌生的规则、焦虑的情绪、不确定性未来，深深地影响全球化的方向以及未来。

二 生产关系调整：工业化与城市化对婚姻的冲击

随着工业化进程不断加速，意味着风险社会不可避免到来，也对婚姻稳定带来了不可预知的社会风险。从全球化视角来看，工业化加速、自由化泛滥以及不确定常态，给婚姻家庭带来了更多的不稳定，并隐形传导给婚姻稳定的基础。

婚姻不稳定性的背后是家庭危机。观察改革开放以来的婚姻不稳定性问题，应该放置在中国主动融入全球化进程中进行思考。透过历史的光怪陆离，全球化对中国历史进程的社会结构影响，主要表现在以下两个方面。

1. 工业化加速催化城市化

全球化发展大大推动中国工业化进程。有学者根据国家统计局数据绘制中国三大产业结构发现（见图5），改革开放以来中国第一产业 GDP 占比逐年下降，从占比 30% 以上下降为 10% 以下，而第二产业 GDP 占比维持在 40%—50% 区间，第三产业占比呈逐年稳步上升态势，占比从近 20% 上升为 50% 以上。[1] 可见，改革开放以来中国工业生产能力不断提升。

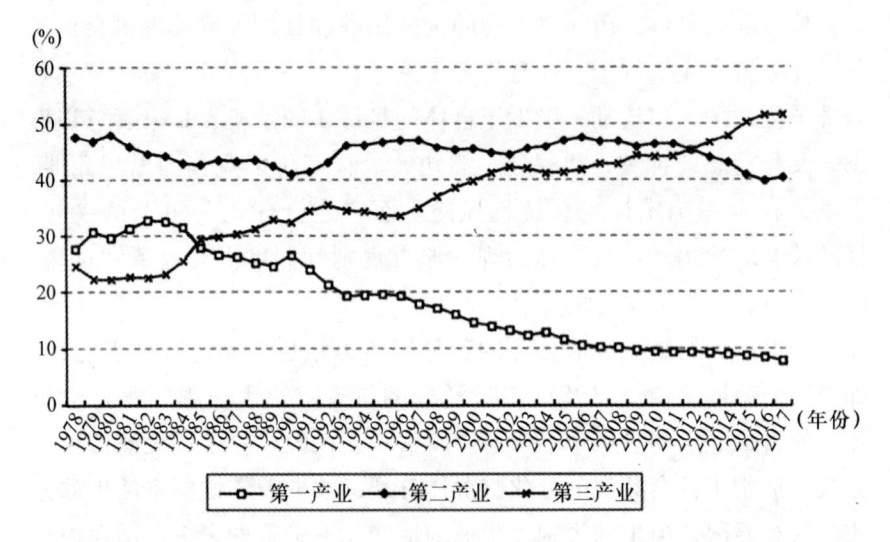

图 5　1978—2017 年中国国内生产总值三次大产业构成变化[2]

工业化大生产的集中性、标准化和规模化要求，为中国城镇化发展提供了基础动力，为人口空间聚集提供的内在动力和技术准备，也为有效解决农村剩余劳动力问题提供了解决渠道。统计数据显示（见图6），1949 年以来中国经历了世界史上规模最大、速度最快的城镇化进程，2010 年中国城市化率为不足 50%，2016 年为 57.35%，2019 年年末城镇化率达到了 60.60%。[3] 数据表明中国城市化进程以单线上增长的方式推动人口空间聚集。

---

[1] 黄群慧：《改革开放 40 年中国的产业发展与工业化进程》，《中国工业经济》2018 年第 9 期。

[2] 《从统计数据看改革开放 40 周年》，https://dy.163.com/article/E3B2592L0518V0RN.html，2018 年 12 月 8 日。

[3] 《70 年来我国城镇化率大幅提升》，http://www.gov.cn/shuju/2019-08/16/content_5421576.htm。

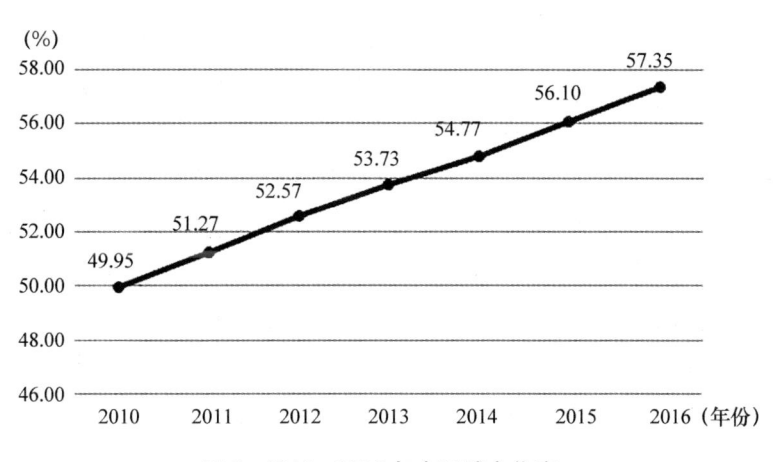

图 6　2010—2016 年中国城市化率

工业化生产方式推动了城市化进程，中国城市化进程主要是以农村人口市民化大规模转移而来的。据《2019 年农民工监测报告》显示（见图 7），2015—2019 年以来农民工数量逐年攀升，2019 年的农民工总量已经达到 29077 万人，其中省内流动比例为 43.1%，省外流动比例为 56.9%。[1]

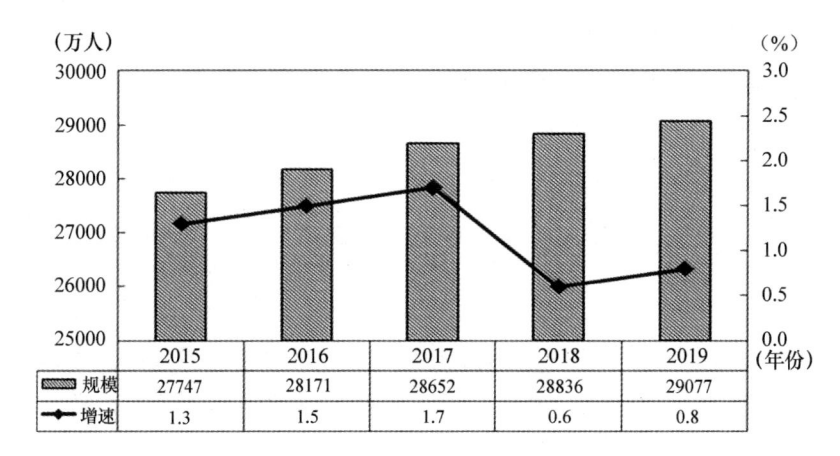

	2015	2016	2017	2018	2019
规模	27747	28171	28652	28836	29077
增速	1.3	1.5	1.7	0.6	0.8

图 7　2015—2019 年中国农民工总量及增速

---

[1]　国家统计局：《2019 年农民工监测报告》，http：//www.stats.gov.cn/tjsj/zxfb/202004/t20200430_1742724.html。

从中国工业化水平、城市化水平以及农民工总量逐年上升趋势来看，自改革开放以来，特别是加入世界贸易组织以来，中国通过农民工快速转移到城市，大大推进了工业化水平。但是也要看到，农民工快速转移的结果就是农村家庭结构变迁，1982—2010年人口普查资料统计发现，平均每户家庭总人口数从1982年4.41人减少到2010年的3.09人，近三十年间平均每户减少1.32人。此外，家庭留守农村的妇女、儿童与老人数量日趋增多，农村空心化现象十分严重，据课题组调查情况看，平时留守在家的大多是老人、妇女、儿童，很少看到年轻人在农村，工业化与城市化进程，对农村家庭的撕裂非常严重。

2. 对80、90后婚姻稳定性的负面影响

一是传统家庭协作方式的解体与重组。农业生产是以家庭协作为中心的生产方式，而工业化生产是以生产要素协作为中心的生产方式，每个个体成为工业化大生产的要素与单元。工业化进程导致大量农村劳动力"离土又离乡"，通过进城务工、经商贸易、兴办工厂或家庭工业转移到城市中去。根据全国农民工职业流动范围数据发现（见表27），农民工向第一产业流动所占比重基本维持在0.4%水平，而向第二产业流动所占比重持续下降，向第三产业流动所占比重持续上升，自2018年起农民工向第三产业流动所占比重超过了第二产业。此外，根据《2019年陕西农民工监测报告》数据，80%的农民工集中在六大行业，分别为建筑业、居民服务修理及其他服务业、制造业、住宿餐饮业、批发零售业、交通运输仓储和邮政业，所占比重分别为23.2%、15.5%、10.9%、10.4%和8.2%，从事第三产业的农民工所占比重达到60.6%，而从事第一产业和第二产业的农民工比重分别为0.2%和39.2%，相比从事第三产业的农民工所占比重持续上升。[1] 由此可以看出，大量农民工向城市流动于第二、三产业，成为社会化大生产、大协作的要素单元，而在这工业化过程中，冲击了传统农业生产以家庭协作为中心的生产关系，并分化重组到社会化大

---

[1]《2019年陕西农民工监测报告》，http://www.bjdcfy.com/baogao/2015nnmgjcbg/2020-9/1341155.html。

生产的要件当中,因此,家庭协作生产关系解体造成了婚姻的不稳定性。

表27　　2014—2019年全国农民工职业流动范围分布　　单位:%

	2014年	2015年	2016年	2017年	2018年	2019年
第一产业	0.5	0.4	0.4	0.5	0.4	0.4
第二产业	56.6	55.1	52.9	51.5	49.1	48.6
其中:制造业	31.3	31.1	30.5	29.9	27.9	27.4
建筑业	22.3	21.1	19.7	18.9	18.6	18.7
第三产业	42.9	44.5	46.7	48.0	50.5	51.0
其中:批发和零售业	11.4	11.9	12.3	12.3	12.1	12.0
交通运输仓储邮政业	6.5	6.4	6.4	6.6	6.6	6.9
住宿餐饮业	6.0	5.8	5.9	6.2	6.7	6.9
居民服务修理和其他服务业	10.2	10.6	11.1	11.3	12.2	12.3
其他	—	—	—	2.7	12.9	12.9

二是熟悉社区环境变得陌生导致婚姻缺乏非正式支持。传统农业社区当中,人和人之间的关系同质化强,大家彼此熟悉了解,导致出现婚姻危机的时候能够提供家庭外的支持力量。工业化与城市化导致人民的居住方式疏离,陌生的社区环境无法提供婚姻危机的支持力量,只能依赖于正式制度化的解体途径,家庭内部的矛盾容易累积与激化。

三是家庭日常公共时间被挤压导致家庭凝聚力下降。工业化的大生产活动导致了农民居住方式的极大转变,各地农民大量往城镇空间迁移,单家独户的村落形态被单元式楼群居住方式所取代,传统的串门、走亲访友的生活方式被社区文化娱乐活动所取代。在80、90后的婚姻家庭生活中,现代社会生活提供了极其丰富的个性化娱乐活动和交往空间,与传统社会相比家庭公共时间被挤压,而且家庭公共时间容易被外部生活所吸引,特别是一些年轻人喜欢"夜店""蹦迪"以及与朋友聚会等,导致家庭公共时间被极大缩减,从而造成家庭凝聚力缩减,当婚姻出现危机的时候缺乏强有力的心理支持。

四是工作流动造成家庭公共空间不稳定。80、90后工作流动比之前更加频繁。有研究表明,近10年来中国劳动者职业向上流动逐渐成为常态①,80、90后劳动者进入劳动力市场后拥有比之前更多的职业流动机会,特别是女性的职业流动比之前有明显提升。婚姻双方职业流动导致家庭生活公共空间发生明显变化,特别是农民工两地分居明显增多,造成了家庭缺乏公共活动空间,容易导致婚姻出现情感危机。

三 错误思潮:自由化与个体化对婚姻的撕碎

21世纪以来,"新自由主义"等错误的外来思想观点极大地影响着80、90后青年群体。个体极端自由化成为部分年轻人标榜自我的"思想武器",个体独立、极端自我、享受生活、不受约束等思想观念被一些年轻人所接受。

(一)新兴文化助推价值观念的极端个体化

年轻人普遍具有的青春活力外,80、90后青年人的意识行为突出表现为以下几个方面。

一是强烈个性表达。受到改革开放后社会氛围宽松的大环境影响,80、90后年轻人拥有极其强烈的个性表达欲望,如"走自己的路,不要管别人怎么评价""不走寻常路""我的地盘我做主"等。

二是非主流化浓厚。如喜欢另类奇怪的事物,喜欢与大众不同的打扮,喜欢劲爆的音乐,喜欢奇特的语言,喜欢"杀马特",等等。

三是泛娱乐化明显。热衷于迎合社会上涌现的各类娱乐文化,对生产的娱乐产品缺乏理性识辨能力,提倡即刻的、感官上的终极快乐,"无所谓""游戏人生",追逐偶像与肥皂剧,乐于接受自己感兴趣的事物,容易接受微博、微信、抖音等直观快乐感觉事物。

四是网络原住民化。诞生于20世界末的互联网,正是80后年轻人逐步塑造自我的关键时期,原子化、碎片化等语言、思维,塑造着年轻人底层意识。

---

① 《我国职业代际流动水平大幅提高》,http://opinion.people.com.cn/n1/2017/0828/c1003-29497267.html。

这些个体化的意识形态的表达，包括兴趣、取向、生活方式、行为范式都表现出强烈的个体主义倾向，排除约束限制、崇尚自我感受，导致人们对婚姻形式认同从家庭视角走向个体视角。"婚姻是个体的事情"已经成为80、90后的主流价值认同。

（二）自我主义助推80、90后婚恋观念的自由化

改革开放后成长起来的80、90后青年人的价值观，反映在婚姻家庭的价值观认识上，更强调个人自我感觉，强调个性独立，婚姻自由化更强。

一是恐婚族、不婚主义者增多。从民政部公布的结婚率来看，2014年为9.6‰，2015年为9.0‰，2016年度为8.3‰，2017年度为7.7‰，2018年度为7.3‰。[①] 结婚率逐年下降，究其原因，从调查访谈中了解到不愿结婚的80、90后比例逐年升高。从网上有评论指出："人生美好又短暂、婚姻无聊又漫长""我不是不婚主义者，我是婚姻无所谓者""不结婚也可以生活得很好""不着急结婚""精神上的门当户对很重要""不愿意凑合着过"等。80、90后年轻人大多数是独生子女，从小独处比较习惯，而且不惧怕独自生活，害怕因为迁就别人失去自我。婚姻压力对于年轻人来说较大，"车子、房子和孩子都需要花费，省吃俭用也不够花"，"单身多好啊，又简单又不用考虑婚姻乱七八糟的生活"，也助推了一部分年轻人不愿意走进婚姻家庭。

二是对多元婚姻形式的容忍度增强。除去现有"一夫一妻"法定婚姻形式外，还其他多种"婚姻"形式。比如同性恋，这些年轻的同性恋群体在网络上表达自己的性取向，人们也对同性恋以及同性恋婚姻更加宽容。比如"老少配婚姻"，一些媒体名人等的老少配婚姻，引发舆论广泛关注与热议，但是人们对于真爱还是表示祝福。另外，改革开放以来"包二奶""找小三"等的情况人们也见怪不怪。

三是对婚姻价值的重新反思。曾经习以为常的婚姻观念认为，婚姻本身就是生儿育女、繁衍后代，但是现代的80、90后年轻人认为，结婚生子不再是天经地义的事情了，是可以自我选择的事情。而且传

[①] 《民政部社会服务发展统计公报》http：//www.mca.gov.cn/article/sj/tjgb/。

统观念认为的先成家后立业的观念也被打破，成家与立业成为两种不同意义的事情，没有婚姻同样可以满足性爱的需求、生儿育女的需求以及自我成长的需求。婚姻不再被认为是必需品、不可缺少的过程，是可以重新选择的。

四 婚姻基础松动：" 物质化"与少子化导致的婚姻变异

婚姻最重要的三大基础是情感互爱、物质基础与共同事务，除去两人之间的情感之外，拥有稳定的物质基础以及承担共同的家庭事务，也是维持家庭稳定的重要支持要素，而婚姻关系的"物质化"以及家庭少子化是目前面临的问题。

（一）"物质化"婚姻容易发生失衡

改革开放以来，现代物质文明快速发展也给婚姻关系带来了挑战，如金钱婚姻、功利婚姻等。婚姻关系被解释成为市场交换行为，婚姻匹配理论认为，婚姻关系双方匹配程度越高婚姻越稳定，反之婚姻匹配程度越低婚姻越容易趋于解体。有学者通过收集上海市某一相亲角的1023张的相亲贴调查[1]，提出了婚姻状况匹配、学历匹配、年龄匹配、户籍匹配、财力匹配、门当户对匹配等匹配指标，指出长相、房产、婚姻状况、性格品质、学历、年龄、身高、薪酬、户籍、禁止项等十项指标是婚姻双方关注的指标，其中男性与女性评价指标还有所侧重，对男性一方的要求主要是房子、身高、薪酬等，而对女性一方的要求则是长相、年龄、户籍等，充分表明婚姻市场中双方以市场交换建立婚姻关系。

在婚姻的"市场交换"的大环境下，"农村剩男现象"与"天价彩礼现象"尤其受到舆论关注。根据人口学者李树茁的介绍，以20世纪80年代初为观察起点，从1980年到2010年间男性比女性多出大约3600万，出生性别比失衡成为人口治理的首要难题。由于男性比女性数量明显增多，通过婚姻挤压农村失婚青年将大量出现，农村男青年结婚难已经成为社会难题。央视新闻《1+1》也曾做过田野

---

[1] 《上海相亲角调查：得出十大择偶标准和婚配难的理由》，http://sh.house.163.com/18/1112/08/E0D9JJFO0007870A.html。

调查报道，条件较差的家庭付出的彩礼反而更高，而男方家庭情况好的彩礼反而少一些，越是贫困的地方彩礼越高。在这种舆论环境下，婚姻物质化倾向导致婚姻基础容易松动，特别容易产生由婚姻关系引起的经济纠纷，从而影响婚姻双方的情感基础。

（二）二化导致家庭的共同事务缺失

根据人口统计学的计算标准，0—14岁人口为少年儿童人口，所占比重在15%以下为"超少子化"，15%—18%为"严重少子化"。根据2010年人口普查数据统计，2010年0—14岁少年儿童总量为2.2亿，约占总人口的16.6%。[①] 根据人口统计标准，中国已经进入了"少子化"阶段，最直观的反映是小学生人数不断减少（见图8）。根据《2019年全国教育事业发展统计公报》显示，2019年普通小学比上年减少0.17万所，招生1869.04万人，在校生10561.24万人，从统计数据来看，2010—2019年在校学生数量基本保持稳定并小幅增长。

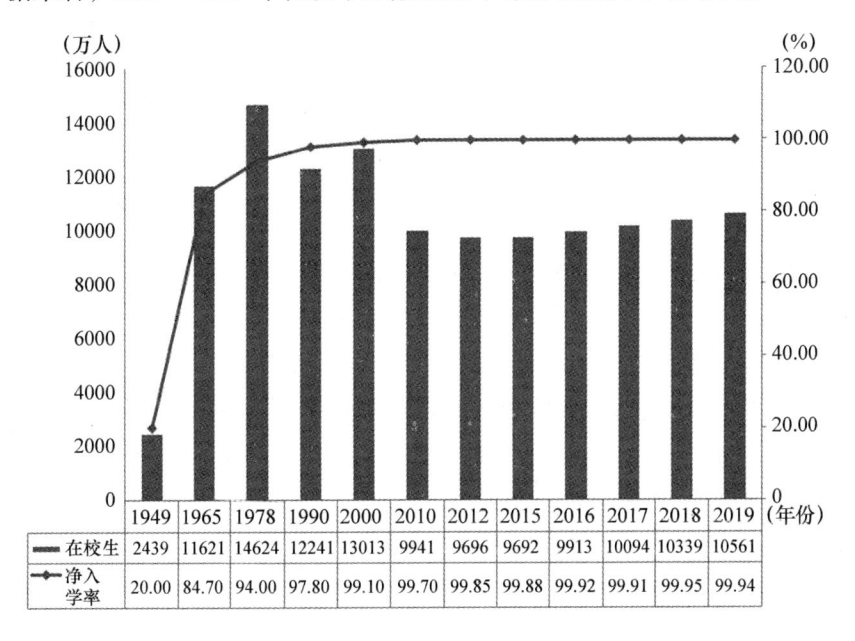

年份	1949	1965	1978	1990	2000	2010	2012	2015	2016	2017	2018	2019
在校生（万人）	2439	11621	14624	12241	13013	9941	9696	9692	9913	10094	10339	10561
净入学率（%）	20.00	84.70	94.00	97.80	99.10	99.70	99.85	99.88	99.92	99.91	99.95	99.94

图8　1949—2019年中国在校小学生数量以及增速

---

① 《2010年第六次全国人口普查主要数据公报》，http://www.gov.cn/test/2012-04/20/content_2118413.htm。

"少子化警报"最直接的影响因素是因为计划生育政策的实施，但真正起作用的是生育意愿的下降，整体上不仅是城市，而且农村地区的妇女生育意愿也在迅速下降，一些生育意愿和宗族意识较强的地区，生育意愿从"多子多福"转变为"儿女双全"，一些本来生育意愿较低的地区，即使出台了二胎政策还有很多不愿意多生，主动选择只生一个小孩的较多。此外，近年来子女教育成本急剧增加，很多家庭为了孩子能够接受更好教育以及性别比失衡带来的婚育成本增加，导致很多地区尤其是城市青年不愿也不敢多生孩子。因此少子化的结果就是核心家庭大量出现，家庭维系依靠孩子为中心，缺乏更多强关系的维系纽带，导致缺乏稳定的要素以及从失衡转变平衡的内在有效机制。

五　婚姻政策失偏：离婚程序的过度"自由化"

中国的《婚姻法》经历四次变革，分别为 1950 年、1980 年、2001 年以及 2020 年。1950 年《婚姻法》是中国颁布的第一部法律，废除了包办婚姻、买卖婚姻、纳妾休妻等封建糟粕，确立了"婚姻自由、一夫一妻、男女平等、保护妇女儿童合法权益"四大婚姻立法的基本原则，把妇女从家庭中解放出来。1980 年《婚姻法》修改提出了离婚的构成要件，将感情破裂确立为离婚的标准。2001 年修订的《婚姻法》在离婚自由的立法理念指导下，第 31 条明确规定了男女双方自愿离婚准予离婚的操作细则，离婚已变得越来越自由、容易。

2003 年 8 月国务院颁布了《婚姻登记条例》，其有关条例表明只要出具双方户口簿、身份证、结婚证和当事人共同签署的离婚协议书既可以离婚，大大简化了登记协议离婚的手续，自愿离婚的当事人不再需要持介绍信，也不需要经历离婚的审查期，对自愿达成离婚协议的申请人当场办理离婚登记。

不恰当的公共政策也是助推离婚高潮的因素之一。"假离婚"是近年来公共政策实施过程中的突出问题，因为"经济债务、购房、房屋拆迁、子女上学、落户、出境"等利益诱因，出现了大规模的"假离婚"现象，是公共政策对私人领域的撕裂。如 2013 年《国务院办公厅关于继续做好房地产市场调控工作的通知》规定，夫妻离婚后将房产留给对方可以将二次、三次置业转变为首次置业，可以享受低首付及低利率并容易获得贷款，唯一住房证满五年的离婚一方可以免征个人所得税，在当时政策与制度背景下离婚带来的实际利益"太丰厚"，导致出现蔚然成风的"假离婚潮"。此外，据《燕赵都市报》报道，2005年华北石油管理局出台下岗再就业政策[①]，政策规定双职工都买断工龄的有一方可以上岗，但离婚后下岗职工等同于单职工不受政策约束，因此使很多生计遇到困难的家庭被迫做出选择。还有些地方政策制定过于草率，如"夫妻俩凡在民政部门协议离婚的，离婚必须满五年以上，才能按政策以两户计算"，于是很多涉及拆迁的家庭走法院判决离婚从而获得拆迁款。

第三节 挑战：婚姻失衡的风险

当前，随着离婚率不断攀升的态势，婚姻失衡问题成为全社会关注的社会问题，涉及社会伦理、传统文化、家庭政策以及社区建设多方面的问题，婚姻治理需要系统化的思维以及全新的社会治理理念。

一 流动人口婚姻与社区治理滞后之间的矛盾

从流动人口婚姻稳定性问题分析发现，婚姻双方长期分离造成的疏离极易导致离婚。有学者研究发现，流动人口特别是2010年后整体婚姻稳定性风险不断增强，但婚后夫妻共同流动、抚养子女和核心型流动家庭等可以减弱离婚风险。[②] 一些已婚农民工外出打工，由于婚姻双方长期两地分居，出现了许多"不影响"夫妻关系的"临时夫妻"现象，引发社会广泛热议，让人不禁唏嘘。

---

① 《假离婚现象高发，该反思的是政策》，https://pl.ifeng.com/opinion/fenghuanglun/280/1.shtml。

② 彭大松、刘越：《流动人口的离婚风险：代际差异与影响因素》，《人口学刊》2019年第2期。

社区是每个个体接触最为紧密的物质场所和精神空间，也是构筑家庭和谐发展的重要环境。社区的构成包括居住的家庭、氏族等社会群体，以及机关、团体等社会组织，还包括涉及社区主体的共同关注的社区事务，以及身份认同与情感归属。事实上，社区不仅是地域空间的概念，更重要的是身份认同概念，拥有共同的身份认同、共同的社区事务以及共同的社区地理构成了社区治理的核心内容。近年来，社区治理已经成为党和政府重点关注的问题，通过加强和创新社会治理，推动社会治理重心向基层下移，实现政府治理和社会调节、居民自治良性互动，打造共建共治共享的社会治理格局，创建更友好的社区文化环境。

在社区治理的理念中，多元主体协同治理已经成为学界和政策制定者的普遍共识，但是在社区治理的政策操作层面，流动农民工作为社区治理的主体之一，还未得到社区治理政策设计者的充分重视，对部分有很强社区参与意识的流动农民工，提出的治理之策较少能够得到社区有效正向反馈，一些新生代的流动农民工在社区工作生活中，渴望得到社区治理部门的关注和重视，但是缺少针对性的利益诉求和参与渠道。更重要的是流动农民工由于户籍和城乡管理制度的差异，社区原住民的排外情绪以及心理优越感，使得生活在城市社会的流动人口难以进行友好互动融合，这些流动农民工缺乏对居住社区的身份认同感与情感归属，对参与社区治理意识薄弱。

流动人口友好型社区建设的概念近年来才提出，但是大多数仍停留在传统的节日慰问、免费体检、政策咨询、外来务工子女入学等方面，缺乏对流动农民工家庭友好的制度安排，流动人口婚姻仍然缺少有力的外部支持安排。虽然民政部在2011年出台了《关于促进农民工融入城市社区的意见》，但是农民工家庭充分融入城市社区还有很多需要改善的领域，还有很多工作要做。

二 自律婚姻伦理与守护婚姻能力之间的矛盾

伦理是道德范畴的概念，是指人与人相处的道德准则，婚姻伦理是指夫妻双方相处的社会道德准则规范，包括婚姻关系的缔结、存续、维护与解除，是维系家庭伦理的基础，而家庭伦理是婚姻伦理的延续，因此，建立更加完善、共识度高的婚姻伦理成为社会道德建设的核心命题。在现代社会中，平等、信任、尊重、节制、情爱、自由、忠实、和谐已经成为普遍遵守的共同准则。在新自由主义思潮影响下，个体主义的自由立场已经成为80、90后的价值观之一，然而自由价值观的另一面是自律价值观，是指行为主体的自我约束、自我管理，强调行为主体的责任使命、自我要求、抵御诱惑的价值要求。在婚姻伦理的重新建构体系中，强调婚姻的自律价值观，要求婚姻双方能够自我管理、自我约束、自我要求，能够抵御形形色色的外界环境诱惑。

婚姻自律要求婚姻双方都能够自我严格管理。伴随改革开放成长起来的80、90后群体，在离婚的原因分析中发现，赌博、吸毒、沉溺网络游戏等缺乏自我管理、自我约束的因素，已经成为导致离婚的重要原因之一。特别是一些青年人沉迷于打游戏、刷手机等，对家庭成员不管不问、对家庭事务不关心，还有一些年轻人通过微信、陌陌等社交工具有了婚外情、一夜情机会，有些年轻人以婚外"包小三""包二奶"为荣，没能抵制外部诱惑，过度开放的两性态度导致年轻人容易出轨，这也是婚姻关系的致命伤。一些年轻人对婚姻态度不端正，闪婚闪离，拿婚姻当儿戏，过度放任自己的婚姻要求，把婚恋自由观念放置在家庭当中。这与80、90后喜欢标新立异，泛娱乐化的生活态度有关，自由与自律价值观念被违背，过度强调自由而导致忽视自律的价值要求，导致婚姻出现失衡的时候容忍度低，主动解决婚姻问题的态度不够强烈。

婚姻自律要求婚姻双方在都能够主动守护婚姻。现在的80、90后年轻人的不自律价值观念态度，导致年轻人守护婚姻能力不足。80、90后大多数是独生子女，从小被宠爱导致成家后也难以脱离父母，在婚后重新组建的小家庭无法自己决定自己的生活，在矛盾产生后自己无法协调进而愤然离婚。还有很多夫妻双方对婚姻维护认识不足，对婚内在所难免磕磕碰碰的生活缺乏耐心与磨炼，夫妻双方在矛盾发生之后不愿意妥协，吵架之后不愿低头让步，不懂得婚姻生活的艰难与未来生活的美好是相辅相成的，在理想期望婚姻映照下缺乏主动实现的努力。

三　多元婚姻形式与婚姻文化制度之间的矛盾

婚姻关系是人类关系中除血缘之外最重要的社会关系，也是不同历史时期都特别重视的社会关系，不仅关系到每个家庭的和谐，也关系到国家的长治久安。第十三届全国人民代表大会第三次会议通过的《中华人民共和国民法典》，是中国婚姻法律制度的最新版，对婚姻制度以及离婚政策做出了明确规定，包括婚姻双方性别、年龄、程序、禁止事项以及离婚要件等，特别是第1077条规定的三十日冷静期的条文，显示了国家对婚姻治理理念的重大突破，在遵守婚姻自由的同时还坚持理性、责任的治理思路。

现有婚姻政策只对一夫一妻的婚姻关系进行法律认定，然而现实当中涉及婚姻还有多种形式，比如婚外恋情、同性恋、代孕生子、丁克、不婚、试婚、未婚同居、无性婚姻、剩男剩女、跨国婚姻、情侣机器人婚姻、非婚生子等，婚姻政策制度没有相关明确规定的条文，也没有明确的解决方案和司法实践解释。

随着80、90后逐渐成为社会建设的骨干，多元形式婚姻与现有"男女平等、一夫一妻、登记认定"的婚姻制度将越发紧张。当前，从《民法典》有关婚姻、离婚政策条文内容来看，国家对非主流婚姻仍然坚持不支持、不反对、不承认的相对保守政策，对婚姻关系保持少干预、不干预的相对自由政策。

事实上，我们对于婚姻文化的认知在自我主义的框架下，并没有得到非常好的阐释，性自由、婚姻自由、离婚自由、恋爱自由等"自由泛滥现象"并没有得到很好的理论阐释与思想警醒，导致非主流婚姻以及衍生的相关问题长期得不到解决。而且80、90后群体更多关注婚姻自由的"政策正确"，对过度的"婚姻自由"产生的社会问题缺乏认知理解，而且媒体推波助澜对"非主流婚姻"的报道，"激发"了年轻人对"婚姻自由"的过度向往，甚至有人把"婚姻自由"与"婚姻责任"对立起来。婚姻研究的理论界也缺乏对婚姻文化的深度阐释,特别是在婚姻与国家、子女与国家之间的关系缺乏深度阐释,仅对婚姻问题的探讨停留在个体层面或家庭内容层面,缺乏国家的视角与治理思维。

四 不婚主义与倡导主流婚姻观念之间的矛盾

不婚不育才是当前中国社会保持婚姻稳定面临的最大挑战。从中国每年结婚对数来看,2014—2018 年度结婚率呈直线下降趋势(见图 9),究其原因一方面与适龄人口下降有关;另一方面与适龄人口的结婚意愿下降有关。

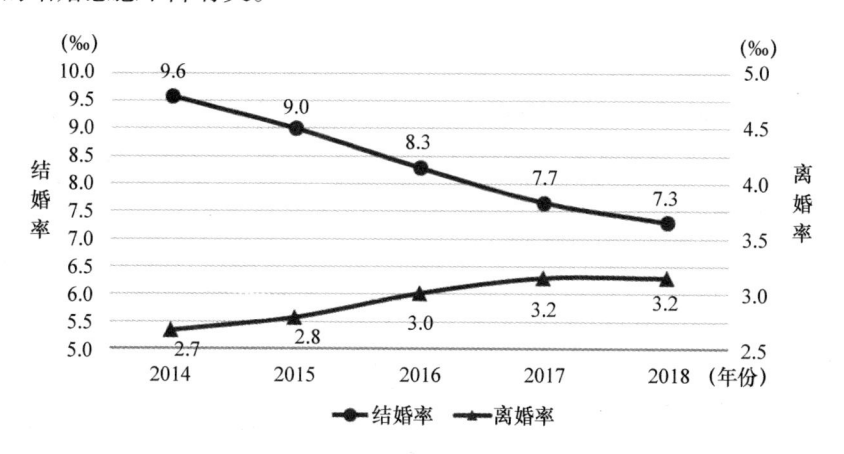

图 9 2014—2018 年结婚率与离婚率

通过对一些年轻人调查了解到,有少数年轻人对婚姻的态度是"不婚不育主义",其最主要的原因是对婚姻的认知态度发生了转变。现在的 80、90 后年轻人对结婚的价值提出反思,结婚不再是天经地义的事情,结婚不是必须要完成的人生使命,甚至更多的年轻人认为结婚生子,可能为自己带来很多沉重的负担;当前媒体报道大肆渲染出轨、家庭暴力、婆媳关系等不良婚姻行为,造成 80、90 后对于婚姻的不信任心态、不结婚。

不婚主义的兴起,对中国传统的"家国文化"提出了严峻的挑战,婚姻被这些 80、90 后认为是纯粹的个体自由选择方式。不婚的结果直接是不育，生育意愿的下降将直接导致国家出生人口下降，破坏人口结构平衡，年轻人口少将直接影响国家的活力以及未来的竞争力。因此，我们探讨离婚率不断攀升是一个社会大问题，然而我们忽略了不婚对于婚姻制度的深刻影响，不婚对于个人而言是自由，而对于社会却是一个问题，直接解构了中华传统中的"家国"文化基因。近年来，西方发达国家经济陷入衰退当中，年轻人缺乏动力与活力，国家缺乏竞争力，就与不婚主义盛行、自由主义泛滥有关。

第七章 探究结构：表象与机制

上文提到的文学作品中的例子、各类的研究报告、质性访谈口述分析等，分析了各种形式家庭解体，这都是21世纪社会发展现实。家庭身处纷繁复杂的社会事件与现象中，通过历史进程的迅速变化、综合诊断社会关系，探究结构变化过程中的表象背后婚姻稳定运作的机制。

第一节 现象：稳定与不稳定

爱情、结婚、或许有孩子、或许离婚、或许再婚等，婚姻家庭有这样一个动态发展变化的思路贯穿，从表面看离婚是家庭不稳定的主要表现状态，但从深层次发展看，它是全球化、现代化冲击的结果。但是它的特殊性在于稳定与不稳定不是完全二元对立的结构，不同模式会并存在同一个家庭，中间可能还会衍生出许多混合模式。

一 离婚表象问题的再认识

离婚率是当前学术界测量婚姻不稳定性的主要指标。从本质上说，离婚是因夫妻双方感情破裂而导致的，是家庭冲突的结果。维持夫妻关系的最重要因素是感情，缺乏感情或者感情破裂会导致离婚。对于离婚的原因分析国内外学术界已经有非常多的研究。人口期望寿命的不断延长不可避免地导致更多的离婚；[1] 种族类别、经济收入、

---

[1] Farley, J. E., *Sociology*, Prentice Hall：1990, pp. 381–382.

教育水平、职业性质、初婚年龄和家庭背景以及宗教信仰等社会因素和离婚率的高低有密切的联系;高离婚率源于妇女户外就业的广泛性和经济上的真正独立;婚前对婚姻的过高期望、相互吸引的资源枯竭和婚外生活的心理诱惑等都可能影响婚姻的稳定性。还有很多学者侧重于从个人和社会的角度,或者说从微观和宏观两个层面,探讨当代中国离婚的主要原因。但整体而言中国离婚问题的研究存在一些局限:一是就事论事局限在事件的表象上;二是微观研究脱离了宏观背景、机制,使宏观层面上的影响机制不明确,而微观层面的普遍性不够;三是离婚中的各种具体因素并存且交叉影响甚至互为因果,会影响对各决定因素的客观判断。整体而言,"我国离婚现象的发展有明显的历史阶段性,50年代是反对封建婚姻的结果,60年代归因于妇女争取权利平等的觉醒,70年代是政治运动带来的副产品,80年代则是多元化原因的行为不能一概而论"[①]。离婚的理论研究与政治意识形态有着密切的关联,1949年之后几次离婚率的较大变动,都伴随着社会经济的发展、婚姻制度的重大革新,人们的婚姻观念及婚姻生活发生了重大变化。80、90后青年的婚姻家庭问题与社会问题呈现同构化趋势,1949年以来学者们立足特定社会变革背景对中国婚姻和家庭以及离婚问题从个人层面和社会层面进行了具体的分析,离婚不是孤立的社会现象,但由于强调的角度不同使得强调的内容有差异。

离婚率持续上升成为婚姻不稳定的最重要的原因,高速率的社会变迁,正更替着人们的行动价值,针对80、90后青年婚姻稳定性的研究,必须深入分析社会大的转型时期产生的许多新问题新挑战,从社会变迁视角下关注社会宏观背景因素对社会家庭结构变迁影响。在这些常常被人们看作完全由青年个人的主观意愿来决定的事务背后,实际上始终存在一只由社会结构和文化力量所构成的"看不见的手"。无论是青年的择偶标准、生育意愿,还是青年婚姻家庭现象中

---

① 沙吉才等:《改革开放中的人口问题研究》,北京大学出版社1994年版,第434—449页。

的择偶方式变迁，也无论是"剩女""光棍"问题的形成，还是青年夫妻权利问题、婚姻稳定性问题、离婚问题等，都在一定程度上与这只"看不见的手"的掌控有关。[1] 目前社会中出现的"剩女"问题、"光棍"问题、高离婚率、婚姻稳定性问题等多种青年婚姻家庭问题的重要议题，应该在微观具体的原因基础上，从改革开放以来宏观的社会转型变迁的轨迹中，去寻找影响婚姻稳定延续的本质原因。

二 婚姻不稳定的深层次原因

社会变革和经济变化都对婚姻和家庭产生影响，现代性与后现代性背景下，工业化、城市化的大发展，大量农村人口向城市迁移，给传统婚姻家庭形态带来巨大的冲击。社会现代化是一个包括政治、经济、社会和文化等诸多方面的整体性社会变迁过程，包括工业化、城市化、理性化、世俗化以及社会组织的分化和整合五个方面[2]，这五个方面从不同角度对婚姻稳定性发生影响。后现代性是一种处于现代性之后的社会生活形式，它是强化社会变迁的结果，这种变迁产生了不确定性、不明确性、文化的破裂和多样性。

现代化冲击下的婚姻风险主要表现为：工业化使社会物质生活水平得以提高，以婚姻缔结作为物质生活保障（尤其对于女性）的传统因素影响力逐渐下降，对婚姻关系中非物质因素的关注上升，女性劳动参与率的上升使得女性主体意识觉醒，对婚姻的选择意识和选择能力提高，张敏杰对全国性统计资料（《中国统计年鉴》1995、1996，中国统计出版社）的分析，证实了这一点[3]；城市化扩展了人的社会交往，家庭因素对于个人的影响减弱，个体的自主性提升，人们所接触到的潜在婚配对象数量上升，选择可能性提高；理性化与世俗化使得婚姻选择与婚姻行为所受到的传统观念或家长权威的影响减弱，而更倾向于理性考虑，突出表现在婚前性行为和离婚等反传统现

---

[1] 风笑天：《社会变迁中的青年问题》，北京大学出版社2015年版，第5页。
[2] 张琢、马福云：《发展社会学》，中国社会科学出版社2001年版，第15—17页。
[3] 张敏杰：《中国当前的离婚态势》，《人口研究》1997年第6期。

象数量的增多和社会对此类行为更高的容忍度上；社会组织的分化与整合则使得原本由家庭承担的社会功能逐渐外移、淡化或社会化，夫妻共同的责任与义务随之削弱，家庭婚姻关系的维系纽带日益松弛。①

现代化对婚姻稳定性表现在社会现代化降低了离婚成本和婚姻稳定的约束因素，个体选择离婚的成本降低；工业化、现代化推动个体化，人们婚姻选择上更加注重幸福感和情感满足，这对婚姻稳定性的影响理论上是双向的。一方面这使得个体在婚姻出现危机时，对化解婚姻危机、继续维系婚姻关系的期望降低，更倾向于以离婚作为解决问题的方式；另一方面使得个体在婚姻选择时以增强婚姻质量为目标，更加慎重，有利于婚姻稳定。对于80、90后青年来说，其成长环境处于中国社会迅速转型阶段，无论是社会现代化对这一群体的影响，还是他们对社会现代化的接受程度都具有更高水平，这意味着他们的婚恋观念受到更多现代化因素的影响，上述现代化因素对婚姻稳定性的影响在这一群体的身上会有更为明显的表征。同时需要注意的是，由于80、90后青年的阶层分化，这一群体所受的现代化因素的影响可能存在子群体的差异。比如，从理论上来讲，80、90后大学生群体相对于80、90后农民工群体可能具有更高的现代化意识，这也导致这两大群体的婚姻稳定性可能存在较大的差异。

三 稳定与不稳定交织并存

离婚不是单一的建构，而是在内制度系统，由内部各个要素通过复杂的机理构成的一个有机整体。如果单纯用高离婚率来谈论婚姻家庭稳定与否，则忽略了各种家庭和家庭之外共同生活模式的多元、复杂共存，婚姻名词现在更多地成为政府对家庭结构定义主要内容，社会急剧转型变革中婚姻主流模式与非主流模式并存，稳定与不稳定也混合交织，一定程度上相互转化。

稳定与不稳定是矛盾统一的。婚姻的普世性证明，历史上从来没有一个文化或世代不以婚姻作为人类生活的中心。普婚制依然是中国

---

① 李迎生：《现代社会中的离婚问题：成因与影响》，《人口研究》1997年第1期。

社会的主流价值，青年的结婚意愿依然强烈，男性选择结婚的比例为77.4%，女性选择结婚的比例为68.3%，结婚意愿最为强烈的是25—29岁的青年。①通过婚姻建立稳定的初级关系以及建立持久的亲密关系，婚姻是社会普遍的选择，"男大当婚，女大当嫁"，结婚是大多数青年的必经生命历程，这种家庭形态保留父母辈的人生模式。即使青年离婚率持续走高，但结婚—离婚—再婚依然是有离婚经历人群的婚姻主流循环模式。另外，婚姻价值也在碎片化。同居、分居大量存在，爱与结婚证使得婚姻与性分离，与父亲、母亲法定身份分离，传统"家庭团结"的延续发展同时与新的生活情境和婚姻发展模式，呈现出新旧重叠区域，导致婚姻家庭及其衍生事务的日常现实中，稳定与确定状态混合发展。

感情世界是多面、复杂、矛盾的。随着个体化动力不断向家庭扩展，共同生活的形式开始急剧变化，婚姻关系日益复杂化。现代化进程导致了生活方式的分化和多元化，各种生活方式将构成总体生命历程中的不同阶段，例如单身生活、婚前婚后的共同生活、合租、离婚一两次之后的多重父母身份等。②层出不穷的各种"尝试"性的超越男女角色的新生活方式不断出现。人们在不同的生命阶段流转于各种临时拼凑的家庭，乃至体验非家庭的共同生活形式。由于共同生活形式涉及赞成或反对家庭的问题，在要不要家庭的两个极端之间，越来越多的人开始"决定"走第三条道路，即充满矛盾的、多元主义、混杂共同生活或单身生活的各种新家庭形式。未婚异性同居成为"习惯性婚姻"，而且作为"实际关系"，已经获得类似于正式婚姻的社会认可。而新技术带来的可能性越来越多，如避孕、生育调节、手术干预妊娠过程等把传统家庭的顾虑逐渐消除，非主流婚姻形式多元选择与婚姻结构的动态发展。目前我们所统计的离婚率只是合法婚姻，统计数据反映的是合法的结合形式，而对其他形式的婚姻关系的稳定

---

① 陈科、金令：《当代青年的婚恋观念》，参见陈光金编《中国青年发展报告》，社会科学文献出版社2019年版。

② 乌尔里希·贝克：《风险社会新的现代性之路》，张文杰等译，译林出版社2018年版，第145页。

性是缺乏了解的。故官方的统计数据只能在一定程度上说明问题。

形塑青年离婚问题的力量是多元、复杂且相互交织的，婚姻问题与社会问题呈现同构发展，工业化和信息化时代带来的家庭和社会风险因素，急速的变迁中带来无法预计到后果，现代的社会制度丧失了对许多事件控制的能力，使得被人们看作是由青年个人的主观意愿来决定的离婚事务背后，造成青年高离婚率事件的力量是多元、分裂的。

第二节　认同：社会结构变迁与婚姻评价

青年在婚恋过程中一方面受到现代化和个体化进程的影响；另一方面受制于中国特殊的文化传统和社会结构。在传统与现代交织转型的阶段，家庭传统中紧密的两性关系、角色分派和情感价值不再仅仅是传统的标准模式认同，呈现出多元变化。

一　当代青年对婚姻质量怀有过高期望

经验研究和统计数据都表明，自新《婚姻法》颁布以来，中国的离婚率都会出现个发展"高潮"，针对这一现象，叶文振等认为，随着物质生活水平提高，人们更加重视婚姻生活的精神构成和情感追求，同时提出择偶观、家庭观、性事观、离异观的变迁对离婚率上升有正向影响，而这四种观念的基本变迁方向即是更加关注婚姻满意度和个体的婚姻幸福感。[①] 很多研究也认为，当前中国离婚率的稳步上升，与人们特别是女性对婚姻质量的追求有密切关系。因此我们可以认为，目前中国婚姻不稳定性的表现，其实质是个体对更高婚姻质量的追求，其中由"家本位"文化向"个人本位"文化的转变，使得个人的离婚成本进一步降低[②]，削弱了促使低质量婚姻继续下去的外部制约因素，因此低质量婚姻倾向于解体，离婚率的上升成为一种必

---

① 叶文振、林擎国：《当代中国离婚态势和原因分析》，《人口与经济》1998年第3期。
② 李迎生：《现代社会中的离婚问题：成因与影响》，《人口研究》1997年第1期。

然结果。

个体对婚姻质量较高的期望。近年来中国离婚率不断上升,体现了婚姻质量的高追求与低能力之间的冲突。叶文振等指出中国离婚当事人的再婚率较高,表明离婚率的上升并不意味着人们要否定婚姻本身。[1] 对于80、90后群体来讲,婚姻成为满足个人欲望,寻求自我实现的私人事务,而且希望"维修保养成本低",他们对于婚姻质量的要求远高于上一辈代际群体,强调婚姻中双方的感情因素和个人的主观幸福感,不再通过舍己、放弃个人自由、履行婚姻家庭责任来实现人生意义;同时,受年龄和人口流动的双重影响,他们的配偶替代机会较高,这都增加青年群体潜在的离婚风险。

二 两性私人领域的角色失范

家庭角色转变主要是建立在对习惯性的社会义务挑战的基础上。主要通过个人自由选择的要求进行,婚姻解体与个体选择的生活方式相联系。现代社会经济利益与情感的平衡对青年家庭生活动态具有深远的影响。

面对现代力量的冲击,市场经济理性打破了两性权利义务的平衡,传统"男人养家糊口,女人相夫教子"的分工标准逐渐丧失在个体家庭生活方面的影响力。不平等的婚姻中掺杂了个人动机、意识形态斗争、妇女解放希望和现实。私人生活的分工发生变化,男人被要求干家务,共同参与家务劳动,现代社会市场化深入发展,婚姻家庭领域发生了深刻变化,教育、就业、社会保障体系赋予了女性更多的自主和经济地位,人们已经从传统性别角色中解放出来,女性和男性同时参与市场有偿雇用,消解了女性对家庭的依附,逐渐从既有的社会形式与社会义务中脱嵌。事实上,许多年轻一代的男性已经开始参与家务劳动,陪子女玩耍,接送孩子上学等,但是研究表明孩子的养育问题依然主要由女性承担,这是"两

---

[1] 叶文振、林擎国:《当代中国离婚态势和原因分析》,《人口与经济》1998年第3期。

性关系尚未完成的社会革命"。

婚姻意义上的变革多是以私人冲突的形式发生的，夫妻双方从需求共同体变成一种选择关系，这种选择不可避免地受周围环境的影响，但更多地取决于青年自身家庭理想的塑造。现代女性经济、精神的独立增强了自身独立面对风险的能力。在婚姻的维系上，"家庭共同利益和男女两性间不同的利益需求存在着明显的张力"[1]，"个体化等多种因素使家庭关系与共同生活的形式变得松散和不稳定"[2]。现代女性对婚姻质量的要求不断提升，情感、幸福感满足表现出更高的的期待，在各种风险力量交织中主动建构人生所占的比例逐渐增大。当代男女角色、权利地位的变化之间的矛盾，使得婚姻基本的社会关系和经济契约关系受到来自现实社会多方面的挑战，呈现出越来越脆弱的趋势。

三 80、90 后群体婚姻价值呈现出不确定性和非均衡性

社会结构的转型变迁，不可避免地带来了社会精神与文化领域的变迁。社会价值观念的现代化和多元化是改革开放四十多年来，急剧转型的中国社会在精神文化领域所发生的最大变化。特别是在全球化、现代性传播的共同影响下，形成了一种与传统社会明显不同的精神文化环境和价值空间。"今天的世界很精彩"，展现在这一代青年面前的世界，丰富多彩，纷繁复杂。这种现代化的、多元化的价值体系作用于青年的心理和行为，导致他们在生活方式、婚姻家庭等领域产生了不同于其前辈及其传统的新形式、新行为、新潮流。从现实来看，如果说 80 后青年内部还因社会不发达不能主动选择，只能接受具有相似性的资源供给，形成部分群体性认同与共识。90 后青年内部从一开始就在资源多元化自主选择的基础上解构了群体共识，其生活方式、消费模式、价值取向、文化圈子、身份认同等多领域都表现

---

[1] 佟新：《人口社会学》（第 4 版），北京大学出版社 2006 年版，第 241 页。
[2] 薛红：《在个体化浪潮之中的性别身份和婚姻家庭——贝克的〈风险社会〉中的性别和婚姻家庭分析》，《国外社会科学》2001 年第 3 期。

出高度的差异化、层次化。① 具体表现在青年婚姻家庭领域，婚姻自由度的增加，婚姻不再是从众行为，现代人有着太多的选择空间，同居、同性婚以及终身不婚等"变异"家庭户出现，互联网下在过去闻所未闻的网络虚拟婚姻，多种婚姻模式并存且相互竞争，其间还衍生出许多混合模式。

离婚的影响也是因群体而异，越来越多的知名人物离婚，已经由单纯的离异，变成了媒体口中的"喜提单身"，他们离婚后，并不会被划入传统的失婚人群中，而是在媒体广而告之的宣传下，重新回到单身待追求状态。整个社会在对待婚姻的态度理性而冷静，80后尤其是90后青年对婚姻既有浪漫的想象，也抱以实用主义，婚姻价值呈现出不确定性和非均衡性。

四 家庭形成的制度边界发生变化

改革开放以来，中国的社会转型变迁是任何历史时期都以相比的，它涉及的区域是广泛的，其中的内容是复杂的，以及这一时代背景下成长起来的80、90后群体的婚姻特征都是非常鲜明的。突出表现为：第一，结婚、离婚态度的随意性强，相识快、结婚快和离婚快，可以"闪婚"，也可以"闪离"，可以再婚，甚至不婚也没关系。第二，性观念开放性强，婚前性关系常见，一夜情可以接受，婚前同居可以作为"习惯性婚姻"彼此加深认识。第三，个体化意识强，男女平等，社会文明程度提高，共同参与就业，自身抵御风险的能力增强，对家庭暴力坚决说不；对破坏家庭有序发展的一方不良嗜好绝不纵容。第四，网络调适能力强，在虚拟空间里人际交往范围扩大，选择伴侣的可能性增多，"网络促成爱情"越来越多地出现；在手机与生活一体化的时代，互联网改变了婚恋关系的社会因素，将性爱与肉体分开，婚姻生活中的诸多不满意，都可以在虚幻的网络爱情里社会找到替代性的寄托。

婚姻不再必然地成为家庭周期的起点。婚姻、结合或成双成对的

---

① 杨雄：《巨变中的中国青年》，上海人民出版社2018年版，第47—50页。

本质几十年间发生了颠覆性的变化。很多人在决定是否进入政府认可的关系，对很多建立了亲密关系的人来讲，是一个非常重要的选择。有些人在婚前就会生活在一起，而有些人则不断地在更换伴侣。某段关系可能会产生孩子，但也有可能没有孩子。在一段新的关系建立之前，年轻人往往都会离开自己的原生家庭。[①] 传统上，一个新家庭被认为是通过婚姻创造的，后来其他的一些转变，例如同居或者未婚生子，也成为认可家庭形成的方式。婚前性关系和性行为的日益普遍，在超过半数的青年婚姻中，人们会选择在正式仪式之前就生活在一起。同居开始时是作为一种可选择的生活方式，接着发展成为结婚前的暂时阶段，最后逐步成为进入婚姻的一种策略。同居的情侣有可能想结婚，也有可能他们根本就没打算要结婚。他们有可能依据个人环境的影响促使他们完成从同居到婚姻的转变，也可能不结婚，新的转变形式有时会导致家庭角色和家庭边界的含混不清。

第三节　机制：婚姻稳定运作

通过对婚姻稳定性的再认识，婚姻是两性命运共同体的主要组成部分，当前婚姻建设应该抛弃两性对立的价值思维，构建婚姻稳定运作机制，维护婚姻家庭协调、稳定、发展。

一　婚姻稳定性的再认识

婚姻破裂并不等于婚姻失衡，"日子不好过并不等于日子过不下去"。在之前的实证分析文献当中，婚姻稳定性的变量操作化整体趋向简单直线条，主要有以下两点。

以粗离婚率评价婚姻稳定性。在相关实证文献中有多数文献是以粗离婚率为因变量进行数据建模，常用语时间序列下的宏观结构分析。事实上，有关离婚率的统计方法一直有存在较大争论和误导。

[①] ［加］唐纳德·柯林斯等：《家庭社会工作》（第四版），刘梦译，中国人民大学出版社 2018 年版，第 112 页。

第七章 探究结构：表象与机制

1991年《中国大百科全书》对离婚率的计算公式为年内离婚数与年内平均总人口之比，以千分率计算结果表示当年的离婚率，但长期以来年内离婚数统计为离婚人数而非对数，直到2006年通过学者的努力，《中国统计年鉴》和《中国民政统计年鉴》对离婚率的计算分子才修改为离婚对数，成为与国际对接的通行计算方法。[①] 此外，社会上还把"离结比"等同于"离婚率"，造成离婚率猛增，从而引发公众的震惊与不解。还有的研究文献是以离婚史作为评价婚姻稳定性指标，主要用于大型社会调查、动态监测、定点监测等数据收集，常见对婚姻稳定性中观层面的社会学分析。一些文献是以离婚意愿与婚姻满意度为指标评价婚姻稳定性，测查的指标如"在过去的一年中您是否有过离婚的念头""您认为配偶是否会提出与您分手""您对目前婚姻状况的评价"以及"是否有过分居等行为"等，常见于社会态度、心理测查等数据收集，常见于对婚姻稳定性的微观层面的心理学分析。事实上，绝大多数实证研究难以涵盖婚姻稳定性的微观、中观以及宏观定义，而且宏观与中观层面更多是以离婚史或离婚数量作为统计标准，然而婚姻稳定是个动态变化过程，而非指婚姻破裂结果。因此当前学术界以婚姻破裂代替婚姻失衡的基本出发点是不严谨的，也为婚姻失衡到平衡之间的政策干预没有预留介入空间。

关注婚姻稳定性忽视婚姻的质量。长期以来，中国的婚姻政策导向坚持以稳定为偏好的婚姻政策传统。民俗文化中"宁拆十座庙，不毁一桩婚"，劝和不劝离、促合不促离，认为拆散夫妻婚姻会损阴德、遭厄运，"百年修得同船渡，千年修得共枕眠"，也说的是对婚姻的珍惜与保护。然而，过度强调婚姻稳定的导向，不仅淡化了夫妻双方对婚姻质量的意识，而且还容易误导社会对婚姻生活的必要关注和支持，在传统社会对婚姻的支持系统中，凭借家庭、单位和组织的影响维系婚姻，凭借社会社区力量对婚姻的行政干预或道德谴责，但都对提高两性婚姻质量没有提供建设性的支持条件。但是当社会环境发生巨大变动的时候，社会环境宽松或家庭外部约束减弱的时候，原来依

---

① 徐安琪：《离婚率计算方法的学术拨正》，《社会经济问题专报》2005年第2期。

靠家庭内部、社会内部维持的婚姻容易进入不稳定的状态。高稳定的婚姻不一定是高质量，而高质量的婚姻一定是高稳定的婚姻，因此，要提高婚姻的稳定性，亟待需要改变传统以稳定为导向的价值模式，回归以质量为导向的价值轨道上来。

二 婚姻：两性命运共同体

思想是行动的先导，理念是实践的指引。长时间以来，学术界和政策制定者对婚姻关系的认识，更多基于两性对立的一面而非两性统一的另一面，相应的政策措施体现在男女平权上，而缺乏对基于两性关系基础上建立两性共同体的政策逻辑。从共同体的概念溯源来看，主要来源于传统社会学理论话语体系，最早由德国古典社会学家滕尼斯提出并进行阐释，从类型上共同体可以划分为血缘共同体、地缘共同体与精神共同体等类别，其中血缘共同体是指生物学意义上的共同体，由血缘关系派生出来的共同体关系；地缘共同体是指地理空间意义上的共同体，表现为居住方式的关系结构，而精神共同体为文化认同意义上的共同体，具有共同的意识和心理认同。共同体概念传到中国学界后，经费孝通等最早一批社会学者翻译为社区一词，与社会概念相对应，逐渐成为解释现代性的重要学术概念。

人类命运共同体发展理念为构建两性共同体提供了新的观察视角，也为我们分析当期婚姻不稳定问题提供新的解决思路。作为习近平新时代中国特色社会主义思想的重要组成部分，人类命运共同体理念是来源于经典科学社会主义对人的论述，科学社会主义认为未来的共产主义是"自由人的联合体"，是促进每一个人的全面而自由发展为基本原则的社会形态。在当前国际形势中不稳定、不确定、不可测的风险增加的大背景下，婚姻稳定性危机体现在婚外恋情、同性恋、代孕生子、丁克、不婚、试婚、未婚同居、临时夫妻、无性婚姻、剩男剩女、跨国婚姻、情侣机器人婚姻、非婚生子、捐精妈妈、早婚晚爱等与主流婚姻形态相异的现象增多，为家庭子女、社会发展带来的压力，因此当前婚姻建设应该抛弃两性对立的价值思维，求同存异、聚同化异，构建自律协作的新型婚姻关系。

三 婚姻稳定运作机制

婚姻制度与过去相比,对人们的生活的影响力越来越小,家庭生活方式和结构也在不断变动中。构建婚姻稳定运作机制,维护婚姻家庭稳定始终是适应时代发展重要目标。

第一,婚姻家庭法律保障机制。婚姻法律制度是调整婚姻家庭关系的基本法律,肩负维护婚姻稳定的重任,但随着时代的发展,婚姻家庭不断发生变化,应适时修改、制定相关的婚姻法律法规,不仅要在立法理念上符合婚姻的发展趋势,从实践中更加契合时代发展的需要。维护婚姻稳定是建构适应时代发展的离婚制度的重要政策目标,强调个体自由的简便的离婚制度,容易导致冲动性离婚,强化离婚冷静期、实施离婚预约登记,与延期审查制度,维护婚姻稳定,防止青年出于草率、赌气或是不理性离婚;加大对买卖婚姻、骗婚、重婚、家庭暴力、婚外恋等非法行为的惩罚力度,切实保护婚姻家庭;在《婚姻法》司法解释中细化夫妻婚前财产、共同财产的归属规范,积极引导青年树立正确的婚姻财产观,鼓励双方都自立自强,用平等的心态去面对婚姻生活。

第二,公共政策的社会服务机制。青年群体高离婚率的背后蕴含作为社会细胞的家庭的高不稳定性,在此过程中,需要重塑组织以及文化等社会约束机制。在当今时代变革的背景下,现代化对社会、经济、文化的冲击和不确定感,影响了青年的婚姻家庭行为,也会对福利、保障、家庭发展等方面提出新的要求。家庭作为社会的基本组织,无法独立地承担集体性风险的重担,它必须从社会获得支持和资源。政府、社会应高度关注和支持家庭建设,把家庭和谐发展作为社会建设的重心,出台相应的社会政策,建立社会支持系统,规范人们的婚姻行为,通过某种文化引导来间接地影响青年的离婚价值观念,在更广泛的公共政策理念和宣传上重视婚姻关系和家庭关系,营造家庭和生活友好型的社会环境。加强公共服务政策配套,只有建立配套的托幼托儿、教育和医疗保障政策支持,提升社会公共服务水平,两性在就业与进入婚姻和生儿育女的平衡上没有后顾之忧,才能使生育政策的合法空间落到实处，更好地发挥婚姻制度促进人类再生产的功能。加强部门之间的政策衔接，减少因购房、拆迁等利益而产生的离婚现象政策的漏洞，增强婚姻的严肃性与稳定性。

第三，青年婚恋体系的社会支持机制。强化青年婚恋的支持体系；关注低龄化青少年婚恋观的教育，聘请专业的婚姻家庭咨询师进入初中、高中分阶段进行宣讲，帮助中学生树立正确的婚恋观，提高感情调适能力；同时在高等院校开设婚姻家庭课程，学习家庭关系、两性关系、亲子关系等基本"经营之道"，进行常态化的教育普及；开展和加强专业化的婚前教育和健康婚姻培训；针对当前青年婚姻观念淡薄、家庭责任感差、道德评价模糊等问题常态化开展婚前教育和辅导，缓解情感上的高期望和生活中的低容忍的矛盾，帮助青年人树立科学健康的婚姻家庭观和正确处理婚姻矛盾的态度方法。以社区为单位在全社会进行健康婚姻观的宣传，倡导人们自觉地维护正确的伦理道德，提倡夫妻忠诚观念、家庭责任观念。

第四，青年流动人口的婚姻常态化指导机制。调研中发现流动青年的婚姻稳定性明显低于非流动人口。流动导致的青年情感支持缺乏，来自熟人社会的舆论约束弱化等容易产生性行为失范，导致婚姻解体。应强化这一群体的婚恋教育、引导合理选择规划自己的婚育行为；政府可以购买服务，募集专业的婚姻家庭辅导机构、律师或社会工作师等专业人员，在新生代农民工聚集的社区开展讲座、宣传教育等，提升其婚姻经营能力；培养支持公益婚姻服务组织，针对青年人提供心理咨询、婚姻家庭辅导、开展各类健康婚姻培训活动，多渠道防范不良现象的消极影响。同时关口前移，在婚姻登记处做实结婚前的婚姻家庭指导服务，强化青年和谐家庭的意识。

第五，大众传媒正面导向机制。移动互联网下的各种新媒体的负传播效应，极大地冲击着青年人的婚恋行为观念。对明星、富人等"泛娱乐化"婚恋问题报道，误导了青年受众的认知偏差；部分影视剧"美化"了婚外情，增加了对未婚青年对婚外情的理解包容态度。研究发现，大众传媒的普及推高了离婚率，一个重要的原因是网络的普及改变了家庭成员的闲暇消费模式，增加了个人独立休闲娱乐的时间，减少了夫妻共同参与的消费和闲暇生活，降低了有助于婚姻稳定的家庭专用资本的投入。① 大众传播媒介技术作为一种生动的舆论引导工具，潜移默化地改变着人们的思维方式，应规范其正面导向作用，利用广播、电视、报纸、网络等把社会主义的价值观、道德观融入影视剧、娱乐节目中去，积极宣传主流婚姻道德，净化当前不合理的道德观念，发挥对青年的正能量引领作用，营造健康文明的婚姻家庭道德氛围。

---

① 鲁建坤、范良聪、罗卫东：《大众传媒对婚姻稳定性的影响研究》，《人口研究》2015年第2期。

第八章　寻求稳定：社会适应与个体选择的互构整合

以新时代婚姻和谐、稳定、互构的价值理念，以包容多元形态、强调价值共识、相互适应为策略，探寻婚姻的社会适应与个体选择的互构整合的发展对策是本书的核心要义。

第一节　当代婚姻稳定的价值理念

婚姻、家庭及其相互关系价值互构在需要秩序和必须改变之间建立一种平衡，这为当代的高质量、高稳定性婚姻价值理念提供了"新思维"。

一　婚姻价值的互构

恩格斯在《家庭、私有制和国家的起源》的鸿篇巨制中，以唯物史观的基本原则详细论述了婚姻、家庭及其相互关系，[1] 透过这些真知灼见为解决当前社会上婚姻不稳定问题提供了历史长周期的观察视角，为重构新时代的高质量、高稳定性婚姻提供了"新思维"。

恩格斯在参照众多人类学家的研究资料发现，家庭产生是历史的发展过程，伴随着氏族的产生与消亡，构建家庭的婚姻形式发生了巨大变化。从杂乱的两性关系发展成为稳定的一夫一妻制关系，具体而言基于血缘关系排除了父母和子女之间的两性婚姻，形成了群婚制的

---

[1]　[德] 恩格斯：《家庭、私有制和国家的起源》，人民出版社 2003 年版。

第八章　寻求稳定：社会适应与个体选择的互构整合

家庭形式；基于氏族关系排除了氏族内部兄弟与姊妹之间的两性关系，形成了对偶制的家庭形式；随着氏族社会解体和私有制的产生，男性地位的崛起女性地位的下降，社会财富更加集中于男性，女性被迫回归到以男性为主的家庭。私有制的产生，不仅改变了男性与女性在社会生活中的地位，更形成了两性关系中奴役和被奴役的物质基础。可见，婚姻结合形式不仅反映了人类对后代负责的主动选择机制，从父辈与子辈之间的性禁忌，到同父母子女之间的性禁忌，再到更远的基于血缘关系的性禁忌，自然选择法则为人类最终选择了一夫一妻制的婚姻形式，同时婚姻结合形式也反映了两性之间的经济社会地位，在私有制社会中两性结合是以政治、经济为基础的，婚姻的本质是两性之间的财产关系，"买卖婚姻的形式正在消失，但它的实质却在越来越大的范围内实现，以致不仅对妇女，而且对男子都规定了价格，而且不是根据他们的个人品质，而是根据他们的财产来规定价格"[①]。因此，基于独立的财产关系才是男女平权婚姻的前提条件，否则不平等的财产关系必然导致两性关系中一方对另一方的奴役。

恩格斯在论述共产主义的婚姻形式后，得出"只有继续保持爱情的婚姻才合乎道德"这样结论，认为在消除了两性之间不平等的财产关系之后，"爱情应该成为两性婚姻的唯一基础"[②]。这也成为构建中国当时代婚姻的核心价值。从中国的婚姻法规条文上看，"感情确已破裂"已经成为判决离婚的法定条件，司法审判实践中也坚持这一首要原则和导向性。

可以看出，婚姻关系既包括基于两性情爱基础上的自然关系，也包括基于男女平等基础上的经济关系，更包括维持家庭发展和后代繁衍的社会关系。根据唯物史观经济基础决定上层建筑的基本观点，在两性之间的自然关系、经济关系和社会关系的关系总和中，起决定性的是两性之间的经济关系。因此，分析婚姻关系的稳定性，首先要从两性之间的经济关系入手，分析两者之间的自然关系和社会关系，才

---

① ［德］恩格斯：《家庭、私有制和国家的起源》，人民出版社2003年版，第77页。
② ［德］恩格斯：《家庭、私有制和国家的起源》，人民出版社2003年版。

能为解决婚姻稳定性提供有效工具。

二 当代婚姻稳定的价值理念

婚姻家庭从来不是一成不变的,家庭生命周期整个过程,会有很多变数,环境的改变,新角色带来的失衡,需求的改变,情感状态的变化以及价值观的改变,这些持续不断的变化为我们从中获得新的价值理念提供了参考。

第一,全面把握保障离婚自由的政策取向。中国的法律赋予了人们婚姻自由的权利,而结婚自由与离婚自由是婚姻自由的两个方面,都是相对的自由。中国近年来离婚率不断提高,一个重要的原因是婚姻法中保障离婚自由。但是"保障离婚自由"所要保护的离婚自由是相对的离婚自由,并非指想离就离,保障离婚自由就是为了让貌合神离的家庭脱去虚假的外衣,从而让其蜕变为能够实现家庭功能的新家庭。[1] 它包含两个层面的意义:一是防止草率离婚,婚姻关系是一种极其重要的法律关系和伦理关系,夫妻双方相互承担着不可推卸的法律义务和道德责任,草率离婚是对这种法律义务和道德责任的放弃,有悖于离婚自由原则。[2] 离婚不是冲动之下解决夫妻矛盾的办法,只有"真实性"破裂的婚姻才能离婚。《民法典》中设置"离婚冷静期"就是试图通过制度约束冲动任性的离婚者,尤其是媒体眼中颇具争议的80、90后群体。符合当事人真实意愿的离婚自由,才是当事人真正要实现的自由;二是"保障离婚法律后果的正义最大化和损害最小化",这是对于离婚后婚姻中弱势一方及其未成年子女的保障,是实现制度公平正义的表现,有利于规范个人的婚姻行为,维护婚姻制度和伦理关系秩序的基础。

第二,尊重接纳婚姻家庭的多元性。20世纪80年代以来,中国经济、社会、文化发生了巨大的变迁,而且还会继续发生变化,家庭

---

[1] 石雷:《英国现代离婚制度研究》,群众出版社2015年版,第172—175页。
[2] [德]马克思:《论离婚法草案》,《马克思恩格斯全集》(第1卷),人民出版社2006年版。

生活的多样性也在不断增长。未婚同居的生活模式引起广泛关注,生孩子之前婚姻顺序不再有规可循了,很多夫妻先有孩子,然后才确定自己关系的合法地位。也有夫妻,一直处于这种关系之中。高度个体化的生活方式,多种家庭形式广泛存在,并开始替代法律上认可的家庭关系,得到了一定的社会认可。在加拿大和澳大利亚等国家,在政府立法和法庭判决中对于家庭的法律定义已经超越了核心家庭模式,而这里的核心家庭模式主要是指由异性婚姻和生物联系连接父母和孩子所组成的家庭模式。未婚异性同居在加拿大被称作"习惯法婚姻"、在澳大利亚被称作"实际关系",已经获得了类似于正式婚姻的实质性的法律认可。恰巧这也部分地回应了那些主张减少对另一类生活方式进行歧视的要求。同时,这样做也可以使政府对这些新的家庭予以更好的控制,包括获取更多的税收。

第三,倡导情感与婚姻价值互构。婚姻关系既包括基于两性情爱基础上的自然关系,也包括基于男女平等基础上的经济关系,更包括维持家庭发展和后代繁衍的社会关系。当代婚姻是男女双方基于爱情的结婚,同时维系也应以爱情为基础。但是爱情作为一种精神感受,必然处于发展变化之中。这种发展变化也许会使婚姻关系变得持久,也许会使婚姻关系恶化,失去存续基础。[1] 很多青年人认为情感和欲望是衡量爱情的标准,婚姻的法律证书不能增加两人的浪漫感觉。"爱情应该成为两性婚姻的重要基础",成为构建当代婚姻的核心价值。从中国的婚姻法规条文上看,"感情确已破裂"已经成为判决离婚的法定条件,司法审判实践中也坚持这一首要原则和导向性。

但是由于家庭关系着个人幸福和文明培育,承担教育子女、塑造人格、培育社会道德、形成善良风俗的社会功能,任何文明社会都会认为家庭具有独立且高于爱情的价值,因此促进家庭稳定成为制度立法者的首要任务。[2] 家庭生活对个人的幸福感和快乐感以及各种社会

---

[1] 马俊驹:《民法案例教程》,清华大学出版社2002年版,第789页。
[2] 强世功:《司法能动下的中国家庭——从最高法院关于〈婚姻法〉的司法解释谈起》,《文化纵横》2011年第2期。

政策和经济政策都是相当重要的，人们的价值观已经发生了改变，新的生活关系，例如长期同居——已经使法律的定义更为广阔了。社会关系的法律定义的变化是家庭边界的变化获得集体回应这样一个连续过程的一部分。婚姻的社会适应与多元选择的互构整合，这样一个过程从一定程度上是对更加复杂的家庭关系的一种回应，另外也是对这些复杂的家庭关系的一种鼓励。社会结构与个体能动性互相调和，婚姻的社会适应与多元选择的互构整合，是对婚姻关系的情感内涵与公共形式价值认同、开放、发展的需要。

第四，建构内衡的婚姻家庭秩序。社会制度的功能在于维持社会体系之均衡。帕森斯认为，均衡是家庭的中心特点，家庭最主要的功能在于重建被外界扰乱了的秩序，从失和、失衡复归至和谐平衡。[1] 婚姻作为人类社会繁衍后代的机制，在文化普遍原则下，婚姻家庭制度肩负引导人们遵守的标准化模式、维护秩序稳定的重任。在家庭生命周期的运行过程中，婚姻家庭生活充满不确定性和压力，婚姻家庭一方面要回应需求，维护稳定，确保延续；另一方面又在不断调整、变化，甚至解散。青年结婚与离婚，都是在风险社会下现代理念和传统观念融合的结果。它既有传统家庭结构、功能的接续融合，也有社会转型、风险情境下的中断与失衡。社会风险下，婚姻家庭与社会关系的互构共建、交互建塑，推进了个体多元地选择自己的生活方式，也促使婚姻家庭系统在风险与变化之间寻求平衡。正如伊丽莎白斯利夫和卡罗尔斯玛特所说的，"在家庭定义不断发生变化的情况下，仍然有一些基本的核心是不变的，那就是家庭是一种对资源、照顾、责任和义务的共享"[2]。在流动、变化的社会追求秩序稳定，为整个社会的和谐进步创造有序的发展环境。

第五，维护社会和谐稳定的价值共识。首先，婚姻—家庭—社会

---

[1] 参见[南斯拉夫]切·索姆巴蒂《社会与家庭之间相互作用的模式化》，《国际社会科学杂志》（中文版）1991年第4期。

[2] 参见[加]唐纳德·柯林斯等《家庭社会工作》（第4版），刘梦译，中国人民大学出版社2018年版。

三位一体，互相影响互相促进，婚姻关系是一种社会关系，其稳定与否，对家庭的健康发展，社会的和谐稳定有着重要的意义。婚姻制度作为社会制度的一部分，以维护社会的主流意识，维持社会的现有结构模式为己任。其次，离婚制度以维护婚姻稳定为目标。马克思在《论离婚法草案》中对离婚曾有一段精彩的论述："离婚仅仅是对下面这一事实的确定：某一婚姻已经死亡，它的存在仅仅是一种外表和骗局……这既非立法者的任性，也不是私人的任性，而每一次都只是事物的本质来决定婚姻是否已经死亡……既然在肉体死亡的时候你们要求确凿的、无可反驳的证据，那么立法者只有根据最无可怀疑的征象才能确定伦理的死亡……因为保护伦理关系的生命不仅是立法者的权利，也是他的义务，是他的自我保存的义务！"① 婚姻制度围绕家庭关系的解除和重建展开，社会有义务理性、慎重地看待离婚问题，保护婚姻这种伦理关系的生命；最后，强化主流婚姻家庭生活模式在现代社会发展的重要性，以提升家庭能力，实践家庭教育，以80、90后青年为引领全面推进和谐家庭建设。

第二节 保持婚姻稳定的目标策略

当代社会面临全新的家庭现实，探索以婚姻稳定为取向维护两性关系稳固的目标与发展策略，维护家庭稳定的价值，是社会和谐、稳定的发展目标。

一 维持婚姻稳定的目标原则

重塑构建当代求同存异、聚同化异新型婚姻关系，应该坚持自律、平等、协作与发展的价值规范，这也是当前保持婚姻稳定、提高婚姻质量的关键要素，不仅涉及个体的自我要求，还涉及两性之间共同协作进步要求。

---

① 马克思：《论离婚法草案》，《马克思恩格斯全集》（第1卷），人民出版社2006年版。

（一）个体自律

婚姻的基础是两性个体，而个体自律是保持婚姻稳定的关键要素，也是婚姻道德伦理的基石，在婚姻道德实践中，在法律、制度和道德规范等他律的约束下，婚姻当事方应该主动实践自己的道德主体性，减少道德他律的外在强制。比如控制好自己的外貌、体重、情绪，管理好自己的时间、心情以及恋情，等等。

然而，在当下一些年轻的80、90后对婚姻持随意态度，随随便便、稀里糊涂地成立家庭，觉得结了婚就没什么事了，由着自己的性子放任自己放飞自我，生活里沉迷在舒适圈自甘堕落。在婚恋阶段，流行"闪婚"现象，在不互相了解双方的背景下不理性地走入婚姻生活，"老夫少妻""老妻少夫"等情况下过于崇尚婚恋自由化，忽略了婚姻自律化的要求，还有一些年轻人有婚外情等婚姻不自律行为，导致婚姻的失败和解体。

因此维护婚姻稳定，首先要让进入婚姻生活的个体成为合格的婚姻当事人，能够自律、理性地处理婚姻生活内的各种不利事件，特别是能够管控自己、规训自己，在婚姻的"围城"理性地生活。

（二）两性平等

自1995年以来，男女平等不再停留在口号宣传中，而是落实在社会生活各个领域，2005年男女平等被写入《中华人民共和国妇女权益保障法》，2012年男女平等被写进了党的十八大报告，性别平等已经从观念认识上升为国家意志，制定了一系列法律保障措施和政策条文。当前倡导性别公正、推进男女平等已经成为经济社会发展的重要议题，为婚姻稳定提供了强大的制度保障。20年来，保障女性平等权利的法律政策日趋完备，先后制定和修订了《中华人民共和国妇女权益保障法》《母婴保健条例》《预防和控制出生人口性别比失衡规定》等一系列维护妇女的法律法规，出台《关于进一步做好培养选拔女干部、发展女党员工作的意见》《促进妇女创业就业小额担保贷款实施细则》政策法规以及在就业、教育、医疗、社会保障及妇女关爱救助等具体实施细则，然而女性发展与性别平等依然挑战突出，社会上对女性价值、妇女地位和男女平等基本国策等错误认知依然存在，性别平等意识以及贯彻落实男女平等机制创新较为滞后，社会性别主流化进程困难重重。在婚内生活中，一些80、90后年轻女性，对女性主义、女权运动纳入婚内当中，对婚内的男女平等关系的意识形态提出严峻挑战。

（三）家庭协作

家庭事务共同分担是保持婚姻稳定的重要前提条件。近年来，网络流行词语"丧偶式婚姻"，例如保姆式妻子、丧偶式育儿、守寡式婚姻等都是"丧偶式婚姻"的具体体现，突出表现为婚姻当事人一方冷漠对待配偶，无视或忽略承担家庭义务，导致婚姻家庭生活如同丧偶。一般表现为双方各忙各的，有些表现为夫妻一方早出晚归，另一方留在家中，对家里的事情不管不问，需要对方的时候基本看不见人。比较常见的情况是有网友形容的"父爱如山"（形容像大山一般就待在家里啥也不干），除了吃饭就是看电视、玩游戏、上网、玩手机等，帮孩子洗澡、辅导孩子功课、带孩子看病等家庭事务都是女性。家庭分工协作影响着家庭内部结构的运行，由婚姻组建的家庭是双方分工协作体系，依据夫妻双方情况做喜欢并且擅长的事，并能互相欣赏，婚姻才会和谐，而这并非固定的性别分工。

越来越多的实践证明，两性之间的家庭分工协作能够促进婚姻稳定。2016年中国青年报社会调查中心有关家庭分工的调查结果表明，在我国文化情境下和两性家务分工下，45.4%的夫妻共同承担家庭内外事务，41.7%是男主外女主内的传统模式，还有9.2%的家庭是女主外男主内。[①] 多数被访者表明男性能获得更好的工作机会，导致男性在家庭的地位高于女性，而随着社会结构和产业结构的变化转型，服务业特别是女性适合的岗位职业增多，家庭分工模式更趋多样化，传统男主外女主内的模式将逐渐被夫妻共担模式所取代，这也表明了两性平等促进两性在家庭分工的方式的变化。

---

① 《家庭分工模式：夫妻共同承担内外事务最普遍》，新华网，http://www.xinhuanet.com/politics/2016-09/13/c_129278967.htm。

（四）共享发展

家庭是一个多维度的综合体，需要家庭及其每个成员共同建设，同样也需要政府、社会等的多方参与，个体需要加强对家庭与社会责任感，提高家庭处理问题的能力，发挥良好传承作用，社会要加强对青年群体健康婚姻观的宣传与引导，建立婚姻干预的有效机制与落地途径。辩证法表明，任何事物都在运动过程中，事物的两个方面"同频共振"才能保持稳定。婚姻不是连体婴，需要同脚走路、共同进步相互努力，才能建构美好婚姻。在婚姻建设过程中，需要夫妻双方两性共同健康成长，双方共同自我建设，把婚姻视作与对方一起成长机会，摒弃门户差异、形象差异、社会角色差异、社会地位差异等，才能保持婚姻长久。

二　保持婚姻稳定的策略

以重塑"家国文化"，保护家庭为目标，在婚姻家庭多元价值和包容形态并存下实施促进婚姻适应与青年个体多元选择的互构整合的家庭策略。

（一）重塑"家国文化"

文化是建构社会价值和准则，促进社会共识和社会融合的重要路径。家庭是社会的细胞，国是维护家庭的屏障，家国互动不仅有利于家庭的稳定，更有利于国家长治久安。"家国情怀"是中华文明长期延续的思想基础，既连接传统文化的修身齐家治国平天下的情怀，也连接社会发展、民族国家未来，是中国传统儒家思想传统的传承，更是中国地理环境以及独特生产方式的历史必然，承载着中华优秀传统文化的核心基因和中国人的个人价值导向。不仅在政治层面，家庭的发展对于国家建设意义重大，而且在个体生活层面，家庭作为个人情感纽带对婚姻稳定依然具有重要意义，有着强烈的纽带和责任意识。对于中国人而言，家族观念基于最原始的血缘关系建立的最强信赖关系，在此基础上形成了中国人特有的人伦情感。从维持社会稳定的成本—收益比较看，家庭稳定对于维持社会稳定具有最少投入、最大收获，而且分析中国维护社会稳定的政策措施，其根源都来自家庭稳定建设，家庭稳定才能促进社会稳定,而社会稳定为家庭稳定提供制度保障。"老吾老以及人之老,幼吾幼以及人之幼",这是古代先贤构筑社会人际关系的理想蓝图,是基于家庭观念进而扩展到与他人的关系中。当前外出流动农民工总量为2.91亿人,但是国家并没有因此陷入混乱无序,是因有着维系农民工有序流动的基石,这个基石就是家庭,以家为核心的中国文化,家国同构形成中国特有的文化体系,进而形成了维持家庭稳定的社会基石,进而为维持家庭稳定提供了重要支撑。当前80、90后由于大多数是独生子女,对于家庭的观念弱化,因此必须强化和重塑"家国文化",才能为婚姻稳定提供充足动力和活力源泉。

(二)强化家庭规训

"规训"来源于福柯在《规训与惩罚》著作中创造的学术概念,包含着纪律、教育、训练、校正、惩戒多种含义,是"权力—知识"相结合的产物,既是权力干预个体的手段,也是制造知识的手段。保持80、90后婚姻的稳定,最重要的是来源于进入婚姻家庭生活的个体自觉。当前,小三、二奶等婚姻不自律行为,存在家庭责任缺失缺位的现象,存在想游离在婚姻围城外的心理意识,加之围城外的诱惑以及围城内产生的矛盾,容易导致年轻人对婚姻生活的不自觉、不自律。强化家庭规训,一方面来自中国传统文化的家国同构体系,促进年轻人关注家庭建设,增强自身高质量婚姻期望与个体婚姻经营能力匹配;另一方面来自社会政策对家庭稳定的保护和激励,还需要社会舆论引导以家庭保护为中心的管控策略。

(三)婚姻适应与青年个体多元选择的互构整合

婚姻作为一种社会制度,不可能一直以固定的模式存在下去,它会随着时代变迁淘汰不适应社会发展的内容,形成新做法,改革开放以来,中国的社会形态发生了重要变迁,婚姻行为也会受其影响发生变化。布迪厄说:"如果行为并不是顺从法规的产物,那么它们是如何被规定的呢?"[1] 换句话说,社会结构与个体能动性是如

---

[1] [法]皮埃尔·布迪厄:《实践与反思:反思社会学导引》,李猛、李康译,中央编译出版社1998年版。

何被调和的,以及(用涂尔干的术语来说)我们如何能够让"外部"与"内部"彼此塑造。① 任何一个社会的价值观念都是一个以核心价值观为主导的并有多层面价值与之相结合的结构体系。② 就婚姻家庭领域,一方面要维护婚姻制度的普适性、神圣性;另一方面,承认非主流价值存在的合理性,对多元家庭生活形式采取宽容的态度,尊重个体价值选择的自由。但同时在婚姻政策上采取保守的政策操作。在婚姻登记管理、离婚程序管理上落实保守政策理念。要从程序上强化婚姻登记和离婚登记的流程,用多重流程制度为婚姻稳定提供体制约束,减少非理性冲动型离婚现象。对婚外恋、"小三"等婚姻外不道德婚姻空间应予以约束、调控,实现婚姻适应与个体选择的互构整合。

(四)婚姻家庭多元价值和包容形态并存

随着改革开放的深入,人们的生活方式、行为方式和价值观念不断改变,婚姻选择的自由度增加,情感满足越来越占据重要位置。对于婚姻问题,社会宽容度增加,性观念和性价值取向越来越开放,单身、未婚同居、"同性恋""老少配"等多元婚姻生活方式出现,传统两性关系的形象和范式被颠覆,青年对此类现象司空见惯,越来越随意。安东尼·吉登斯认为在个人生活中,后传统社会越发展,在性关系、婚姻和家庭中就越有可能发展出纯粹的关系。纯粹关系,即性和感情的平等关系,是一种为了自己的利益而缔结和保持的关系。③ 婚姻生活的评价标准不断变化,人们尤其是新时代的年轻人善于接受不同的发展模式,在对平等、公平、规范、法制等美好价值追求下,婚姻家庭多元价值的存在和包容共存。

---

① [英]迈克尔·格伦菲尔编:《布迪厄:关键概念》,林云柯译,重庆大学出版社2018年版,第62页。

② [英]迈克尔·格伦菲尔编:《布迪厄:关键概念》,林云柯译,重庆大学出版社2018年版,第330—332页。

③ [英]安东尼·吉登斯:《亲密关系的变革——现代社会中的性、爱和爱欲》,陈永国、汪民安等译,社会科学文献出版社2001年版,第176页。

第三节 促进婚姻稳定的对策建议

开展80、90后青年婚姻稳定性的研究，把80、90后未婚人口、在婚人口和离异人口同时作为分析对象对比分析，探寻社会发展变迁下婚姻稳定性的理念、策略，并试图从婚姻生活的内部去发现提高婚姻质量，稳定婚姻的有效途径，在此基础上提出建立婚姻稳定、家庭和谐新秩序的意见建议，为当前中国的和谐家庭建设提供理论支撑和经验借鉴。

第一，提升青年婚姻家庭建设国家战略定位。在中国传统的家国文化体系中，家庭是社会和谐和国家稳定的基础，也是个体自由全面发展的前提基础，而婚姻既是个体选择的结果。更是社会制度环境和社会发展的结果，随着城市化发展和工业化推动，社会风险对婚姻家庭的冲击和不确定感明显增强，80、90后青年群体不断攀升的离婚率，需要国家全盘统筹规划，形成更为完善保护婚姻家庭的制度体系，为"家国同构"文化体系提供制度支持。但2019年党的十九届四中全会通过的《中共中央关于坚持和完善中国特色社会主义制度推进国家治理体系和治理能力现代化若干重大问题的决定》中，基本没有涉及青年婚姻家庭建设相关内容，因此国家应该把青年群体婚姻家庭建设纳入社会建设的重要内容，一方面强化青年群体婚姻保护和家庭建设的顶层设计，协调妇女管理部门、农民工管理部门、留守妇女管理部门、卫健部门、婚姻登记管理部门、婚姻协调机构、离婚审判机构、司法部门等多个机构职能，为保护婚姻家庭形成制度性的完善政策体系和制度支持。另一方面，重构家庭文明的社会建设，注重家庭、家教、家风，形成爱国爱家、相亲相爱、向上向善、共建共享的社会主义家庭文明新风尚。[①] 加强家庭文明社会主义核心价值观建设，弘扬孝老爱亲、相敬如宾、兄友弟恭、妯娌和谐、克勤克俭、忠厚传

---

① 人民日报评论员：《家庭文明则社会文明》，人民网，http://opinion.people.com.cn/n1/2016/1213/c1003-28943836.html。

家的中华传统价值观。建立定期文明家庭表彰机制，以榜样和标杆的力量推动社会积善成德、明德唯馨，推动弘扬家训家规的文化建设。倡导婚俗改革的社会综合治理，提倡文明节俭办婚礼，打击"天价彩礼"等社会问题。加强党员领导干部家庭建设，在选人用人上强化领导干部家风、家教方面审查，形成推动家风建设的国家力量和文化力量。

　　第二，坚守中华文化的主流婚姻家庭传统。在中华文化的观念中，成家立业、结婚生子是天经地义的，不值得怀疑和反思的事情。近年来，80、90后青年群体逐渐成为结婚人群的时候，对婚姻的态度已经发生了极大变化，其中对婚姻稳定影响最大的是一些80、90后不想结婚、不愿意结婚，还有一些80、90后不愿意养育后代，社会俗称为"不婚不育主义"的思潮，这与中华文明强调繁衍生息的传统观念格格不入。在当今除主流婚姻之外，"不婚不育"盛行，同性恋、捐精子女、"云配偶"（家庭共同事务基本指望不上的夫妻关系）被媒体大肆报道扩散等，吸引着80、90后年轻人背叛传统的主流婚姻家庭模式。要强化社会舆论对主流婚姻家庭的支持，在政策宣传、舆论倡导、媒体传播、榜样示范等方面，强化主流婚姻家庭的标杆示范和正能量支持，把"结婚生子、成家立业"纳入青年群体价值观塑造的社会工程中，对一些流行的错误婚姻家庭思潮和理论观点进行批驳。另外，对80、90后非主流婚姻家庭方式"冷处理"，坚持不支持、不反对、不争论的"三不原则"。对80、90后个体选择的多元现代生活方式表示宽容，承认个体的自由选择权力，但是对可能干扰主流婚姻家庭模式的行为进行政策约束，使80、90后婚姻家庭价值观始终在"结婚生子、成家立业"的轨道中运行。

　　第三，建构青年群体婚恋交友服务支持体系。将婚恋教育纳入高校教育体系，强化青年对情感生活的尊重意识、诚信意识和责任意识，大力宣传正确的婚恋观念、性观念、家庭观、生育观和育儿观，不断促进青年建立文明幸福健康的家庭观念。倡导结婚登记颁证、集体婚礼等文明节俭的婚庆礼仪，积极营造社会氛围。表彰树立尊老爱幼、男女平等、夫妻和睦、勤俭持家、邻里团结、传承优良家教家风典型，培育家庭文明。加强青年敬老、养老、助老道德建设，大力弘扬孝敬老人的传统美德。支持开展健康的青年交友交流活动，重点做好大龄未婚青年等群体的婚姻服务工作。打造具有公信力的线上平台和满足青年多样化需求的线下示范活动，协调完善婚恋交友市场服务标准，规范已有的社会化青年交友信息平台。探索婚恋青年参与志愿服务、公益活动积分机制，建立不同层级的诚信数据库，最大限度地实现全社会的信息互通、查询验证，严厉打击婚托、婚骗等违法婚介行为。开展婚恋交友公益讲座等系列服务，推动婚姻家庭问题的咨询服务和婚姻家庭知识进基层活动，不断推出青年喜爱的婚恋交友文化产品，帮助青年在婚恋交友中提升文化修养、形象气质、交友技巧和能力。加强青年婚恋状况研究和关键数据的评估，为负责家庭建设有关职能部门的决策提供智库服务。以完善调整中国家庭福利政策为契机统筹家庭生育政策，增加国家在承担相关教育养育的公共支出，如出台孕期保健补助、住院分娩补助、延长婚假产假、增加陪护假等婚育支持政策，出台托育津贴、教育津贴制度以及个税标准倾斜制度，提振年轻人生育的自信心社会氛围。强化对生育困难家庭的辅助生殖技术服务，帮助有生育意愿但生育困难的年轻人家庭。

第四，强化以家庭稳定为导向的登记制度和调解机制。建立婚姻登记慎重和离婚登记慎重的管理制度。推动婚前登记"冷静期"制度，适当延长申请到登记时间，为婚姻理性登记创造缓冲空间，建立尊重婚姻的社会价值观和慎重登记的社会氛围，杜绝一些年轻人"想结婚了马上结婚，想离婚了马上离婚"的"任性婚姻"行为。落实《民法典》的离婚"冷静期"制度，缓解冲动性离婚现象。建立离婚保护非过错方机制，树立婚姻保护的社会价值立场，来鼓励婚姻忠诚的行为。建立包括协议、判决婚姻在内离婚调解制度，集中离婚调解资源实现婚姻调解专业化。建立婚姻调解的绩效考核指标，落实婚姻调解的经费与政策支持，降低非理性离婚、可挽救婚姻的离婚率。建立婚姻家庭矛盾的社区调解制度，婚姻家庭矛盾多由琐事日积月累引起的，要充分挖掘中华传统文化的积极因素，通过矛盾缓和、情绪疏导、借助外力、亲情唤起等第三方介入的方式，发挥社区调解自愿性和灵活性等优势,有利于婚姻双方能够很好处理家庭矛盾,可以避免婚姻失败后家庭其他事务的安排。同时组织妇联、民政局等组织机构,建立家事纠纷案件统一管理制度,由民调员、妇联调解员调解,让婚姻家庭矛盾解决在基层。积极引入青年群体婚姻压力心理干预机制,建立心理咨询志愿者、社会工作者联合家庭压力纾解机制,运用专业化、社区化的力量推进婚姻稳定性。

第五,加强流动青年社会支持体系建设促进婚姻稳定。一方面,加强流动农民工友好型城市建设。实证数据发现,80、90后流动青年群体离婚较多的是由于夫妻双方两地分离造成的,而友好的居住环境能够降低流动农民工离婚率,城市化建设过程中考虑为农民工提供保障性住房,适当放宽农民工保障性住房的申请标准,提高农民工保障性住房的申请率,在保障性住房规划时适当在工厂周围和工业园区周边地带建立保证性住房,对于建立保障性住房困难的地区可以设立专项资金对农民工租房进行专项补贴。另一方面,强化对农民工婚姻家庭保护。注重友好型城市建设,破除对农民工社会保障不足、就业机会不平等、购房租房困难、子女教育受限等损害婚姻稳定的体制机制,解决社会保障、医疗卫生、就业促进以及子女教育等公共服务配套落后的问题,缓解农民工夫妇团聚难、进城子女上学难、留守家人生活难等难题。加强城市人文环境建设,破除对流动农民工不友好的体制机制障碍,保障农民工的社保、居住、就业和子女教育等问题。

第六,创造有利于婚姻高质量的两性新型伙伴关系。实证资料表明,质量婚姻越高,其婚姻稳定性越强,因此提升夫妻双方婚姻质量是维护婚姻稳定的核心要素,而要提高夫妻婚姻质量,创新"和而不同"两性新型伙伴关系是关键要义,"和"代表两性之间关系的和谐融洽状态,"不同"代表两性之间关系的相互竞争状况,"和而不同"两性新型伙伴关系是承认两性差异基础上的两性和谐状态,而不是通过消除两性差异的方式来实现两性和谐。当前,提升80、90后青年群体婚姻质量,创新"和而不同"两性新型伙伴关系,关键是要增强女性主体意识和社会地位,提升女性在决策机制中的地位作用,按照《中华人民共和国妇女权益保障法》和《中华人民共和国国家公务员法》相关规定，明确女性在国家公务员队伍中的比例，并把妇女参政的情况纳入国家妇女发展规划纲要评估监测指标。妇联等部门定期发布两性在平等教育、求职就业、社会准入等评价报告，提出针对性措施破除教育、就业与融入的性别歧视和隐形歧视机制，增强女性在社会和家庭中的主体独立性，旗帜鲜明地反对女权主义泛化和极端化倾向，大力开展反对家庭暴力工作，依法依规将家庭暴力事后惩罚变为事前预防，切实保障家庭成员的人身安全和家庭稳定，促进两性在"和"的框架下尊重差异性。同时要强化婚姻家庭教育制度，坚持在两性"和谐"的框架下解决"不同"。针对80、90后青年婚姻教育缺乏的问题建立婚前培训制度，针对80、90后青年家务劳动、情感沟通、子女教育、赡养老人等容易引发离婚的焦点问题，设立专门网上课程学习婚姻家庭技巧，引导新婚夫妇了解婚姻、经营婚姻、克服婚姻危机等，设立婚姻咨询师、心理辅导师等岗位职业，为危机中的婚姻家庭提供干预调适，挽救处在边缘婚姻的家庭。

参考文献

曹梦涛、田静、张杰：《我国经济发展对离婚率影响原因分析》，《时代金融》2016年第12期。

陈光金主编：《中国青年发展报告：当代青年婚恋状况、关联政策和服务供给研究》，社会科学文献出版社2020年版。

陈讯：《婚姻价值的变革》，中国社会科学出版社2014年版。

邓志强、丁金宏、崔开昌：《公共政策视域下青年婚姻匹配及其稳定性研究》，《中国青年研究》2015年第5期。

董怀良：《改革开放以来中国婚姻"私事化"研究（1978—2000）》，社会科学文献出版社2016年版。

杜凤莲：《中国城乡劳动力流动对婚姻稳定性的影响》，《经济社会体制比较》2010年第5期。

风笑天等：《社会变迁中的青年问题》，北京大学出版社2014年版。

高梦滔：《农村离婚率与外出就业》，《世界经济》2011年第10期。

高宣扬：《布迪厄的社会理论》，同济大学出版社2004年版。

郭永昌、丁金宏、孟庆洁：《自由解放、红色革命、情感回归与离婚》，《南方人口》2016年第4期。

何林浩：《中国持续改善的高等教育性别比与离婚率》，《世界经济文汇》2018年第6期。

李春玲主编：《境遇、态度与社会转型——80后青年的社会学研究》，社会科学文献出版社2013年版。

李建新、王小龙：《初婚年龄、婚龄匹配与婚姻稳定》，《社会科学》2014年第3期。

李卫东：《农民工婚姻稳定性研究：基于代际、迁移和性别的视角》，《中国青年研究》2017年第7期。

李霞：《生活方式的变迁与选择》，人民出版社2012年版。

李晓敏：《互联网普及对离婚率的影响》，《中国人口科学》2014年第3期。

梁景和主编：《新时期婚姻伦理与生活质量研究（1980—2014）》，中国社会科学出版社2018年版。

刘贝贝、袁永生：《中国离婚率的影响因素分析与预测》，《山东师范大学学报》2016年第12期。

刘统霞、张雯莉：《多媒体环境下两性关系模式的探讨研究——北京地区离婚原因的人类学调查》，中国政法大学出版社2013年版。

鲁建坤、范良聪、罗卫东：《大众传媒对婚姻稳定性的影响研究》，《人口研究》2015年3月。

罗玲：《裁判离婚理由影响因素实证研究》，《中华女子学院学报》2016年第2期。

马忠东、石智雷：《流动过程影响婚姻稳定性研究》，《人口研究》2017年第1期。

毛晓蒙、王霞、刘明：《中国当前社会婚姻稳定性的影响因素》，《统计学报》2020年第6期。

莫玮俏：《婚姻稳定性与生育率变动关系的理论与实证分析》，《浙江社会科学》2019年第5期。

莫玮俏、史晋川：《农村人口流动对离婚率的影响》，《中国人口科学》2015年第5期。

潘鸿雁：《国家与家庭的互构——河北翟城村调查》，上海人民出版社2008年版。

潘允康：《婚姻家庭社会学》，北京大学出版社2018年版。

彭大松、刘越：《流动人口的离婚风险：代际差异与影响因素》，《人口学刊》2019年第2期。

彭小辉、张碧超、史清华：《劳动力流动与农村离婚率》，《世界经济文汇》2018年第4期。

佟新：《人口社会学》，北京大学出版社2010年版。

王跃生：《社会变革与婚姻家庭变动》，生活·读书·新知三联书店2019年版。

吴瑞君、汪小勤：《我国独生子女群体的婚姻稳定性分析》，《学海》2009年第5期。

肖建飞：《新疆离婚人口变化及其地域、民族、城乡差异分析》，《黑龙江民族丛刊》2016年第4期。

徐安琪：《离婚风险的影响机制》，《社会学研究》2012年第2期。

阎云翔：《私人生活的变革：一个中国村庄里的爱情、家庭与亲密关系1949—1999》，龚小夏译，上海书店出版社2006年版。

杨雄、张虎祥：《改革开放40年与中国青年》，上海人民出版社2018年版。

杨哲：《城市居民居住环境与婚姻稳定性关系研究》，《中国名城》2016年第10期。

杨哲、王茂福：《农民工城市居住质量与婚姻稳定性研究》，《兰州学刊》2014年7月。

叶金珍、王勇：《相亲结婚真的靠谱吗》，《南开经济研究》2019年第1期。

张冲、陈玉秀、郑倩：《中国离婚率变动趋势、影响因素及对策》，《西华大学学报》2020年第3期。

张晶、李冬梅：《城市青年"妈宝男"家庭权力关系——基于15个离婚案例的考察》，《中国青年研究》2019年9月。

张文霞、朱冬亮著：《家庭社会工作》，社会科学文献出版社2005年版。

张云：《中国当代离婚问题研究》，云南科技出版社2009年版。

郑晓冬、方向明：《婚姻匹配模式与婚姻稳定性——来自中国家庭追踪调查的经验证据》，《人口与经济》2019年第3期。

钟梦宇等：《新婚夫妻婚姻质量对婚姻稳定性的影响：婚姻承诺中介作用》，《中国临床心理学杂志》2016年第6期。

［英］安东尼·吉登斯：《社会学》，赵旭东、齐心、马戎、阎书昌等译，北京大学出版社 2003 年版。

［英］安东尼·吉登斯：《现代性的后果》，田禾译，译林出版社 2011 年版。

［加］大卫·切尔：《家庭生活的社会学》，彭铟旎译，中华书局 2005 年版。

［加］戴尔·斯宾塞、凯文·沃尔比、艾伦·亨特编：《情感社会学》，张军、周志浩译，江苏凤凰教育出版社 2015 年版。

［加］唐纳德·柯林斯等：《家庭社会工作》，刘梦译，中国人民大学出版社 2018 年版。

［美］提摩太·凯勒、凯西·凯勒：《婚姻的意义》，杨基译，上海三联书店 2015 年版。

［德］乌尔里希·贝克、伊丽莎白·贝克－格恩塞姆：《全球热恋：全球化时代的爱情与家庭》，樊荣译，北京大学出版社 2014 年版。

［德］乌尔里希·贝克：《风险社会：新的现代性之路》，张文杰、何博闻译，译林出版社 2018 年版。

附件一

陕西青年群体婚恋观及影响调查

尊敬的女士/先生：

您好！耽误您一会儿时间，我是陕西省社会科学院的工作人员。我们正在进行一项"陕西青年群体婚恋观及影响"的课题研究，想听听您的看法和思考。您的答案无所谓对错，只要表达自己的真实想法就行。

真诚感谢您的支持与合作！

2017 年 3 月

一　恋爱观念

Q1. 提到"恋爱"，您想到的是：_____、_____、_____

Q2. 您第一次确立了双方恋爱关系的年龄是_____岁？（还没有谈过恋爱，跳答至第 5 题）

Q3. 您和第一次的恋爱对象是通过什么方式认识的？
□自由恋爱　　□同事或同学介绍　　□传统相亲　　□网络
□征婚广告　　□亲戚介绍　　　　　□其他（请注明）：_____

Q4. 您第一次谈恋爱主要看重对方的是：（限选三项）
□经济收入　　□外表、长相等　　□性格　　　　□兴趣
□社交能力　　□家庭背景　　　　□工作状况　　□父母意见

□品行　　□是否有房有车　　□其他（请注明）：

Q5. 您对如下观点的看法是：

	很赞成	有点赞成	不太赞成	很不赞成
（1）婚姻需要以爱情基础	□	□	□	□
（2）恋爱和婚姻没有必然联系	□	□	□	□
（3）一夜情是可以接受的	□	□	□	□
（4）婚前性行为是正常的	□	□	□	□
（5）为了爱情可以放弃一切	□	□	□	□

二　婚姻家庭观念

Q6. 提到"婚姻"，您想到的是：_____、_____、_____

Q7. 您结婚多久了：_____年（没有结婚者跳答第9题）

Q8. 您对目前婚姻生活感到是否幸福：

□非常幸福　□比较幸福　□一般　□不太幸福　□不幸福

Q9. 您当初结婚时或未来对婚姻的看法是：

□寻找人生伴侣　□遵从父母之命　□觉得到了该结婚的年龄

□为了传宗接代　□满足生理和心理需要　□改变生活现状

□其他　□人不一定要结婚

Q10. 您当初选择配偶或未来选择配偶会看重哪些方面？（限选三项）

□外表相貌　□兴趣爱好　□家庭背景　□个性性格

□健康状况　□经济收入　□工作状况　□学历

□人品　□户口　□是否独生子女　□所属地域

□能力才干　□生辰八字　□其他（请注明）：_____

Q11. 在您看来，维系双方关系或维持夫妻关系的基础主要是：（限选三项）

□相互信任　□婚姻道德　□子女　□一方较多隐忍、包容

□及时沟通　□优越的物质基础　□爱情　□性生活

□父母期望　□其他（请注明）：_____

Q12. 在您看来，目前或未来影响婚姻生活中的困难有哪些：（限

选三项）

☐经济方面　☐感情方面　☐日常家务　☐孩子教育　☐与双方父母相处

☐双方沟通　☐两人性格不合　☐婚外情　☐经常不在一起

☐其他

Q13. 您对如下婚姻观点的看法是：

	很赞成	有点赞成	不太赞成	很不赞成
（1）婚姻要门当户对	☐	☐	☐	☐
（2）结婚是两个家庭的事	☐	☐	☐	☐
（3）女怕嫁错郎	☐	☐	☐	☐
（4）男主外女主内	☐	☐	☐	☐
（5）不结婚压力大	☐	☐	☐	☐
（6）结婚是搭伙过日子	☐	☐	☐	☐
（7）能不离就不离	☐	☐	☐	☐
（8）嫁鸡随鸡嫁狗随狗	☐	☐	☐	☐
（9）且有且珍惜，一切随缘	☐	☐	☐	☐
（10）举案齐眉不是好婚姻	☐	☐	☐	☐

Q14. 您对如下有关婚姻社会现象的看法是：

	支持/认同	中立/可以接受	反对/无法容忍
（1）试婚	☐	☐	☐
（2）代孕	☐	☐	☐
（3）结婚需有房有车	☐	☐	☐
（4）裸婚	☐	☐	☐
（5）为买房假离婚	☐	☐	☐
（6）闪婚	☐	☐	☐
（7）限号办离婚	☐	☐	☐
（8）同性恋结婚	☐	☐	☐

三　离婚观念

Q15. 提到"离婚"，您想到的是：_____、_____、_____

Q16. 您对离婚的看法是：
□不提倡但可以理解　□不是特别光彩的事　□很正常的现象
□双方都同意也无所谓　□其他（请注明）：＿＿＿＿□说不清

Q17. 如果您已离婚，婚姻持续了多久：＿＿＿＿年（如果未离婚，跳答第 20 题）

Q18. 离婚是谁先提出来或起诉的？□自己　□对方　□双方共同

Q19. 您认为导致离婚的原因主要是：（限选三项）
□沟通不良　□婆媳、亲戚关系不好　□性格/感情不和
□配偶有不良嗜好　□家庭暴力　□结婚草率，没有想好
□手续简化、收费低　□对婚姻质量要求高　□不满意配偶
□家庭经济问题　□一夜情　□第三者插足　□其他（请注明）：＿＿＿＿

Q20. 在何种方式下，您会选择离婚：（限选三项）
□性格不合　□对方有婚外情　□双方长期两地分居
□一方患有严重的疾病　□家庭暴力　□性生活不和谐
□一方有不良习气或嗜好　□感情不和又没有孩子
□不孝敬父母　□经济能力差　□双方家庭地位变动
□其他（请注明）：＿＿＿＿

Q21. 您认为现在离婚现象增多的主要原因是：（限选三项）
□社会太宽容　□年轻人结婚太快　□离婚手续简单
□婚外情太多　□家庭责任缺乏　□婚姻期望值高
□双方父母参与过度　□经济基础不牢靠
□孩子教育分歧太大　□人们的价值观发生改变
□婚内相互之间很少容忍　□现代社会个体崇尚自由
□其他（请注明）：＿＿＿＿

Q22. 整体上，您认为离婚对您或将会对您的影响如何？
□非常大　□比较大　□一般　□不太大　□不大
□说不清

Q23. 在您看来，离婚对如下方面造成的明显影响：（限选三项）

□个体挫败感　　□生活困难　　□子女身长成长
□孩子教育或犯罪　　□社会不稳定因素
□社会爱情观错乱　　□个体自由解放　　□其他

Q24. 您对再婚的看法是：
□有合适的会选择再婚　　□对再婚非常谨慎　　□拒绝再婚
□不确定

Q25. 您对如下有关离婚观点的看法是：

	很赞成	有点赞成	不太赞成	很不赞成
（1）离婚是人生最大的一次"破产"	□	□	□	□
（2）貌合神离的婚姻与其维持不如解体	□	□	□	□
（3）现代社会结婚自由离婚也自由	□	□	□	□
（4）离婚对男女双方的影响一样	□	□	□	□
（5）离婚男人有人爱，离婚女人没人娶	□	□	□	□
（6）宁折一座庙不毁一门亲	□	□	□	□
（7）对孩子来说父母离婚仅次于死亡	□	□	□	□

Q26. 以下有关您态度和性格的一些评价。（5分代表非常符合，4分代表比较符合，3分代表有点符合，2分代表不太符合，1分代表非常不符合）

（1）男人和女人根本没什么区别　　5－－4－－3－－2－－1
（2）我喜欢成为众人关注的焦点　　5－－4－－3－－2－－1
（3）从小父母就非常宠爱宝贝我　　5－－4－－3－－2－－1
（4）我把自己封为完美主义者　　5－－4－－3－－2－－1
（5）我对日常的家务活非常熟悉　　5－－4－－3－－2－－1

（6）我非常擅长与人沟通交流　　　　5－－4－－3－－2－－1
（7）生活中我总想制造浪漫氛围　　　　5－－4－－3－－2－－1
（8）我非常听从父母的话　　　　　　　5－－4－－3－－2－－1
（9）周围人都说我是个慷慨大方的人　　5－－4－－3－－2－－1
（10）"多愁善感"一词非常符合我　　　5－－4－－3－－2－－1
（11）朋友们总认为我是个挑剔之人　　　5－－4－－3－－2－－1
（12）我容易激动总控制不住自己　　　　5－－4－－3－－2－－1

个人资料（以下仅作统计分析之用，请放心填写）

S1. 性别：_____；

S2. 年龄：_____；

S3. 文化程度：_____；

S4. 目前的婚姻状况：□单身　□单身，但已确定恋爱关系　□已婚　□离婚

S5. 职业：_____；

S6. 是否有孩子：□有（　　　岁）　□没有

S7. 是否为独生子女：□是　□否

S8. 户籍所在地：□城市　□农村

S9. 是否有宗教信仰：□没有　□有，如有请问您信仰的是：
□佛教　□道教　□伊斯兰教　□基督教　□天主教　□其他

S10. 您去年平均每月的经济收入状况：
□没有收入　　　□2000元以下　　　□2001—4000元
□4001—6000元　□6001—8000元　　□8000元以上

附件二

陕西80、90后青年群体离婚及影响的深访大纲

一 访谈对象安排（7名关键人，总共约10人）
1. 省民政厅负责离婚登记负责人（1人，关键人）
2. 西安市民政局负责离婚登记负责人（1人，关键人）
3. 碑林、雁塔区负责离婚登记负责人（2人，关键人）
4. 碑林、雁塔区的街道社区负责人（2人）
5. 陕西妇联对我省离婚情况熟悉的专家（1人，关键人）
6. 榆林、安康负责离婚登记负责人（2人，关键人）
7. 省政法系统主管离婚工作的负责人（1人，关键人）
8. 共青团主管负责离婚工作的负责人（1人，关键人）

注：深访可以从省民政厅主管离婚工作的负责人开始，从那里得到所需市主管离婚工作的负责人联系方式，然后得到所需调查区县的主管离婚工作的负责人联系方式。访谈后及时安排相关人员进行资料整理，这关系到工作进度安排。

二 深访大纲
1. 当前我省（市、区）离婚情况整体介绍。内容包括：近些年民政离婚数与法院离婚数、年龄分布、呈现的特点及未来发展趋势；我省离婚情况在西部、全国的比较，整体判断是合理还是不合理？
2. 当前我省（市、区）45岁以下青年群体离婚情况及特点，尤其是80、90后离婚的新情况及新特点以及发展趋势。

附件二　陕西80、90后青年群体离婚及影响的深访大纲

3. 当前青年群体选择离婚的原因有哪些（个人、家庭、社会等多层面），哪些因素是促使青年人离婚的主要、关键因素？

4. 近三年内导致青年群体尤其80、90后青年高离婚率，主要有哪些社会层面的原因？

5. 青年群体离婚产生的影响有哪些？（个人、家庭、社会等多层面）其中积极的影响有哪些，消极影响有哪些？有哪些具体表现？

6. 相关部门为降低青年群体离婚做了哪些工作，其中哪些工作效果比较明显？为什么？整体上采取的降低离婚工作是否有效？

7. 为降低当前青年离婚率民政部门（政法部门）应该采取哪些措施与方法，哪些措施、方法更容易实现？